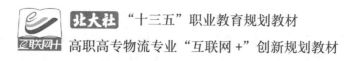

"十三五"职业教育规划教材

高职高专物流专业"互联网+"创新规划教材

物流信息技术与应用
（第4版）

谢金龙◎编著

北京大学出版社

PEKING UNIVERSITY PRESS

内 容 简 介

本书根据高职高专教育的特点,结合物流管理专业的教学实际编写而成,系统地介绍了物流信息技术的基础知识及其相关应用,包括条码技术、射频识别技术、电子数据交换技术、电子商务物流、地理信息系统、全球卫星导航系统、物流管理信息系统和智能物流管理信息系统应用。本书所有项目均以"学习目标""案例导入""思维导图"引入学习内容,以"项目实训"巩固理论知识,以"课后练习"检验学习效果。

本书适合作为高职高专物流管理、智能物流技术等相关专业的教材,也可作为物流领域相关企业工程技术人员的培训教材和参考用书。

图书在版编目（CIP）数据

物流信息技术与应用 / 谢金龙编著 . —4 版 . —北京：北京大学出版社，2023.1
高职高专物流专业"互联网+"创新规划教材
ISBN 978-7-301-33717-2

Ⅰ.①物… Ⅱ.①谢… Ⅲ.①物流—信息技术—高等职业教育—教材 Ⅳ.①F253.9

中国国家版本馆 CIP 数据核字（2023）第 021866 号

书　　　名	物流信息技术与应用（第 4 版）
	WULIU XINXI JISHU YU YINGYONG（DI-SI BAN）
著作责任者	谢金龙　编著
策划编辑	蔡华兵
责任编辑	蔡华兵
数字编辑	金常伟
标准书号	ISBN 978-7-301-33717-2
出版发行	北京大学出版社
地　　　址	北京市海淀区成府路 205 号　100871
网　　　址	http://www.pup.cn　　新浪微博：@北京大学出版社
电子信箱	pup_6@163.com
电　　　话	邮购部 010-62752015　　发行部 010-62750672　　编辑部 010-62750667
印 刷 者	北京溢漾印刷有限公司
经 销 者	新华书店
	787 毫米 × 1092 毫米　16 开本　15.75 印张　413 千字
	2010 年 8 月第 1 版　2014 年 4 月第 2 版
	2019 年 1 月第 3 版
	2023 年 1 月第 4 版　2023 年 1 月第 1 次印刷
定　　　价	48.00 元

未经许可，不得以任何方式复制或抄袭本书之部分或全部内容。
版权所有，侵权必究
举报电话：010-62752024　电子信箱：fd@pup.pku.edu.cn
图书如有印装质量问题，请与出版部联系，电话：010-62756370

第 4 版前言

　　快速发展的物流产业正处在转型期，由传统物流业向现代物流业发展，这也促进了物流业与制造业之间的"两业联动"，是物流业适应经济社会发展要求的必由之路。物流企业信息化是必然的发展趋势，需要大量物流信息技术方面的高端技能人才，为进一步推进智能物流技术专业发展创造有利条件和重要契机。为了实现这一目标，我们坚持以教学改革为中心，以实践教学为重点，不断提高教学质量，突出高职高专教育特色的指导思想。本书是教育部高职高专教育人才培养模式和教学内容体系改革与建设项目成果，由高职高专教学改革试点院校教师编写。

　　本课程是高职高专物流管理、智能物流技术等相关专业的核心课程，是教学改革与创新过程中对接产业、工学结合的产物，主要开设在大学一年级。本课程应紧密结合现代物流信息技术发展和应用的实际，根据高职高专教育的特点来开展教学，突出基本知识的传授和基本技能的培养。

　　一般同类教材大多是本科教材的压缩版，存在"理论过深、内容过多、缺乏实操"等缺点；另外，教学过程受传统学科影响较深，没有跳出"以学科体系为中心"的教学模式的框架。但是，为了实现培养新一代"技术岗位型"人才的目标，这类教材必须重构知识体系，加强实践教学，以学生为主体进行教学活动，实行"教、学、做"一体化的互动式教学，激发学生的学习兴趣和积极性，提高学生的基本技能。

　　本书在第 3 版的基础上去粗取精，提炼重难点；更新了部分案例，与时俱进；更新了物流信息技术、条码技术、射频识别技术、全球卫星导航系统等知识；及时将"新技术、新工艺、新规范"的内容纳入教材。本书按照"项目导向、任务驱动"的人才培养模式的改革导向和教学过程"实践性、开放性和职业性"的改革重点的要求，结合当前物流信息发展的前沿问题编写，首先综述物流信息技术和物流管理信息系统，其次分述典型的现代物流信息技术，最后介绍运用典型的现代物流信息技术进行信息管理，以降低整个物流系统的成本，提高物流工作效率。

本书要求掌握的基础知识结构如下图所示。

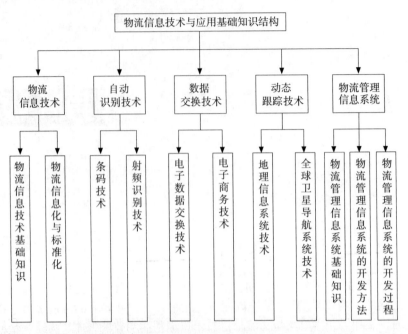

本书要求培养的基本技能如下图所示。

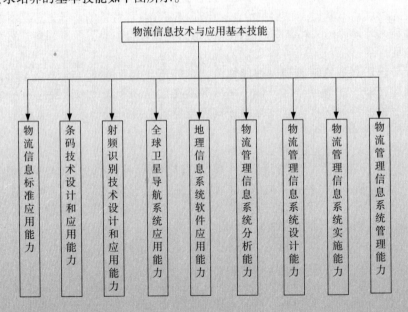

本书内容可按照42～60学时安排，推荐学时分配：项目1为8学时，项目2为10～12学时，项目3为8～12学时，项目4为4～6学时，项目5为4～6学时，项目6为2～4学时，项目7为2～4学时，项目8为2～4学时，项目9为2～4学时。用书教师可根据不同的专业灵活安排学时，课堂重点讲解基础知识和基本技能，可安排课后或一定时间完成项目实训。

本书由湖南现代物流职业技术学院谢金龙编著。本书在编写过程中，还参考了相关的文献资料，并听取了许多专业人士的宝贵建议，以取长补短。在此谨向对本书编写、出版提供过帮助的人士表示衷心的感谢！

由于编者水平有限，编写时间仓促，书中难免存在不妥之处，敬请广大读者批评指正。您的宝贵意见请反馈到电子信箱498073710@qq.com。

编 者
2022年6月

目录 CONTENTS

项目 1　物流信息技术 /1

任务 1　物流信息基础知识 /3
一、数据与信息 /3
二、物流信息 /4
三、商流、物流、资金流和信息流 /8

任务 2　物流信息系统基础知识 /9
一、物流技术与信息系统 /9
二、物流信息技术 /11
三、物流信息系统 /17

任务 3　物流信息化与标准化 /21
一、物流信息化 /21
二、物流标准化 /22

项目实训 /24
实训参考 /25
课后练习 /27

项目 2　条码技术 /31

任务 1　条码技术基础知识 /33
一、条码的概念 /33
二、条码的优点和应用范围 /34

三、条码的分类　　　　　　　　　　　　　　　　/ 35
　　　四、条码的编码方法　　　　　　　　　　　　　　/ 37
任务2　条码的标准体系　　　　　　　　　　　　　　　/ 37
　　　一、商品一维条码　　　　　　　　　　　　　　　/ 38
　　　二、商品二维码　　　　　　　　　　　　　　　　/ 42
　　　三、储运单元条码　　　　　　　　　　　　　　　/ 45
　　　四、物流单元条码　　　　　　　　　　　　　　　/ 48
任务3　条码的识读　　　　　　　　　　　　　　　　　/ 49
　　　一、条码的识读原理　　　　　　　　　　　　　　/ 49
　　　二、条码识读设备的分类　　　　　　　　　　　　/ 50
　　　三、常见的条码识读设备　　　　　　　　　　　　/ 50
　　　四、条码识读设备选型的原则　　　　　　　　　　/ 51
任务4　条码在物流中的应用　　　　　　　　　　　　　/ 52
　　　一、条码在物流系统中的应用　　　　　　　　　　/ 52
　　　二、条码在物流环节中的应用　　　　　　　　　　/ 53
项目实训　　　　　　　　　　　　　　　　　　　　　　/ 54
实训参考　　　　　　　　　　　　　　　　　　　　　　/ 55
课后练习　　　　　　　　　　　　　　　　　　　　　　/ 60

项目3　射频识别技术　　　　　　　　　　　　　　　　/ 62

任务1　RFID 基础知识　　　　　　　　　　　　　　　/ 64
　　　一、RFID 的概念　　　　　　　　　　　　　　　/ 64
　　　二、RFID 的工作原理和流程　　　　　　　　　　/ 65
　　　三、RFID 系统的组成　　　　　　　　　　　　　/ 66
　　　四、RFID 系统的分类　　　　　　　　　　　　　/ 68
　　　五、RFID 的特点　　　　　　　　　　　　　　　/ 70
　　　六、RFID 技术在物流中的应用　　　　　　　　　/ 70
任务2　RFID 读写器　　　　　　　　　　　　　　　　/ 71
　　　一、RFID 读写器的工作原理　　　　　　　　　　/ 71
　　　二、RFID 读写器的功能和特征　　　　　　　　　/ 72
　　　三、RFID 读写器的分类　　　　　　　　　　　　/ 73
　　　四、RFID 读写器的选择　　　　　　　　　　　　/ 74
任务3　RFID 中间件　　　　　　　　　　　　　　　　/ 74
　　　一、RFID 中间件的概念　　　　　　　　　　　　/ 74
　　　二、RFID 中间件的分类　　　　　　　　　　　　/ 75
　　　三、RFID 中间件的特征　　　　　　　　　　　　/ 75
　　　四、RFID 中间件的发展趋势　　　　　　　　　　/ 76
　　　五、RFID 中间件的应用方向　　　　　　　　　　/ 76
任务4　RFID 的标准体系　　　　　　　　　　　　　　/ 77
　　　一、RFID 的主要技术标准体系　　　　　　　　　/ 77
　　　二、电子产品编码标准　　　　　　　　　　　　　/ 79
任务5　EPC 在物流中的应用　　　　　　　　　　　　　/ 80
　　　一、EPC 在制造业中的应用　　　　　　　　　　　/ 80
　　　二、EPC 在运输业中的应用　　　　　　　　　　　/ 80
　　　三、EPC 在电子标签拣货系统中的应用　　　　　　/ 80
　　　四、EPC 在零售业中的应用　　　　　　　　　　　/ 80

项目实训	/81
实训参考	/83
课后练习	/84

项目 4　电子数据交换技术　/87

任务 1　EDI 技术基础知识　/89
　　一、EDI 的概念　/89
　　二、EDI 与电子商务　/89
　　三、EDI 的不同定义　/90
　　四、EDI 的特点　/91
　　五、EDI 的分类　/91

任务 2　EDI 应用系统　/91
　　一、EDI 的基本结构　/91
　　二、EDI 的实现　/94
　　三、EDI 的关键技术　/95

任务 3　EDI 应用标准　/96
　　一、EDI 的标准　/96
　　二、EDI 的标准要素　/99

任务 4　EDI 与 Internet　/100
　　一、Internet 对 EDI 的影响　/100
　　二、实现 EDI 需要解决的问题　/100
　　三、Internet 和 EDI 结合的方式　/101
　　四、Internet 电子邮件扩展的方法　/102

任务 5　EDI 技术在物流中的应用　/103
　　一、EDI 在物流管理中的应用　/103
　　二、EDI 在物流配送中的应用　/103
　　三、EDI 在供应链管理中的应用　/104
　　四、EDI 在海关中的应用　/104
　　五、EDI 在商检中的应用　/105

任务 6　其他数据交换技术　/105
　　一、ebXML 物流数据交换技术　/105
　　二、SOA 物流数据交换技术　/107

项目实训　/108
实训参考　/109
课后练习　/116

项目 5　电子商务物流　/120

任务 1　电子商务基础知识　/122
　　一、电子商务的概念　/122
　　二、电子商务的组成　/122
　　三、电子商务的特点　/124
　　四、电子商务的分类　/125

五、电子商务的功能　　　　　　　　　　　　　　　　　　　／127
　　　　　六、电子商务的优缺点　　　　　　　　　　　　　　　　　　／128
　　任务 2　电子商务环境下的物流系统　　　　　　　　　　　　　　　／130
　　　　　一、电子商务的体系结构　　　　　　　　　　　　　　　　　／130
　　　　　二、电子商务和物流　　　　　　　　　　　　　　　　　　　／130
　　　　　三、电子商务环境下的物流基本业务流程　　　　　　　　　　／131
　　任务 3　电子商务物流的运作模式　　　　　　　　　　　　　　　　／133
　　　　　一、自营物流模式　　　　　　　　　　　　　　　　　　　　／133
　　　　　二、物流外包模式　　　　　　　　　　　　　　　　　　　　／133
　　　　　三、自营与外包相结合的配送模式　　　　　　　　　　　　　／134
　　　　　四、物流一体化模式　　　　　　　　　　　　　　　　　　　／134
　　项目实训　　　　　　　　　　　　　　　　　　　　　　　　　　　／135
　　实训参考　　　　　　　　　　　　　　　　　　　　　　　　　　　／136
　　课后练习　　　　　　　　　　　　　　　　　　　　　　　　　　　／136

项目 6　地理信息系统　　　　　　　　　　　　　　　　　　　　　／139

　　任务 1　GIS 基础知识　　　　　　　　　　　　　　　　　　　　　／141
　　　　　一、数据、信息和地理信息　　　　　　　　　　　　　　　　／141
　　　　　二、信息系统　　　　　　　　　　　　　　　　　　　　　　／142
　　　　　三、GIS 的概念　　　　　　　　　　　　　　　　　　　　　／142
　　　　　四、GIS 的特点　　　　　　　　　　　　　　　　　　　　　／143
　　任务 2　GIS 的构成　　　　　　　　　　　　　　　　　　　　　　／143
　　　　　一、计算机硬件系统　　　　　　　　　　　　　　　　　　　／143
　　　　　二、计算机软件系统　　　　　　　　　　　　　　　　　　　／144
　　　　　三、地理空间数据　　　　　　　　　　　　　　　　　　　　／145
　　任务 3　GIS 的内容　　　　　　　　　　　　　　　　　　　　　　／146
　　　　　一、GIS 的基本功能　　　　　　　　　　　　　　　　　　　／146
　　　　　二、GIS 的分类　　　　　　　　　　　　　　　　　　　　　／147
　　　　　三、GIS 的工作流程　　　　　　　　　　　　　　　　　　　／148
　　任务 4　GIS 在物流中的应用　　　　　　　　　　　　　　　　　　／150
　　　　　一、GIS 应用物流分析　　　　　　　　　　　　　　　　　　／150
　　　　　二、GIS 在物流管理信息系统中的应用　　　　　　　　　　　／151
　　　　　三、GIS 在电子商务物流中的应用　　　　　　　　　　　　　／151
　　项目实训　　　　　　　　　　　　　　　　　　　　　　　　　　　／151
　　实训参考　　　　　　　　　　　　　　　　　　　　　　　　　　　／152
　　课后练习　　　　　　　　　　　　　　　　　　　　　　　　　　　／154

项目 7　全球卫星导航系统　　　　　　　　　　　　　　　　　　　／157

　　任务 1　GNSS　　　　　　　　　　　　　　　　　　　　　　　　／159
　　　　　一、BDS　　　　　　　　　　　　　　　　　　　　　　　　／159
　　　　　二、GPS　　　　　　　　　　　　　　　　　　　　　　　　／160
　　　　　三、Galileo 定位系统　　　　　　　　　　　　　　　　　　／162

四、GLONASS 系统 /163

任务 2　BDS /164
一、BDS 的组成 /164
二、BDS 的主要功能 /164
三、BDS 与 GPS 比较 /164

任务 3　GPS /165
一、GPS 的组成 /165
二、卫星定位的基本方式 /167
三、GPS 的主要特点 /168
四、GPS 的类型 /168
五、GPS 的主要功能 /169

任务 4　网络 GPS /170
一、网络 GPS 的概念 /170
二、网络 GPS 的特点 /170
三、网络 GPS 的组成 /170
四、网络 GPS 的工作流程 /171

任务 5　网络 GPS 在物流中的应用 /171
一、GPS 在物流中的应用 /171
二、网络 GPS 在物流中的应用情况 /172

项目实训 /173
实训参考 /174
课后练习 /177

项目 8　物流管理信息系统 /180

任务 1　物流管理信息系统基础知识 /182
一、物流管理信息系统概述 /182
二、物流管理信息系统的结构 /184
三、C/S 结构和 B/S 结构 /185
四、物流管理信息系统的功能 /188
五、物流管理信息系统构建应遵循的原则 /188

任务 2　物流管理信息系统的开发方法 /189
一、物流管理信息系统的开发技术 /189
二、常用物流管理信息系统的开发方法 /191

任务 3　物流管理信息系统的开发过程 /194
一、物流管理信息系统的开发过程与环境 /194
二、物流管理信息系统的开发步骤 /195

任务 4　物流信息安全技术 /197
一、信息安全 /197
二、信息安全技术 /198

项目实训 /199
实训参考 /200
课后练习 /200

项目 9　智能物流管理信息系统应用　/ 203

任务 1　智能物流系统基础知识　/ 205
一、智能物流系统的概念　/ 205
二、智能物流系统的结构　/ 206
三、智能物流系统的关键技术　/ 209

任务 2　公共物流信息平台基础知识　/ 211
一、公共物流信息平台的概念　/ 211
二、公共物流信息平台的功能　/ 212
三、公共物流信息平台的管理　/ 213

任务 3　物流决策支持系统　/ 213
一、物流决策支持系统的构成　/ 213
二、公共物流信息平台下的物流决策　/ 214

任务 4　智能运输系统　/ 216
一、智能运输系统概述　/ 216
二、中国智能运输系统　/ 216
三、智能运输系统的主要内容　/ 218
四、智能运输系统的应用　/ 220

项目实训　/ 223
实训参考　/ 224
课后练习　/ 227

模拟测试　/ 229

模拟测试一　/ 229
模拟测试二　/ 235

参考文献　/ 240

项目 1
物流信息技术

【学习目标】

知识目标	技能目标	素质目标
（1）掌握数据、信息、物流信息、信息技术和物流信息技术的概念。 （2）熟悉商流、物流、资金流和信息流之间的关系。 （3）了解物流信息的特点和作用。 （4）了解物流信息化和标准化的概念及其内容	（1）培养学生利用网络进行信息搜索的能力。 （2）培养学生对物流信息进行辨识和处理的能力	培养学生大国自信的精神

【案例导入】

当前，我国高速铁路、高速公路里程及港口万吨级泊位数量等均位居世界第一，机场数量和管道里程位居世界前列，"7918网"综合运输大通道基本贯通，中国路、中国桥、中国港、中国高铁成为亮丽的中国名片，现代综合交通运输体系初步形成。截至2021年年底，全国公路总里程约为520万千米。全国高速路总里程达16万千米；全国铁路营业总里程达到14.6万千米，覆盖大约99%的20万及以上人口的城市。其中，高铁（含城际铁路）大约3.9万千米。2020年，我国公路全年完成营业性客运量68.94亿人，旅客周转量4641.01亿人·千米；全国公路完成营业性货运量342.64亿吨，货物周转量60171.85亿吨·千米。

我国基础设施建设技术已经迈入世界先进行列，高原冻土、膨胀土、沙漠等特殊地质的铁路、公路建设技术克服世界级难题，特大桥隧建造技术达到世界先进水平，离岸深水港建设关键技术、巨型河口航道整治技术、长河段航道系统治理技术及大型机场工程建设技术世界领先。港珠澳大桥、北京大兴机场等一批超级工程震撼世界，"复兴号"动车组、C919大型客机、振华港机等一批国产交通装备标注了"中国制造"的新高度，洋山港集装箱和自动化码头引领全球，互联网物流蓬勃发展，刷脸进站、"无纸化"登机、无人机投递、无接触配送等新技术的应用，为广大群众的生产生活提供了巨大便利。我国已经布局建设30个左右辐射带动能力较强、现代化运作水平较高、互联衔接紧密的国家物流枢纽，初步建立符合国情的枢纽建设运行模式，形成国家物流枢纽网络基本框架。

资料来源：交通运输部.我国高铁、高速公路里程均位居世界第一［EB/OL］.（2018-12-21）［2022-02-23］. https://baijiahao.baidu.com/s?id=1620455031661248017&wfr=spider&for=pc.有改动.

>> 【思维导图】

任务 1　物流信息基础知识

一、数据与信息

（一）数据

数据是人们用来反映客观事物，记录下来的可以鉴别的符号，是客观事物的基本表达，不仅包括数字，而且包括文字、图形及声音等。例如，"载重 10t 的东风卡车"中"10""东风""卡车"就是数据，反映了一辆特定的卡车。

随着信息技术的发展，计算机处理的数据的种类越来越多，信息技术的应用也越来越广。数据主要包括数值型和非数值型，如图 1.1 所示。

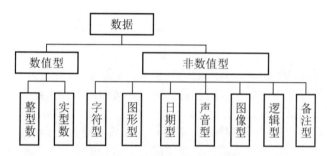

图 1.1　计算机处理的数据类型

数据的 3 个基本特征是数据名、类型和长度。数据名作为唯一的名称，表示某数据；类型表示数据的类型，如整型数、日期型等，每一个数据只能归属一种类型；长度以字节为单位，表示需要占用的存储空间，对于非数值型数据还要定义其精度。例如，"载重 10t 的东风卡车"中"东风"就是字符型，其数据长度为 4 个字节。

（二）信息

1. 信息的概念

不同的学者从不同的角度对信息进行了不同的定义。一般来说，信息是对某个事件或事物的一般属性的描述。信息总是通过数据来表示，加载在数据之上并对数据的具体含义进行解释。因此，信息就是经过加工处理后有价值的数据。

数据与信息是息息相关的，但是数据不等同于信息。数据与信息的区别详见表 1-1。信息技术能将不可利用的数据形式加工成可利用的数据形式，即信息。数据是原材料，信息是加工后的、对决策或行动有价值的数据。

表 1-1　数据与信息的区别

数　据	未加工的原始材料	用以荷载信息的物理符号
信　息	加工过的数据	数据的载体

2. 信息的特征

（1）客观性。信息是物质的基本属性，由于物质是客观存在的，所以信息的存在也是不以人的意志为转移的。

（2）传递性。客观存在的信息通过人的智慧被感知以后，转换成语言、文字、图形、代码等可传递和接受的形式，并且依据一定的物质载体进行存储和传递。信息可以全向传递，也可以定向传递，通过传递实现了扩散的过程。

（3）时效性。信息是有生命周期的，信息的生命周期是指信息从产生、搜集、加工、传输、使用到失效的全过程。在特定的时间跨度内，信息是有效的，超过这一跨度，信息可能丧失原有的价值。例如，企业在获取用户的需求信息后，如果不能及时处理和利用，就有可能丢失商机、丧失用户，以致造成经济损失。

（4）价值性。信息是一种资源，具有价值性，人们可以利用信息获得效益。例如，如果要在网上购买一本最新版的专业性较强的图书，了解到相关的购书信息后，就可以在线订购，不仅比线下订购方便、快捷，而且可以享受打折优惠。

（5）不对称性。人们的认知程度受自身文化水平、实践经验、获得途径等原因的限制，对事物认识产生了不对称性。在市场中，交易双方所掌握的信息是不相等的，不同的企业掌握信息的程度有所不同，这也形成了信息的不对称性。企业掌握的信息越充分，对其决策就越有利。

（6）共享性。信息与物质和能源的一个主要区别就是共享性，物质和能源是不可共享的，而信息可以共享。

（三）数据与信息的关系

在企业管理中，数据与信息常被用作具有同一含义的词语。实际上，数据与信息的含义是有差别的，有必要加以区分。

数据只是一个可以识别的符号序列，本身并无任何实际意义和内容，但经过分类整理、计算处理、分析综合和解释等过程后，它能使信息需求者更清楚地了解数据所代表的真正含义和内容。从这个意义上讲，如果说数据是原材料的话，那么信息就是加工后得到的产品，如图1.2所示；反之，数据又可看作信息的载体或外在表现形式。

数据（原材料）→ 加工、解释 → 信息（产品）

图1.2　数据与信息

例如，一张仓库材料入库单上有发货单位、名称、数量、单价、总价、日期、经手人姓名等数据，当这些数据以单个形式出现时则显得毫无意义，而将它们汇总（进行加工）以后就成了一张入库单，赋予了一定的意义（反映入库的一笔账目），就不再是几条信息了。根据这张入库单，人们可以了解到仓库进了一笔什么货、价值是多少、应当如何堆放与保管等信息。

相同的数据，如果使用者赋予它不同的标识或定义，也会变成不同的信息。例如，数字"80"，如果在它后加上不同的单位，其表示的含义也会不相同。

二、物流信息

（一）物流信息的概念

国家标准《物流术语》（GB/T 18354—2021）把物流信息（logistics information）定义为"反映物流各种活动内容的知识、资料、图像、数据、文件的总称"。它是物流活动过程中各个环节生成的信息，一般是随着从生产到消费的物流活动的产生而产生的信息流，与物流过程中的运输、保管、装卸、包装等各种职能有机结合在一起，是整个物流活动顺利进行所不可缺少的。只有物流信息，才能使物流成为一个有机系统而不是各个孤立的活动。例如，对物流各项活动进行计划预测、动态分析时，还需及时提供物流费用、生产情况、市场动态等有关信息。

（二）物流信息的分类

根据国家标准《物流信息分类与代码》（GB/T 23831—2009），物流信息按业务反映的属性分为物流综合管理信息、物流业务信息、物流作业信息、物流设施设备信息、物流技术信息和物流安全信息。除此以外，物流信息还有以下详细分类。

（1）按信息的载体分类，物流信息分为物流单据（凭证）、物流台账、物流报表、物流计划、物流文件等。

① 物流单据（凭证）。物流单据（凭证）发生在企业的操作层，一般记载物流业务工作实际发生的情况。根据单据的制定者的不同，物流单据（凭证）分为企业内部物流单据和企业外部物流单据，凡是由企业外部制定和开出的单据属于企业外部物流单据，而由企业自身制定和开出的单据则为企业内部物流单据，如货物采购时由供应厂商开出的发票是企业外部物流单据，企业为客户开出的销售发票则为企业内部物流单据。

② 物流台账。物流台账是指按照一定的要求（如时间次序、某种分类等）累积形成的物流台账，如物资管理工作中的商品明细台账就是按照物资类别将某种物资的入库、出库按时间次序记载的流水账。

③ 物流报表。物流报表是指按照一定的统计要求，将一定周期内的物流单据或物流台账进行计算、汇总、排序、分类汇总等形成的信息载体，其作用是通过对一定时期生产的统计，来检查生产经营情况，发现存在的问题，为制定相关决策提供信息。

④ 物流计划。物流计划对于企业物流管理来说是一种非常重要的信息，它是企业物流管理决策的具体体现。从管理职能来说，企业有不同的计划，如需求计划、采购计划、项目预算计划、财务计划等，企业的上级根据计划向下传达企业下一个计划期生产经营的意图，统一指挥各部门的行动，而企业的下级通过报表反映计划的实施情况。

⑤ 物流文件。物流文件一般分为企业内部物流文件和企业外部物流文件。企业外部物流文件的制定者是企业的外部单位、组织，而企业内部物流文件又可分为企业级的物流文件、部门级的物流文件。物流文件多为非数值型数据。

物流单据（凭证）、物流台账和物流报表具有确定性，是对现实的反映，而物流计划、物流文件具有可变性，是实现过程控制和评价的标准之一。

（2）按信息的来源分类，物流信息分为物流系统内信息和物流系统外信息。

① 物流系统内信息。物流系统内信息是指伴随着物流活动发生的信息，包括交通运输信息、仓储信息、装卸搬运信息、包装信息、流通加工信息和配送信息。例如，交通运输信息就包括铁路、公路、水运、航空、管道等各种运输基础设施的建设进度、网络疏密、利用状况、畅通程度、收费标准、质量等级、营运能力、管理水平，以及火车、汽车、轮船、飞机等运输工具相互转换的难易度、物流节点的作业效率等。物流强调系统的整合性和协调性，所以，运输、保管、装卸搬运及包装等各个环节的协调运转除了管理因素外，就是信息传递的及时性和顺畅程度。每个物流环节信息的整合和系统化筛选是十分重要的，而且不能间断，否则物流系统的整体优势就会受到影响，甚至失去物流本身存在的意义。

② 物流系统外信息。物流系统外信息是指在物流活动以外发生的但与物流活动有一定相关性的信息，包括商流信息、资金流信息、生产信息、消费信息，以及国内外政治、经济、文化等信息。

（3）按物流的功能分类，物流信息分为计划信息、控制及作业信息、统计信息和支持信息等。

① 计划信息。计划信息是指尚未实现但已当作目标确认的一类信息，如物流量计划、仓库吞吐量计划、车皮计划、与物流活动有关的基础设施建设计划等信息。只要尚未进入具体

业务操作的,都可归入计划信息。这类信息具有相对稳定性和更新速度慢的特点。掌握了计划信息,便可对物流活动本身进行战略思考,这对物流活动来说有着非常重要的战略意义。

② 控制及作业信息。控制及作业信息是指在物流活动过程中发生的信息,如库存种类、库存量、货运量、运输工具状况、物价、运费、投资在建情况、港口发运情况等。这种信息具有动态性强、更新速度快和时效性强的特点。掌握了控制及作业信息,就可以控制和调整正在发生的物流活动,指导下一次即将发生的物流活动及规律,以实现对过程的控制和对业务活动的微调。

③ 统计信息。统计信息是指物流活动结束后,对整个物流活动的一种终结性、归纳性信息,如上一年度、月度发生的物流量、物流种类、运输方式、运输工具使用量、仓储量、装卸量,以及与物流有关的工农业产品产量、内外贸易量等。这种信息具有恒定不变和较强的资料性的特点。掌握了统计信息,就可以正确掌握过去的物流活动及规律,指导物流战略发展和制订计划。

④ 支持信息。支持信息是指对物流计划、业务、操作有影响的文化、科技、产品、法律、教育等方面的信息,如物流技术革新、物流人才需求等信息。这种信息不仅对物流战略发展有价值,而且对控制、操作物流业务也能起到指导和启发的作用。

(4) 按管理层次分类,物流信息分为操作管理信息、知识管理信息、战术管理信息和战略管理信息。

① 操作管理信息。操作管理信息产生于操作管理层,反映和控制企业的日常生产和经营工作,如每天的产品质量指标、用户订货合同、供应厂商原材料信息等。这类信息通常具有信息量大、发生频率高等特点。

② 知识管理信息。知识管理信息是指知识管理部门相关人员对企业自身的知识进行收集、分类、存储和查询并进行知识分析得到的信息,如专家决策知识、物流企业相关业务知识、工人的技术和经验形成的知识信息等。

③ 战术管理信息。战术管理信息是指部门负责人制定局部和中期决策时涉及的信息,如月销售计划完成情况、单位产品制造成本、库存费用和市场商情信息等。

④ 战略管理信息。战略管理信息是指企业高层管理决策者制定企业年经营目标、企业战略时需要的信息,如企业全年经营业绩综合报表、消费收入动向和市场动态、国家有关政策法规等。

(5) 按物流活动的领域分类,物流信息分为运输信息、仓储信息、装卸信息等,甚至可以细分成集装箱信息、托盘交换信息、库存量信息、火车运输信息等。这类信息是具体指导物流各个领域的活动,使物流管理细化必不可少的信息。

(6) 按信息稳定的程度分类,物流信息可分为静态信息和动态信息。

① 静态信息。静态信息通常具备相对稳定的特点,有3种形式:一是物流生产标准信息,它是以指标定额为主体的信息,如各种物流活动中的劳动定额、物质消耗定额、固定资产折旧等;二是物流计划信息,它是物流活动在计划期内既定任务所反映的各项指标,如物资年计划吞吐量、计划运输量等;三是物流查询信息,它是在一个较长时期内很少发生变更的信息,如国家和各主要部门颁发的技术标准,物流企业内的人事制度、工资制度、财务制度等。

② 动态信息。与静态信息相反,动态信息是物流系统中经常发生变动的信息,这种信息以物流各作业统计信息为基础,如某一时刻物流任务的实际进度、计划完成情况、各项指标的对比关系等。

(三) 物流信息的特点

(1) 分布性。物流信息伴随着物体的位移分布在不同的地点,分布面广,所以随着物流活动的不断扩展,需要在全球范围内对物流信息进行收集、处理和加工。

（2）动态性。物流活动本身的复杂性及物流所面对客户的多样性，决定了物流信息将在物流活动的不同阶段发生动态变化，这就需要具备对动态信息的捕获和揭示能力。例如，超市销售的商品种类和数量在一天甚至一小时之内都会发生很大的变化。

（3）复杂性。物流信息种类多，不仅物流系统内部各个环节产生不同种类的信息，而且由于物流系统与其他系统（如生产系统、供应系统）密切相关，因此还必须搜集这些物流系统外的有关信息。这会使物流信息的搜集、分类、筛选、统计、研究等工作的难度增加。

（4）标准性。获得企业竞争优势需要供应链各参与企业之间相互协调合作，而协调合作的手段之一就是交换和共享。企业为了实现不同系统之间信息的高速交换与共享，必须按照国际或国家对信息的标准化要求对信息进行管理，如采用统一的条码标准，将物流信息标准化和格式化，可利用电子数据交换（electronic data interchange，EDI）在相关企业之间进行传送，真正实现信息分享；随着可扩展标记语言（extensible markup language，XML）技术的成熟，企业物流信息系统内外部信息标准可以统一起来，简化了系统的开发流程，功能也更强大。

（四）物流信息的作用

物流信息是伴随着物流活动的发生而产生的，贯穿于物流活动的整个过程，在物流活动中起着中枢神经系统的作用。它不仅对物流活动起到保证的作用，而且具有整合物流系统活动使其效率提高的作用。正是由于物流信息具有这些作用，使得物流信息在现代企业经营战略中占有越来越重要的地位。建立物流信息系统，提供迅速、准确、及时、全面的物流信息是现代企业获得竞争优势的必要条件。

（1）物流信息有助于物流活动各个环节之间的相互衔接。物流活动是一个系统工程，采购、运输、库存及销售等物流活动在企业内部相互作用，形成一个有机的整体系统。物流系统内各子系统的相互衔接是通过信息进行沟通的，而且系统内基本资源的调度也是通过信息的传递来实现的，其业务流程如图1.3所示。物流信息的指导能保证物流各项活动的顺利运转。例如，企业在接收到商品的订货信息后，要检查商品库存是否足够，如果有库存，可以发出配送指示信息，通知配送部门进行配送活动；如果没有库存，则发出采购或生产信息，通知采购部门进行采购活动，或者通知生产部门安排生产以满足顾客需要。在配送部门得到配送指示信息之后，就会按照配送指示信息的要求对商品进行个性化包装，并反馈包装完成信息；物流配送部门则开始设计运输方案，反馈运输指示信息，指导商品实施运输；在商品运输的前后，配送中心还会发出装卸指示信息，指导商品的装卸过程；当商品配送完成后，还要传递配送成功的信息。因此，物流信息的传送连接物流活动的各个环节，并指导着各环节的工作，起到桥梁和纽带的作用。

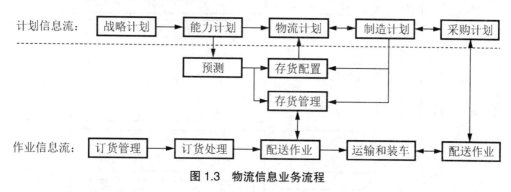

图1.3 物流信息业务流程

（2）物流信息有助于物流活动各环节之间的协调与控制。要合理组织物流活动（即根据总目标的需要，适时、适量地调度系统内的基本资源，使各个子系统相互协调），必须依赖物流系统中物流信息的沟通,只有通过高效的信息传递和反馈,才能实现整个系统合理有效地运行。在整个物流活动中,每一个活动环节都会产生大量的物流信息,而物流系统通过合理地应用现代信息技术[如 EDI、MIS(management information system,管理信息系统)、POS(point of sale,销售终端)、电子商务等],对这些信息进行挖掘和分析,得到每个环节下一步活动的指示性信息,从而对各个环节的活动进行协调与控制,如根据客户订购信息和库存反馈信息安排采购或生产计划,根据出库信息安排配送或货源补充等。因此,合理利用物流信息,能够有效地支持和保证物流活动的顺利进行。

(3)物流信息有助于提高物流企业的科学管理和决策水平。物流管理通过加强供应链中各项活动和实体间的信息交流与协调,使物流和资金流保持畅通,实现供需平衡,提高经济效益。

一般来说,物流管理中存在以下基本决策问题。

① 位置决策。物流管理中的设施定位,包括物流设施、库存点和货源等,在考虑需求和环境条件的基础上,通过优化进行决策。

② 生产决策。主要根据物流的流动路径,合理安排各生产成员间的物流分配,良好的决策可以使各成员间实现良好的负荷均衡,使物流保持畅通。

③ 库存决策。库存决策主要涉及库存的方式、数量和管理方法,是降低物流成本的重要依据。

④ 采购决策。根据商品需求量和成本合理化确定采购批次、间隔和批量,以确保在不间断供给的前提下使成本最小化。

⑤ 运输配送决策。运输配送决策包括运输配送方式、批量、路径及运输设备的装载能力等。

通过运用科学的分析工具,可以对物流活动所产生的各类信息进行科学分析,从而获得更多富有价值的信息。通过物流系统各节点间的信息共享,能够有效地缩短订货提前期,降低库存水平,提高搬运和运输效率,减少递送时间,提高订货和发货精度,及时高效地响应顾客反馈的各种问题,从而极大地提高顾客满意度和企业形象,提高物流系统的竞争力。

三、商流、物流、资金流和信息流

(一)"四流"构成流通体系

商品流通是以货币为媒介的商品交换的全过程,是商品交换过程中连续进行的整体活动。商品流通在社会再生产中处于中介地位,它是连接生产和消费的桥梁和纽带,将生产出的产品从生产者手中转移到消费者手中。在流通过程中,通常有四大流程发生,如图 1.4 所示。

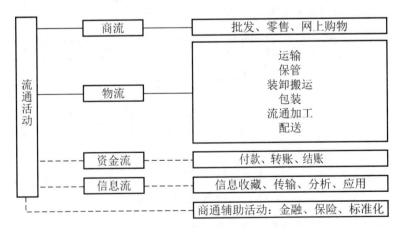

图 1.4 流通活动中的"四流"

（1）商流。商流是商品所有权的转移过程，即通过购销活动，购买者用与商品价值相等的等价物与生产者手中的商品进行交换，取得商品的所有权。

（2）物流。在所有权的转移过程中往往伴随着商品实体的转移，即销售者将按运输、保管的要求包装好商品，通过装卸、运输、储存、保管等环节，将商品运到购买者手中，这个过程就是物流过程。

（3）资金流。资金流是指交易资金的流动过程，具体包括付款、转账和结账等，事关整个交易的安全程度。

（4）信息流。信息流贯穿于整个交易过程，它提供商品和服务信息、促销信息、市场行情、政策信息等。

"四流"的加工、传递、储存的状况直接影响商品流通活动。"四流"是商品流通的必要组成部分，它们相互依存、相互作用。"四流"的实质是商品流通的不同运动形式，其中，商流体现了商品所有权的转移运动；物流体现了商品空间、时间位置的变化运动；资金流体现了商品与货币的等价交换的转移过程；信息流反映了流通中商品价值与使用价值相互适应的状况，引导和控制着商流、物流和资金流有规律、合理地运动。现代物流应是商流、物流、信息流和资金流的统一。

（二）"四流"的相互关系

商流、物流、资金流和信息流各有独立存在的意义，并各有自身的运行规律，是一个相互联系、相互伴随、共同支撑流通活动的整体。在"四流"中，商流是物流、资金流和信息流的起点，也是物流、资金流和信息流的前提。例如，A 企业和 B 企业首先经过商谈，达成了一笔供货协议，确定了商品价格、品种、数量、供货时间、交货地点、运输方式并签订了合同，即启动了商流活动。其次，进入物流过程，即货物的包装、装卸搬运、保管、运输等活动。最后，进入资金流的过程，即付款与结算。没有资金流的支付，商流不成立，物流也不会发生。无论是买卖交易，还是物流和资金流，这 3 个过程都离不开信息的传递和交换；没有及时的信息流，就没有顺畅的商流、物流和资金流。

任务 2　物流信息系统基础知识

一、物流技术与信息系统

（一）信息技术

信息技术（information technology，IT）是指获取、传递、处理、再生和利用信息的技术，泛指一切能拓展人们处理信息能力的技术。现代信息技术主要包括传感技术、计算机技术、通信技术、网络技术等，替代或辅助人们完成对信息的检测、识别、变换、存储、传递、计算、提取、控制和利用。

（1）传感技术。传感技术扩展了人的感觉器官能力，主要完成对信息的识别与搜集。例如，在传统的物资管理中，物资入库时，必须搬到磅秤上由保管员过磅秤数，然后将数据输入计算机，这种方式已经成为历史。现在有了汽车磅，当装载物资的汽车过磅时，入库数量一次性被采集并输入计算机，既提高了数据的准确性、及时性，又减轻了工人的劳动强度。

（2）计算机技术。计算机技术凭借高速的计算能力及"海量"的存储能力扩展了人的大脑能力，包括计算能力、记忆能力，完成信息的加工、存储、检索、分析等，使以前难以解决甚至无法解决的问题都得以解决。例如，在库存信息处理方面，对于时常需要更新的库存数据、图表，计算机能很快给出结果，使企业在及时补充库存、调整库存商品种类、减少冗余库存、合理安排运输路线和装运量、节约资源等方面都能进行有效的改进。

（3）通信技术。通信技术扩展了人的神经系统能力，实现信息的传递。过去人们传递信息主要依靠口头、书信、电话电报等方式，现在数据传输率最大的是光纤通信，其传输率可高达1000Gb/s。以资金周转为例，如果使用传统方法进行资金流通结算，国内一般需要一个星期，国际一般需要半个月左右，而通过通信技术，国内外的资金流结算均可在24h内完成。

（4）网络技术。网络技术的发展和应用使各地互联的计算机能够充分共享资源（硬件、软件和数据），为拓展人们的信息处理能力创造了一个世界范围内的虚拟空间。企业内部通过局域网的建设，使人、财、物、产、供、销等部门之间实现了信息共享。网络技术可以减少企业内部沟通的时间并降低运作的成本，方便决策者做出全盘的统筹规划；可以对整个企业工作流程进行实时跟踪，随时掌握产品信息、客户信息、对手动态、行业动态、政策法规等的最新情况。

（二）信息系统

1. 信息系统的概念

信息系统是以加工处理信息为主的，由硬件、软件、方法、过程及人员组成的联合体。由于信息系统为人的各种业务活动服务，系统的设计、开发和使用与人密不可分，所以是一个人机集成的系统。

物流信息系统利用信息技术对物流中各种信息进行实时、集中、统一管理，使信息及信息流在商流、物流、资金流中发挥作用，及时反馈市场、客户和物品的动态信息，为客户提供实时的信息服务。

2. 信息系统的基本结构

一个信息系统由四大部分组成，即信息源、信息处理器、信息用户和信息管理者，如图1.5所示。

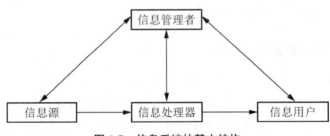

图1.5 信息系统的基本结构

信息系统的工作流程：先对信息源进行信息收集与整理，使信息经过传输通道到达信息处理器进行加工处理，转换为有用的信息，再通过传输通道提供给信息用户，以满足信息用户对信息的需要。而信息管理者对以上过程的每一环节进行管理和控制，负责整个信息系统的设计和维护工作，从而保证信息系统的各个组成部分能够充分协调，保证整个信息系统能够正常运行和使用。

（三）信息系统的基本功能

（1）数据收集和输入。当数据记录在介质上并经校验后，即可输入系统进行处理。在实际处理中，可以通过输入设备将系统所需数据及时输入。例如，在物流信息系统中，条码扫描系统可以完成数据的收集和录入，通过数据传输，为零售商提供决策支持。

（2）数据加工处理。数据加工处理主要包括代数运算、统计量的计算及各种校验、各种最优算法、模拟预测、排序分类与合并等。数据加工处理功能的强弱直接影响信息系统的优劣，现代信息系统已经能够处理各种数据了。

（3）数据存储功能。日常产生大量的各种类型的数据，相当一部分需要重复使用，大量经过加工处理得到的有关信息和数据也要随时存储起来，以备将来使用和更新。信息系统的这种存储数据的功能方便管理者的日常业务处理，大大提高了工作效率。存储数据或信息的介质通常有磁带、磁盘、光盘。

（4）数据传输功能。从数据源收集的数据到处理数据、将处理数据得到的信息送到使用者，再到使用数据库中的数据等，这些过程都涉及传输数据的问题。系统的规模越大、数据越多、分布越广，使用的传输技术就越复杂。为了及时、有效地传输数据和信息，目前的信息系统使用了计算机技术、通信、EDI 等有关技术和设备。

（5）信息输出功能。系统输出的信息供各级管理人员使用，或将信息从一个子系统传送到另一个子系统。输出信息的形式有报表、数字、文字、图形、图像、语音等形式，输出的方式有打印、远距离传送、存入磁盘或光盘等。

二、物流信息技术

（一）物流信息技术的概念

在《物流术语》中，物流信息技术（logistics information technology，LIT）是以计算机和现代通信技术为主要手段，实现对物流各环节中信息的获取、处理、传递和利用等功能的技术总称。它是建立在计算机、网络通信技术平台上的各种技术应用，包括硬件技术和软件技术，如计算机技术、网络通信技术、全球卫星定位技术、地理信息技术、条码技术、射频识别技术，以及在这些技术手段支撑下的数据库技术、面向行业的管理信息系统等软件技术。而物流技术（logistics technology，LT）是物流活动中采用的自然科学与社会科学方面的理论、方法及设施、设备、装置与工艺的总称。

随着物流信息技术的不断发展，产生了一系列新的物流理念和物流经营方式，推动了物流的变革。目前，信息技术被视为影响物流增长与发展的关键因素，利用计算机技术、通信技术、网络技术等手段，大大加快了物流信息的处理和传递速度，提高了物流活动的效率和快速反应能力。

据统计，物流信息技术的应用，可为传统的运输企业带来的实效表现在：降低空载率；提高对在途车辆的监控能力，有效保障货物安全；网上货运信息发布及下单可增加商业机会；具备无时空限制的客户查询功能，有效满足客户对货物在运情况的跟踪监控，可提高业务量；对各种资源的合理综合利用，可减少运营成本。对传统仓储企业带来的实效表现在：提高配载能力；极大地提高库存和发货准确率；数据输入误差减少；库存和短缺损耗减少；可有效降低劳动力成本；提高生产力；提高仓库空间利用率。

物流信息在现代企业的经营战略中占有越来越重要的地位，因此，建立物流信息系统，充分利用各种现代信息技术，提供迅速、及时、准确、全面的物流信息是现代企业获得竞争优势的必要条件。

物流信息技术通过切入物流企业的业务流程，来实现对物流企业各生产要素的合理组合与高效利用，可以降低经营成本，直接产生明显的经济效益。

（二）物流信息技术的组成

物流信息技术主要包括物流信息基础技术、信息采集技术、信息交换技术、地理分析与动态跟踪技术、数据管理技术5个部分，见表1-2。

表1-2　物流信息技术的构成

名　称	项　目
物流信息基础技术	计算机技术
	网络技术
	数据库技术
信息采集技术	条码技术（见项目2）
	射频识别技术（RFID）（见项目3）
信息交换技术	电子数据交换技术（EDI）（见项目4）
地理分析与动态跟踪技术	地理信息系统（GIS）（见项目6）
	全球卫星导航系统（GNSS）（见项目7）
数据管理技术	数据库技术
	数据仓库技术

1. 物流信息基础技术

物流信息基础技术主要包括计算机技术、网络技术和数据库技术。

（1）在物流信息技术中，计算机技术主要是指计算机的操作技术。

（2）网络技术通过整合互联网分散的资源，实现资源的全面共享和有机协作，使人们能够按需获取信息。

（3）数据库技术主要用于物流信息的存储和查询，为信息所有者提供信息支持和辅助决策。

2. 信息采集技术

信息采集技术主要包括条码技术和射频识别技术（radio frequency identification，RFID）。

（1）条码技术。条码技术是电子与信息科学领域的高新技术，研究如何将计算机所需的数据用一组条码表示出来，以及如何将条码所表示的信息转变为计算机可读的数据，主要用于计算机数据输入，具有采集和输入数据快、可靠性高、成本低等优点，已得到普遍的推广和应用。目前，条码技术在一些领域的应用已比较成熟，产生了较大的经济效益和社会效益。条码技术涉及编码技术、光电传感技术、条码印刷技术、计算机识别应用技术、射频识别技术等。

（2）射频识别技术。射频识别技术的基本原理是电磁理论。射频系统的优点是不局限于视线，识别距离比光学系统远，射频识别标签具有可读写能力，可携带大量数据，难以伪造并且有智能的特点等。射频识别技术适用于物料跟踪、运载工具和货架识别等要求非接触数据采集和交换的场合，由于射频识别标签具有可读写能力，因此对于需要频繁改变数据内容的场合尤为适用。

射频识别标签基本上是一种标签形式，将特殊的信息通过编码插入电子标签，将标签粘贴在需要识别或追踪的物品如货架、汽车等上面。一般利用便携式的数据终端，通过非接触式的方式从射频识别卡上采集数据，采集的数据可直接通过射频通信方式传送到主计算机上，由主计算机对各种物流数据进行处理，以实现对物流全过程的控制。

3. 信息交换技术

物流管理中的信息交换技术主要是指EDI技术。

EDI 技术是根据商定的交易或电子数据的结构标准实施商业或行政交易，从计算机到计算机的电子数据传输技术。EDI 按照协议的标准结构格式，将标准的经济信息通过电子数据通信网络，在商业伙伴的计算机系统之间进行交换和自动处理。

EDI 用于计算机之间商业信息的传递，包括日常咨询、计划、采购、到货通知、询价、付款、财政报告等，还用于安全、行政、贸易伙伴、规格、合同、生产分销等信息交换。目前，人们正在开发适用于政府、保险、教育、司法、保健和银行抵押等领域的 EDI 标准，EDI 逐渐应用于经济、行政等部门。

EDI 涉及贸易事务及相关的商业、物流和金融等问题，不仅要求高层管理人员及相关职能部门管理人员的全力支持，而且必须要有配套的政策和程序。目前使用的程序可能也需要修改，或许还需要建立和管理新的商业关系。系统的核心在于更好地在内部和贸易伙伴之间实现最优的信息共享，使信息更加灵活可靠。

目前，EDI 具有明显的战略优势，可以使客户的满意度达到最大化，并且可以改善与供应商的关系。EDI 加强了商业联系，扩大了市场份额，增加了竞争优势，但成本也相当昂贵，这说明 EDI 有待进一步发展。

4. 地理分析与动态跟踪技术

地理分析与动态跟踪技术主要包括地理信息系统（geographic information system，GIS）技术和全球卫星导航系统（global navigation satellite system，GNSS）技术两种。

（1）GIS 技术。GIS 是在计算机硬、软件系统支持下，对整个或部分地球表层（包括大气层）空间中的有关地理分布数据进行采集、储存、管理、运算、分析、显示和描述的技术系统。GIS 以地理空间数据为基础，以计算机为工具，采用地理模型分析方法，对具有地理特征的空间数据进行处理，实时地提供多种空间和动态的地理信息。GIS 的诞生使信息处理由数值领域步入空间领域。通过各种软件的配合，GIS 可建立车辆路线模型、网络物流模型、分配集合模型、设施定位模型等，更好地为物流决策服务。随着全球信息化的高速发展，GIS 作为一种重要的信息管理、检索、分析的工具，使人们的工作模式产生了新的变革，逐渐成为人们关注的热点，为决策支持提供了必要的依据。

（2）GNSS 技术。GNSS 是能在地球表面或近地空间的任何地点为用户提供全天候的三维坐标、速度及时间信息的空基无线电导航定位系统，包含美国的 GPS、俄罗斯的 GLONASS 系统、中国的北斗卫星导航系统（BDS）、欧盟的 Galileo 定位系统（Galileo positioning system）。使用 GNSS 技术可以利用卫星对物流及车辆的运行情况进行实时监控，可以实现物流调度的即时接单和即时排单，以及车辆的动态实时管理。同时，用户经授权后也可以通过互联网随时监控运送货物车辆的具体位置。如果货物运输需要临时变化线路，也可以随时指挥调动，大大降低了车辆的空载率，做到资源的最佳配置。GNSS 主要包括陆地应用，如车辆自主导航、车辆跟踪监控、车辆智能信息系统、车联网应用、铁路运营应用等；航海应用，如远洋运输、内河航运、船舶停泊与入坞等；航空应用，如航路导航、机场场面监控等。

5. 数据管理技术

数据管理技术主要包括数据库技术和数据仓库技术两种。

（1）数据库技术。数据库技术将信息系统中大量的数据按一定的结构模型组织起来，提供存储、维护、检索数据的功能，使信息系统方便、及时、准确地从数据库中获得所需信息，并以此作为行为和决策的依据。

（2）数据仓库技术。数据仓库是决策支持系统和联机分析应用数据源的结构化数据环境，研究和解决从数据库中获取信息的问题。数据仓库技术是一个面向主题、集成化、稳定的、包含历史数据的数据集合，用于支持经营管理中的决策制定过程。与数据库比较，数据仓库中的信息是经过系统加工、汇总和整理的全局信息，而不是简单的原始信息；系统记录的是企业从过去某一时点到目前各个阶段的实时动态信息，而不仅是关于企业当时或某一时点的静态信息。因此，数据仓库的根本任务是将信息加以整理归纳，及时提供给相应的管理决策人员，以支持决策过程，对企业的发展历程和未来趋势做出定量分析和预测。

6. 物流信息技术的新发展

一些新兴技术正在颠覆传统，带来源源不断的变化，如大数据、人工智能、移动互联、云计算、物联网、区块链、智慧物流等，都是物流信息技术正在发展的方向。

（1）大数据。大数据（big data，BD）是指无法在一定时间范围内用常规软件工具进行捕捉、管理和处理的数据集合，是需要经过新处理模式才能具有更强的决策力、洞察发现力和流程优化能力的海量、高增长率和多样化的信息资产。大数据的特点有大量、高速、多样、价值、真实性、可变性和复杂性。

大数据是未来全球经济发展的新动能已成为行业共识，大数据作为生产要素的基础性、战略性资源作用愈发凸显。例如，顺丰通过科技赋能，不仅构建了完整的大数据生态系统，而且推出了大数据平台、数据灯塔等产品。大数据可以全面管理物流的每个环节，对收件、派件、时间维度、空间维度进行精准记录，让每一票快件都有迹可循，帮助快递工作者实现精细化、智能化排班及实施调度分配等信息管理体系；通过件量预测、分仓管理、路线规划等数据分析，让件量预测精准度达到单个派送网点、单个收派员的维度，从而降低行业成本，大幅提升物流效率，实现物流领域的全面数字化管理和智慧决策。

（2）人工智能。人工智能（artificial intelligence，AI）是研究、开发用于模拟、延伸和扩展人的智能的理论、方法、技术及应用系统的一门新的技术科学。AI是计算机科学的一个分支，它企图了解智能的实质，并生产出一种新的能以与人类智能相似的方式做出反应的智能机器，相关研究包括机器人、语言识别、图像识别、自然语言处理和专家系统等。

① 车货匹配系统。物流企业可以使用AI技术完成物流运输中的车货匹配，结合自身资源打造全新的货运匹配平台，基于自身货源建立数字化货运平台，以低价获取社会运力。

② 无人驾驶体系。使用机器学习和深度学习打造无人物流驾驶体系。国内物流业面临着干线运输司机短缺问题，无人驾驶技术可以提高物流效率，降低交通运输过程中的安全事故，克服人为因素导致的诸多痛点。例如，商用车无人驾驶技术会在港口等特殊场所率先使用，在高速公路干线得到普及，并与车联网、车路协同等技术结合，推动整个公路运输体系智能化。

③ 图像、视频识别分析。图像、视频识别分析技术结合GIS、多媒体压缩和数据库技术，可以有效建立起可视化的仓储管理、订单管理、车辆管理系统。在智能仓库管理系统中，基于图像、视频识别分析技术的监控设备将图像、视频等数据信息汇集于主控中心，便于各级决策人员获悉前端仓库异常状况，从而实现即时决策、指挥调度、调查取证。在智能订单管理、车辆管理系统中，图像、视频识别分析技术可有效实现订单跟踪管理，降低运输过程中货物的损毁、丢失等问题，从而帮助制订生产计划与排产，保证货物及时、安全地到达目的地。

④ 语音识别技术。使用语音识别技术可以优化智能客服系统。语音识别是包括特征提取技术、模型训练技术及模式匹配准则在内的智能科技，让机器通过识别与理解将语音信息转变为相应的文本符号。在物流领域，语音识别已成为电话信道上最为重要的应用之一。基于语音识别技术的客服座席，可实现客户语音的可视化和智能分析，辅助人工座席迅速完成词条和关键字识别，进行关键知识库与知识点的搜索匹配，从而提高物流行业客服座席的工作效率、服务质量与电话接通率。

⑤ 智能化物流场站管理。智能化物流场站管理可以实现垛口、车辆、物理格口的自动协

同，进场车辆调度引导、智能停靠，通过对运输车辆进行智能扫描、装卸垛口加装智能传感器等手段实现。在智能仓库作业环境中，对搬运机器人、分拣机器人与机架进行有序操作与协作，能够极大提升仓库操作的处理速度、拣取精度和存储密度。例如，通过测算库存商品的体积数据和包装箱尺寸，利用深度学习算法技术，由系统智能地计算并推荐耗材和打包排序，从而合理安排箱型和商品摆放方案；通过对商品数量、体积等基础数据分析，对各环节如包装、运输车辆等进行智能调度。

⑥ 物流运营管理。AI技术还能为新一代物流行业提供更加智慧的运营管理模式。AI技术结合大数据分析，在物流转运中心、仓库选址上能够结合运输线路、客户分布、地理状况等信息进行精准匹配，从而优化选址、提升效率。采用AI技术分析，供应链各环节的产品生产制造商、供应商、物流提供商也能得到相当程度的提升，而且在AI技术的辅助下，能提前且有针对性地制订产品营销策略和货物的仓、运、配计划。

（3）移动互联。移动互联是移动互联网的简称，是指互联网的技术、平台、商业模式和应用与移动通信技术结合并实践的活动的总称。其工作原理为用户端通过移动终端来对网络信息进行访问，并获取所需要的信息，人们可以享受一系列的信息服务带来的便利。

（4）云计算。云计算（cloud computing）是分布式计算的一种，指的是通过网络"云"将巨大的数据计算处理程序分解成无数个小程序，然后通过多部服务器组成的系统进行处理和分析这些小程序得到的结果并返回给用户。因此，云计算又称为网格计算，其服务类型分为基础设施即服务（LaaS）、平台即服务（PaaS）和软件即服务（SaaS）。

云计算非常适合复杂多变的环境，有助于实现各种以"物流即服务"为基础的新业务模式。物流提供商可以使用按次付费的方式，根据需要使用可定制的模块化云服务。企业无须投资开发自己的传统IT基础架构，也没有设置和维护的成本，就能获得扩展性极强的服务和管理功能。近些年来，物流提供商已经开始使用云物流来为创新供应链解决方案提供快速、高效、灵活的IT服务。基于网络的开放式应用程序接口（application programming interface，API）将成为模块化按需云服务的基础，取代传统的通信系统。此外，边缘计算将利用离数据更近的计算优势来不断强化云物流（cloud logistics）。模块化的云物流平台可以让企业获得灵活、可配置的按需物流IT服务，而且这些服务可以轻松集成于供应链流程。云端运输管理系统可以把订单、计费和货物追踪服务整合到统一的平台中，按次付费模式使中小型物流提供商及大型企业能够更加灵活地应对市场波动，仅为其实际需要和使用的服务付费，而不是投资于固定容量的IT基础架构。

（5）物联网。物联网（the internet of things，IOT）是通过RFID、红外感应器、全球定位系统、激光扫描器等信息传感技术和设备，按约定的协议把物品与互联网连接起来进行信息交换和通信，以实现智能化识别、定位、跟踪、监控和管理的一种网络。通过物联网，可改善交通运输环境、保障交通安全，以及提高资源利用效率。随着AI技术、云计算、区块链等新技术的发展，万物互联继而向万物智能转变，对于面向物联网无线连接的厂商来说，发展前景将得到进一步释放。

（6）区块链。区块链是分布式数据存储、点对点传输、共识机制、加密算法等计算机技术的新型应用模式。区块链利用块链式数据结构来验证与存储数据，利用分布式节点共识算法来生成和更新数据，利用密码学的方式保证数据传输和访问的安全，利用由自动化脚本代码组成的智能合约来编程和操作数据，是一种全新的分布式基础架构与计算范式。

① 流程优化。通过区块链网络实现物流与供应链各环节凭证签收无纸化，将单据流转及电子签收过程写入区块链存证，实现交易过程中的信息流与单据流一致，为计费提供真实准确的运营数据。在对账环节，双方将各自计费账单上的关键信息（如货品、数量、货值、运

费等）写入区块链，通过智能合约完成自动对账，同时将异常调账过程上链，因此整个对账过程是高度智能化并且高度可信的。

② 供应链协同。通过区块链网络将供应链上下游核心企业、供应商、经销商等进行网联，各参与方共同维护一个共享账本，让数据在各方得到存储、共享和流转，保证了链上所有企业的信息安全可信、高效同步，从而掌握上下游核心企业的情况、建立交易关系、跟踪交易状况，让多方数据更安全、更高效地实时共享，有助于降低甚至消除人工耗时的流程，并有助于降低欺诈和错误的风险、降低企业管理成本。

③ 物流与供应链征信。通过区块链网络收集物流与供应链各环节可信数据，并通过区块链网络的多方交叉验证，确保数据的真实性。再通过行业标准评级算法，利用智能合约自动计算企业/个人的征信评级，并将评级结果写入区块链，在有效保护数据隐私的基础上实现有限度、可管控的信用数据共享和验证，为行业提供高可信度的物流与供应链征信服务。

④ 电子存证。通过区块链网络让物流与供应链各环节数据的生成、存储、传播和使用全流程可信，用户可以直接通过程序，将操作行为全流程记录于区块链。区块链还提供了实名认证、电子签名、时间戳、数据存证及区块链全流程的可信服务，建立了整个信任体系，通过整体结构，能够解决供应链上包括信息孤岛、取证困难等在内的一系列问题。

⑤ 物流与供应链金融。通过区块链网络将物流与供应链金融链条中各参与主体进行网联，并将线下交易场景中的资产数字化后上链，上链后实现数字资产化。区块链网络的可信机制能有效地实现资产价值化，进而让数字资产实现多级穿透式拆分流转，让核心企业的信用穿透到供应链两端的中小微企业，以解决中小微企业融资难、融资贵的问题。

⑥ 物流跟踪与商品溯源。通过区块链网络可让物流与供应链各环节中商品实现从源头到生产再到运输直至交付的全过程溯源，时间戳、共识机制等技术手段保证了数据不可篡改和追本溯源等功能，给供应链溯源提供了技术支持。同时，链上将监管和消费者纳入监督体系，实现了三方监管，保证了供应链流程的透明，打破了传统的信息孤岛模式。

（7）智慧物流。在《物流术语》中，智慧物流（smart logistics）是指以物联网技术为基础，综合运用大数据、云计算、区块链及相关信息技术，通过全面感知、识别、跟踪物流作业状态，实现实时应对、智能优化决策的物流服务系统。当前的物流产业增速正在趋缓，传统的产业发展方式难以满足消费需求快速增长的要求，现有的资源条件不足以支撑物流产业规模的持续快速增长，但全球新一轮科技革命的到来，为产业转型升级创造了重大机遇，智慧物流正在成为物流业转型升级的重要源泉。

智慧物流是以物联网和大数据为依托，通过协同共享创新模式和AI技术重塑产业分工、再造产业结构、转变产业发展方式的新生态。随着物流业与互联网的深度融合，智慧物流出现了一些新的特点。

① 物联网逐步形成。近些年来，随着移动互联网的快速发展，大量物流设施通过传感器接入互联网。目前，我国已经有大量重载货车安装北斗定位装置，还有大量托盘、集装箱、仓库、货物接入互联网，物联网呈快速增长趋势。以信息互联、设施互联带动物流互联，物联网的形成正处于关键时期，而且"物流在线化"奠定了智慧物流的发展基础。

② 物流大数据的应用。"物流在线化"产生大量业务数据，使得物流大数据从理念变为现实，数据驱动的商业模式推动产业智能化变革，大幅度提高生产效率。例如，菜鸟网络推出智能路由分单，实现包裹与网点的精准匹配，大大缓解了仓库爆仓压力。物流大数据服务对物流大数据进行处理与分析，挖掘企业运营管理有价值的信息，从而科学合理地进行管理决策，这也是物流企业的普遍诉求。

③ 物流云服务得到强化。依托大数据和云计算能力，通过物流云来高效地整合、管理和

调度资源，并为各个参与方按需提供信息系统及算法应用服务，是智慧物流的核心需求。例如，京东、菜鸟等纷纷推出物流云服务应用，为物流大数据提供了重要保障。

④ 协同共享助推模式创新。智慧物流的核心是"协同共享"，这是信息社会区别于传统社会，激发创新活力的理念源泉。例如，菜鸟驿站整合高校、社区、便利店、物业等社会资源，有效解决了末端配送的效率和成本问题。尤其是近些年来，"互联网+"物流业服务成为贯彻协同共享理念的典型代表。利用互联网技术和互联网思维，推动互联网与物流业深度融合，重塑产业发展方式和分工体系，为物流企业转型提供了指引方向。

⑤ AI崛起。以AI为代表的物流技术服务是应用物流信息化、自动化、智能化技术实现物流作业高效率、低成本，物流企业较为迫切的现实需求。其中，AI技术通过赋能物流各环节、各领域，实现智能配置物流资源、智能优化物流环节、智能提升物流效率。例如，在无人驾驶、无人仓储、无人配送、物流机器人等AI技术前沿领域，菜鸟、京东、苏宁等一批企业已经开展试验应用，并且有望与国际电商和物流企业从同一起跑线起步。

三、物流信息系统

（一）物流信息系统的概念

物流信息系统（logistics information system，LIS）是根据物流管理活动的需要，在管理信息系统的基础上形成的物流系统信息资源管理、协调系统。它是一种通过各种方式选择、收集、输入物流计划的、业务的、统计的各种有关数据，经过有针对性、有目的的计算处理，即根据管理工作的要求采用特定的计算机技术，对原始数据处理后输出对管理工作有用的信息的系统。

物流信息系统是利用信息技术，通过信息流将各种物流活动与某个一体化过程连接在一起的通道。物流系统中的衔接是通过信息沟通进行的，对基本资源的调度也是通过信息共享来实现的，因此组织物流活动必须以信息为基础。为了有效地对物流系统进行管理和控制，使物流活动正常而有规律地进行，必须建立完善的信息系统，保证物流信息畅通。

物流管理信息系统可以理解为通过对与物流相关信息的加工处理来达到对物流、资金流的有效控制和管理，为企业提供信息分析和决策支持的人机系统。物流管理信息系统以物流信息传递的标准化和实时化、存储的数字化、物流信息处理的计算机化等为基本内容，具有实时化、网络化、系统化、规模化、专业化、集成化和智能化等特点。

物流信息平台有两种：一种是企业物流信息平台，主要用于企业内部及企业供应链上、下游之间的信息共享；另一种是公共物流信息平台，一般是国家、地区或行业性的公共信息平台。

（二）物流信息系统的组成

物流信息系统是一个由人和计算机共同组成的，能够进行物流信息的收集、传递、存储、加工、维护和使用的系统。物流信息系统主要由硬件、软件、数据库和数据仓库、人员等组成。

（1）硬件。硬件主要包括计算机、网络通信设备等，如计算机、服务器、通信设备。它是物流信息系统的物理设备、硬件资源，是实现物流信息系统的基础，构成系统运行的硬件平台。

（2）软件。软件主要包括系统软件和应用软件两大类，其中，系统软件主要用于系统的管理、维护、控制、程序的装入和编译等工作；而应用软件则是指挥计算机进行信息处理的程序或文件，包括功能完备的数据库系统，实时的信息收集和处理系统，实时的信息检索系统，报告生成系统，经营预测、规划系统、经营监测、审计系统及资源调配系统等。

（3）数据库和数据仓库。数据库技术将多个用户、多种应用所涉及的数据，按一定数据模型进行组织、存储、使用、控制和维护管理，数据的独立性高、冗余度小、共享性好，能进行数据完整性、安全性、一致性的控制。数据仓库是面向主题的、集成的、稳定的不同时间的数据集合，用以支持经营管理中的决策制定过程。基于主题而组织的数据仓库便于面向主题分析决策，它所具有的集成性、稳定性及时间特征使其成为分析型数据，为决策层提供决策支持。数据仓库系统也是一个管理系统，由数据仓库、数据仓库管理系统和数据仓库工具3个部分组成。

知识链接

数据库与数据仓库的主要区别如下：
（1）数据库是面向事务设计的，而数据仓库是面向主题设计的。
（2）数据库一般存储在线交易数据，而数据仓库存储的一般是历史数据。
（3）数据库设计时尽量避免冗余，一般采用符合范式的规则来设计，而数据仓库在设计时有意引入冗余，采用反范式的方式来设计。
（4）数据库是为捕获数据而设计的，而数据仓库是为分析数据而设计的。

（4）人员。人员主要包括系统分析人员、系统设计人员、系统实施和操作人员、系统维护人员、系统管理人员、数据准备人员、各层次管理机构的决策者等。

（三）物流信息系统的结构层次

处在物流系统中不同管理层次上的物流部门或人员，需要不同类型的物流信息。一个完善的物流信息系统通常应具有5个层次，如图1.6所示，呈金字塔结构。

（1）数据库。数据库是整个物流信息系统的基础，它将收集、加工的物流信息以数据库的形式加以存储。

（2）业务处理系统。业务处理系统对数据库中的各种数据如合同、票据、报表等进行日常处理。

图1.6 物流信息系统结构层次的示意图

（3）运用系统。运用系统对经过业务处理的信息进行实际的运用，如进行运输路径选择、制订仓库作业计划、实施库存管理等。

（4）控制系统。控制系统制定评价标准，建立控制与评价模型，根据运行信息监测物流系统的状况。

（5）决策系统。决策系统建立各种物流系统分析模型，辅助高层管理人员制订物流战略计划。

（四）物流信息系统的类型

（1）按物流作业流程分类，物流信息系统分为进货管理系统、销售管理系统和库存管理系统。进、销、存决策支持系统由3个部分组成，分别应用于物流活动的3个环节。

① 进货管理系统。进货管理系统主要包括请购单、询价、采购单、进货处理、退货处理、供应商管理等环节。

② 销售管理系统。销售管理系统主要包括报价、销售单、出货处理、退货处理、客户信息管理、销售预测与分析等环节。

③ 库存管理系统。库存管理系统是根据以最少的数量满足需求的目标，为满足经营活动顺

利进行的需要备齐所需商品，防止库存腐化浪费和保管费用增加的系统。它主要采用计算机开单的方法，对出、入库单据提供自动生成单据编码和手工录入单据编码两种功能，并对单据号进行一次性检查。它主要包括库存计划、商品分类分级、入库、出库、调拨处理、盘点等环节。

（2）按物流环节分类，物流信息系统分为仓库管理系统、出库作业系统、配送管理系统和运输管理系统。

① 仓库管理系统。仓库管理系统包括入库作业系统和保管场所系统等。

② 出库作业系统。出库作业系统包括订单处理系统、订货拣选系统、出库处理系统等。

③ 配送管理系统。配送管理系统包括固定时刻表系统和变动时刻表系统等。

④ 运输管理系统。运输管理系统包括货物追踪系统和求车求货系统等。

（3）按系统功能性质分类，物流信息系统分为操作型系统和决策型系统。

① 操作型系统。操作型系统是按照某个固定模式对数据进行固定的处理和加工的系统，它的输入、输出和处理均是不可变的。

② 决策型系统。决策型系统根据输入数据的不同，运用知识库的方法对数据进行不同的加工和处理，给用户提供决策的依据。它包括决策支持系统和专家系统，前者以数据仓库、模型库和方法库为基础，采用定量方法，主要辅助半结构化决策问题的求解；后者以知识库为中心，采用定性方法（专家知识），主要辅助非结构化决策问题的求解。

（4）按系统配置分类，物流信息系统分为单机系统和计算机网络系统。

① 单机系统。信息系统在一台计算机上运行，虽然可以有多个终端，但主机只有一个。

② 计算机网络系统。计算机网络系统是现代通信技术与计算机技术相结合的产物。它将分布在不同地理区域的计算机与专门的外部设备用通信线路互联成一个规模大、功能强的网络系统，从而使众多计算机可以方便地互相传递信息，共享硬件、软件、数据信息等资源。

（五）物流信息系统的基本功能

（1）信息处理功能。物流信息系统能对各种形式的信息进行收集、加工整理、存储和传输，以便向管理者及时、准确、全面地提供各种信息服务。

① 信息收集。信息收集是指用某种方式记录物流系统内外的有关数据，集中起来并转化为物流信息系统能够接收的形式以输入系统中。

② 信息传输。信息传输是指从信息源出发，经过一定的媒介和信息通道传输给接收者的过程。

③ 信息加工。信息加工是指对已经收集的物流信息进行处理，使物流信息更加符合物流信息系统的目标，或者说更加适合各级管理人员使用。

④ 信息存储。信息存储是指保证已得到的物流信息不丢失、不走样、不外泄，整理得当，随时可用。

⑤ 信息输出。根据不同的需要，物流信息以不同形式的格式进行输出，有的直接提供给人使用，有的提供给计算机作进一步处理。

（2）事务处理功能。物流信息系统能够从事部分日常性事务管理工作，如财务处理、统计报表处理等。同时，它能将部分人员从烦琐、单调的事务中解脱出来，既节省了人力资源，又提高了管理效率。

（3）预测功能。物流信息系统不仅能实测物流状况，而且能利用历史数据运用适当的数学方法和科学的预测模型来预测物流的发展。

（4）计划功能。物流信息系统针对不同的管理层提出不同的要求，能为各部门提供不同的信息并对其工作进行合理的计划与安排，如库存补充计划、运输计划、配送计划等，从而有利于管理工作。

（5）控制功能。物流信息系统能对物流系统的各个环节的运行情况进行监测、检查，比较物流过程实际执行情况与既定计划的差异,从而及时发现问题,然后根据偏差分析原因,采用适当的方法加以纠正,保证系统预期目标的实现。

(6)辅助决策和决策优化功能。物流信息系统不仅能为管理者提供相关的决策信息,达到辅助决策的目的,而且可以利用各种决策模型及相关技术进行决策优化,为各级管理层提供决策依据,提高管理决策的科学性,合理利用企业的各种资源,提高企业的经济效益。

(六)企业信息化存在的问题与对策

1. 我国物流企业信息化存在的问题

(1)条码的缺失。条码作为商品标识方面的应用,虽然目前很多制造企业已采用,但一些零售企业并没有完全实现条码化,这不仅影响了零售企业销售效率的提高,而且影响了整个物流流程的信息采集与反馈、物流企业与工商企业之间的信息共享和相互合作,以及物流作业自动化的开展。另外,大多数企业的储运单元和货运单元都没有采用条码标识,这直接影响了计算机管理的物流系统运作,加大了手工操作的复杂性,同时影响了以计算机为基础的企业信息管理系统的运行效率,限制了仓库管理自动化的实现。

(2)EDI应用没有开展。EDI作为一种新型的有效商业信息管理手段,可以提高整个物流流程的信息管理水平和各个领域环节的协调发展。然而,目前EDI的应用仅仅局限于进出口企业与海关、商检等管理部门之间。在一定意义上,EDI应用水平低严重制约了工商企业利用外部资源和第三方物流企业的发展。

(3)网络技术尚不成熟。随着互联网应用范围的扩大和普及,网络技术为信息的处理、传输和共享提供了更为便捷的手段和工具。但网络技术在物流方面的应用还不是很成熟,企业网站建设也不健全,利用互联网开展电子商务、电子物流的企业也不是很多,有待进一步完善和加强。

(4)物流软件应用不足。针对物流活动的需要开发的集成系统软件主要有企业资源计划(enterprise resource planning,ERP)、供应商管理库存(vendor managed inventory,VMI)、供应链管理(supply chain management,SCM)等。据相关数据显示,ERP、SCM及VMI等集成系统软件在很多企业中实施的比例很小,而物流企业中实施ERP的比例更小。

(5)企业规模影响信息化应用。目前的物流产业总体规模还比较小,一个直接原因就是大量的物流活动仍然停留在工商企业内部。很多工商企业普遍信息化水平较低,信息技术和信息管理在物流活动中的应用也较少。

总之,信息技术在物流领域中的应用程度普遍落后,很多企业没有应用研究ERP、SCM等流程优化技术和EDI、互联网等信息共享技术,使得上、下游企业之间的物流活动难以得到有效的协调,这不仅影响了企业的物流运作效率,增加了物流的资源占用和成本开销,而且影响了企业的市场竞争能力,难以形成对市场需求的快速反应。

2. 我国的信息化对策

(1)利用公共物流信息平台。公共物流信息平台凭借其跨行业、跨地域、多学科交叉、技术密集、多方参与、系统扩展性强、开放性好的特点对现代物流的发展构成了有力支撑。公共物流信息平台包含六大功能:保证货物运送的准时性;货物与车辆跟踪;提高交货的可靠性;提高对用户需求的响应性;提高政府行业管理部门工作的协同性;提高资源配置的合理化。企业直接使用公共物流信息平台,可以利用其庞大的资料库及开放性的商务功能实现自身的信息交流、信息发布、决策支持等信息化管理。

(2)物流节点的网络化。随着物流活动的复杂化,企业物流发展的节点逐步增多,物流节点的网络化已成为企业信息管理的关键点。完善物流节点的信息化和网络化是构建综合物流体系的基石。

（3）业务流程重组（business process reengineering，BPR）。业务流程重组通过重新思考、翻新作业流程，使成本、品质、服务和速度等方面得到改善。其核心是以顾客、流程为导向，从根本上重新思考与设计，辅助信息技术的运用，最终达到绩效改善的目的。业务流程重组一般包含3个方面的内容：功能内的BPR（对职能内部的流程进行重组）、功能间的BPR（在供应链中跨企业范围内跨越多个职能部门边界的业务流程重组）、组织间的BPR（在供应链中跨企业边界的企业之间的业务重组）。实践证明，BPR有助于企业识别核心业务流程，简化非增值部分流程，实现供应链组织的集成和整体优化。

（4）结合ERP与电子商务达到信息集成化。ERP的核心管理思想是实现对整个供应链的有效管理。电子商务的主要特征是利用互联网的优势，减少传统商务模式的中间环节。ERP与电子商务结合，可以使物流和生产有机结合起来，实现物流同步和资源优化，有效地降低物流成本。

（5）改善企业的信息技术装备，提高物流作业自动化。信息技术的发展与通信、数字交换及其他应用技术密切相关，目前条码技术、射频识别技术、AI技术、地理信息技术、空间定位技术、自动化控制技术等已在物流业务活动中广泛应用。因地制宜合理地利用信息技术及其他交叉学科技术，有助于提升企业的物流信息综合管理水平。

总之，应用研究信息技术和电子商务优化供应链管理是现代物流的发展趋势。物流企业只有不断探索和创新信息技术，才能增强核心竞争能力，推动企业物流快速发展。

任务3　物流信息化与标准化

一、物流信息化

（一）物流信息化的概念

信息化是物流系统的基础，没有物流的信息化，任何先进的技术设备都不可能应用于物流领域。信息技术及计算机技术在物流中的应用将会彻底改变物流的现状。

物流信息化是指物流企业以业务流程重组为基础，广泛使用现代物流信息技术，控制和集成企业物流活动的所有信息，实现企业内外信息资源共享和有效利用，以提高企业的经济效益和核心竞争力。

（二）物流信息化的内容

（1）物流信息网络化。信息的价值在于共享，通过网络技术，物流各个节点、供应商、用户的信息都可以实现实时传递与共享。因此，网络化提高了信息化层次，即从一个部门的信息化提升到整个企业的信息化，再从一个企业的信息化提升到整个供应链的信息化。

（2）物流过程信息化。建设适应市场变化，可迅速、快捷、灵敏反应的物流信息系统，形成以物流市场为核心，使物流要素的资源信息化、数字化、自动化，实现物流活动过程的优化和高度集成的信息体系，主要体现在实现物流运输信息化、仓储信息化、装卸搬运信息化、包装信息化、流通加工信息化、配送信息化和信息处理数字化。

（3）物流管理信息化。物流管理工作包括计划、组织、指挥、协调、控制等，是一项复杂的系统工程。物流管理信息化彻底改善了物流管理工作费时费力的状况，大大提高了物流管理工作效率。管理信息化将覆盖物流管理的各个方面，通过建立人力资源、劳动工资财务管理、成本核算、物耗能耗管理、技术管理等管理信息系统，使人流、财流、物流、技术流更加规范合理，以实现开放、民主、组合分工、横向组织为主的信息化管理运作。

（4）经营网络化。经营网络化是指将网络技术运用到物流企业运行的各个方面，包括企业内部管理上的网络化和对外联系上的网络化。很多物流企业都有完善的企业内部网和外部网，货物运行的各种信息及时反馈到内部网的数据库中，管理信息系统对数据进行自动分析和安排调度，自动安排货物的分拣、装卸及运送车辆、线路的选择等。企业的外部网一般与互联网对接，用户可以网上下订单并进行支付，随时对货物查找跟踪。

（5）设施自动化。设施自动化是指货物的接收、分拣、装卸、运送、监控等环节通过自动化的过程来完成。设施自动化涉及的技术非常多，如条码技术、射频识别技术、全球卫星定位技术、地理信息技术等，通过这些自动化的技术可以实现货物的自动识别、自动分拣、自动装卸、自动存取，从而提高物流作业效率。

二、物流标准化

（一）物流标准化的概念

物流标准化是指将物流作为一个大系统，制定系统内部设施、机械装备等的技术标准和包装、装饰、运输、配送等各类作业和管理标准，以及作为现代物流突出特征的物流信息标准并形成全国及与国际接轨的标准化体系。其主要内容包括：物流系统的各类固定设施、移动设备、专用工具的技术标准，物流过程各个环节内部及相互之间的工作标准，物流系统各类技术标准之间、技术标准与工作标准之间的配合要求，物流系统与其他相关系统的配合要求。

（二）物流标准化的结构

物流标准化主要由基础标准、工作标准、管理标准、技术标准和单项标准组成，如图1.7所示。其中，基础标准为第一层，技术标准、管理标准和工作标准处于第二层，各单项标准处于第三层。

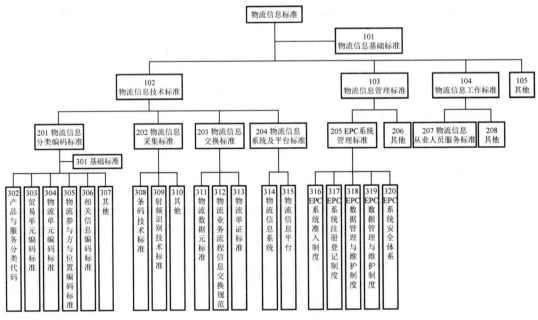

图1.7　物流信息标准体系

（三）物流标准化的内容

按照标准化工作应用的范围，物流标准可分为技术标准、工作标准和作业标准。

（1）技术标准。技术标准是指对标准化领域中需要协调统一的技术事项所制定的标准。在物流系统中，技术标准主要指物流基础标准和物流活动中采购、运输、装卸、仓储、包装、配送、流通加工等方面的技术标准。

（2）工作标准。工作标准是指对工作的内容、方法、程序和质量要求所制定的标准。在物流系统中，工作标准是对各项物流工作制定的统一要求和规范化制度，主要包括：各岗位的职责及权限范围；完成各项任务的程序和方法，以及与相关岗位的协调、信息传递方式，工作人员的考核与奖罚方法；物流设施、建筑的检查验收规范；吊钩、索具使用、放置规定；货车和配送车辆运行时刻表、运行速度限制及异常情况的处理方法；等等。

（3）作业标准。物流作业标准是指物流作业过程中的物流设备运行标准、作业程序、作业要求等标准，是实现作业规范化、效率化及保证作业质量的基础。

（四）我国物流标准化存在的问题

（1）物流标准化与相关产业现有的体系标准之间的矛盾得不到协调解决。各主要行业如铁路、公路、海运、民航、工业部门的物流系统各自早已有了一套标准化的体系，但这些标准体系在形成时，只参考了较低流通水平的需要，没有考虑现代物流发展的需要。因此，其现有技术标准存在的缺陷制约了物流的协调发展，突出表现在托盘、包装、信息技术等通用设备与技术方面，如射频标签的标准不统一造成国际物流过程中成本核算及人力、时间、效率等多方面的损失。

（2）物流标准化各相关产业之间的不协调。各行业都制定了行业标准，但行业标准与国家统一标准不一致。政府部门还没有建立协调机制，标准化技术组织与科研机构按照传统的分工在各自的产业领域推进物流标准化，相互之间没有交流、配合，更没有统一规划。

（3）物流标准化的市场基础比较薄弱。标准化要以市场化为基础，物流标准化也同样以物流市场的发育和成熟为基本条件。目前，国民经济保持持续、稳定的发展，物流产业一直处于快速发展之中，物流市场的潜在需求非常大，但标准的应用率偏低，严重制约了物流业的发展。

总之，物流标准化是实现物流现代化的基础，抓好物流标准化是物流业发展的百年大计，具有重大的现实意义和深远的历史意义。我们可以借鉴他国的成功经验，与我国物流的实际相结合，提出符合我国实际需要的物流运作规范，以标准形式指导和推动我国物流业的发展。

知识链接

物流信息化的发展层次如图1.9所示，整体上可分为物流管理基础业务信息化和集成化的供应链管理信息化。物流管理基础业务信息化又分为基本业务运营层次（仓储管理、运输管理、配送管理）、物流业务的优化层次（物流跟踪、集中平台、网络仓储管理）、物流业务的协同层次（物流同步、客户综合管理、JIT/VMI）；集成化的供应链管理信息化可分为物流业务整合层次（B2B、eHub、SRM、CRM、EAI）、供应链管理优化层次（APS自动化）、供应链管理协同层次（RosettaNet、SCOR）。

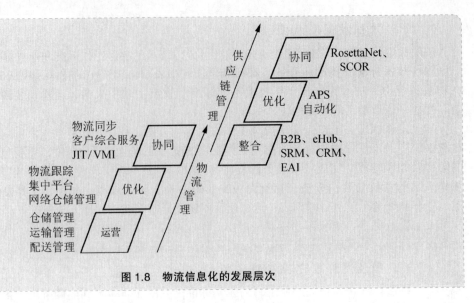

图 1.8 物流信息化的发展层次

项目实训

实训一 三大搜索引擎特性对比分析表

[实训目标]

（1）掌握网络信息搜索的几种主要策略和技巧。
（2）了解搜索引擎的相关知识（简单分类、工作原理、帮助系统等）。
（3）培养协作与交流的意识与能力，进一步认识掌握检索技巧的重要性。

[实训要求]

（1）有效使用网络检索信息。
（2）搜索引擎帮助系统的使用。

[实训考核]

请参考实训材料，在三大搜索引擎（百度、360、搜狗）上进行关键字"物流信息技术与应用（第4版）谢金龙"搜索，就这3个搜索引擎的网站收录提交、收录情况查询、数据分析等方面进行讨论，并将结论填入表1-3。

表1-3 三大搜索引擎特性对比分析表

搜索引擎种类	网站收录提交	收录情况查询	数据分析	备 注
百度				
360				
搜狗				

注：数据分析可以从 CPM、CPC、CPA 等方面开展。

实训二 现行物流标准内容的检索

[实训目标]

（1）通过此次实训，提高信息检索能力。
（2）通过各组关于物流标准内容的展示，掌握较完整的物流标准知识。

（3）通过小组汇报，培养团队合作精神。

[实训要求]

（1）5～6人为一组，以小组为单位，通过网络调查法或文献调查法收集各种物流标准，包括基础标准、工作标准、管理标准及单项标准等，每组负责其中一个标准内容的收集。

（2）每组将收集的标准内容做成PPT，并在课堂上分组交流。

[实训考核]

考核要素	评价标准	分值/分	评分/分			
			自评（10%）	小组（10%）	教师（80%）	小计（100%）
现行物流标准的检索	收集检索的现行物流标准	30				
制作现行物流标准PPT	现行物流标准PPT的制作	30				
小组汇报和展示	以小组为单位进行现行物流标准的讲解	40				
合计						
评语（主要是建议）						

实训参考

搜索引擎的相关知识

一、搜索引擎分类

搜索引擎按其工作方式主要可分为3种，分别是全文搜索引擎（full text search engine）、目录检索搜索引擎（search index/directory）、元搜索引擎（meta search engine）。

1. 全文搜索引擎

国外具有代表性的全文搜索引擎有Google、FAST/Alltheweb、AltaVista等，国内著名的全文搜索引擎有百度（Baidu）。它们都是从根据互联网上提取的各个网站的信息（以网页文字为主）而建立的数据库中检索与用户查询条件匹配的相关记录，然后按一定的排列顺序将结果返回给用户，因此是真正的搜索引擎。

从搜索结果来源的角度来看，全文搜索引擎又可细分为两种：一种是拥有自己的检索程序，俗称"蜘蛛"（Spider）程序或"机器人"（Robot）程序，并自建网页数据库，搜索结果直接从自身的数据库中调用；另一种则是租用其他引擎的数据库，并按自定的格式排列搜索结果。

2. 目录检索搜索引擎

目录检索也称为分类检索，是互联网上最早提供WWW资源查询的服务，主要搜索和整理互联网资源，并根据搜集到的网页内容，将其网址分配到相关分类主题目录的不同层次的类目之下，形成像图书馆目录一样的分类树形结构索引。目录检索无须输入任何文字，只要根据网站提供的主题分类目录（Subject Directory或Catalogue），层层单击进入，便可查找到所需的网络信息资源。具有代表性的提供目录检索服务的网站有搜狐（https://www.sohu.com）等。

3. 元搜索引擎

元搜索引擎在接受用户查询请求时，同时对多个独立搜索引擎进行调用，先将搜索结果进行整合、控制、优化及利用，再将整理后的结果反馈给用户。

元搜索引擎又可以分为中文元搜、英文元搜、多元搜索等类型。

其他的元搜索引擎有Dogpile、Vivisimo（元搜索引擎列表），中文元搜索引擎中最具代表性的是搜星搜索引擎。在搜索结果排列方面，有的直接按来源引擎排列搜索结果，如Dogpile；有的则按自定的规则将结果重新排列组合，如Vivisimo。

下面主要介绍全文搜索引擎和目录检索搜索引擎。

二、基本工作原理

1. 全文搜索引擎的工作原理

搜索引擎的行动信息搜集功能分为两种：一种是定期搜索，即每隔一段时间，搜索引擎主动派出"蜘蛛"程序，对一定的 IP 地址范围内的网站进行检索，一旦发现新的网站信息和网址立即拉入自己的数据库。另一种是提交网站搜索，即网站拥有者主动向搜索引擎提交网址，它在一定时间内定向对搜索引擎网站派出"蜘蛛"程序，扫描网站并将有关信息存入数据库，以备用户查询。由于近些年搜索引擎索引规则发生了很大变化，主动提交网址并不能保证进入搜索引擎数据库，所以目前最好的办法是多获得一些外部链接，让搜索引擎有更多机会找到新的网站并自动收录该网站。

当用户以关键词查找信息时，搜索引擎会在数据库中进行搜寻，如果找到与用户要求内容相符的网站，便采用特殊的算法——通常根据网页中关键词的匹配程度，出现的位置、频次、链接质量等，计算出各网页的相关度及排名等级，然后根据关联度高低，按顺序将这些网页链接返给用户。

2. 目录检索搜索引擎的工作原理

（1）全文搜索引擎属于自动网站检索，而目录检索搜索引擎则完全依赖手工操作。用户提交网站后，目录编辑会亲自浏览该网站，然后根据一套自定的评判标准甚至编辑的主观印象，决定是否接纳。

（2）全文搜索引擎收录网站时，只要网站本身没有违反有关规则，一般都能登录成功。而目录检索搜索引擎对网站的要求则高得多，有时即使登录多次也不一定成功。

（3）在登录全文搜索引擎时，一般不用考虑网站的分类问题，而登录目录检索搜索引擎时则必须将网站放在一个最合适的目录里。

（4）全文搜索引擎中各网站的有关信息都是从用户网页中自动提取的，所以用户拥有更多的自主权。目录检索搜索引擎则必须手工单独填写网站信息，而且还有各种各样的限制。

目录检索搜索引擎就是将网站分门别类地存放在相应的目录中，因此用户在查询信息时，可选择关键词搜索，也可按分类目录逐层查找，返回的结果跟搜索引擎一样，也是根据信息关联程度排列网站，只不过其中的人为因素要多一些。如果按分层目录查找，某一目录中网站的排名则由标题字母的先后顺序决定。

目前，全文搜索引擎与目录检索搜索引擎有相互融合渗透的趋势，一些纯粹的全文搜索引擎现在也提供目录检索。在默认搜索模式下，一些目录检索搜索引擎首先返回的是自己目录中匹配的网站，如新浪、网易等，而另外一些则默认的是网页搜索。

三、常用搜索网站简介

1. 百度

百度是国内最大的商业化全文搜索引擎，功能完备，搜索精度高，是目前国内技术水平最高的搜索引擎。

搜索规则：百度目前主要提供中文网页搜索服务，如无限定，默认以关键词精确匹配方式搜索。在搜索结果页面，百度还设置了关联搜索功能，方便访问者查询并输入与关键词有关的其他方面的信息。百度还提供"百度快照"查询。其他搜索功能包括新闻搜索、图片搜索、Flash 搜索等。

2. 新浪

新浪是全球范围内最大的华语门户网站之一，也是国内网民经常访问的网站。

搜索规则：默认分类网站搜索，范围仅限于自身目录中的注册网站，当目录中没有相应的记录时，自动转为网页搜索。网站排名根据目录及网站信息与搜索条件的关联程度确定。

用户向新浪提交网站后，一般两个工作日内工作人员便会通知结果。由于新浪是目前较常用的中文搜索引擎，也是网站访问量的主要来源之一，所以登录新浪也是网站推广的必经之路。

3. 搜狐

搜狐是国内著名的门户网站，也是国内最早提供搜索服务的站点。搜狐搜索没有独立的目录索引，并采用百度搜索引擎技术，提供网站、网页、类目、新闻、黄页、中文网址、软件等选择。搜狐搜索范围以中文网站为主，支持中文域名。

搜索规则：网站搜索（默认）时，范围仅限于自身目录中的注册网站。但在目录中没有相应记录的情况下，自动转为网页搜索。搜索网页时，则调用百度进行检索。此外，用户还可以选择"综合"搜索同时查找匹配的网站和网页，在返回的结果中，网站链接在页面上半部显示，而来自百度搜索引擎的网页结果则列于页面下半部。

用户登录搜狐的周期一般为3个工作日，工作人员会用E-mail通知登录的结果。搜狐是网站最重要的访问来源之一，也是国内搜索引擎登录的首选。

4. 网易

网易拥有国内最大的网上社区，曾是著名的免费主页空间提供商之一。网易拥有独立的开放式目录索引，目录维护工作由志愿管理员负责。目前，除一些公益性行业目录仍实行志愿管理员制度外，其他收费登录目录已废除了志愿管理员制度。

搜索规则：默认网站搜索，范围仅限于目录注册网站，但在网站数据库中没有相应的记录时，自动转为网页搜索。搜索网站时，在分类目录中检索匹配的网站；检索网页时，调用中搜（中国搜索联盟）搜索引擎数据库返回相应的检索结果。

注意： 网站网页等级越高，更新的频率就越快。

四、使用技巧和操作步骤

1. 常用搜索引擎的使用技巧

（1）简单查询。在搜索引擎中输入关键词，然后单击【搜索】按钮进行查询，使用方便，但是查询的结果却不准确，可能包含许多无用的信息。

（2）使用双引号（""）。给要查询的关键词加上双引号（半角），可以实现精确的查询。

（3）使用加号（+）。在关键词的前面使用加号，同时满足两个以上条件的关键词。

（4）使用减号（−）。在关键词的前面使用减号，也就意味着在查询结果中不能出现该关键词。

（5）使用通配符（*和?）。前者表示匹配的数量不受限制，后者表示匹配的字符数受到限制，主要用在英文搜索引擎中。

2. 常用搜索策略的操作步骤

（1）确定提供相关信息的来源。

（2）检查信息来源所提供的信息量是否合适。

（3）研究信息来源所提供的搜索命令、搜索方法，确定搜索任务。

（4）准确运用关键词，结合搜索引擎的使用技巧，缩小搜索范围，提高搜索效率。

（5）不要局限于一个搜索引擎，如遇到困难，可求助于搜索引擎的帮助系统。

五、常见文件的下载方法

1. 图片文件的下载

鼠标指向图片，右击，执行【图片另存为】或【目标另存为】命令，将图片保存到指定文件夹中。

2. 声音文件的下载

方法一：鼠标指向目标，右击，执行【目标另存为】命令，将声音文件保存到指定文件夹中。

方法二：使用迅雷，鼠标指向目标，弹出迅雷【下载】按钮，单击【下载】按钮，完成保存。

3. 文字的下载

按住左键拖动鼠标，选中文字，右击，执行【复制】命令，打开Word软件，右击，执行【粘贴】命令，保存文件即可。

注意： 文字的"复制/粘贴"需要一个文字编辑软件支持。

4. 软件的下载

单击【下载】按钮，注意区分哪个下载按钮才是真正的软件下载按钮。

5. Flash动画的下载

动画播放时，鼠标指向动画，弹出迅雷【下载】按钮，单击【下载】按钮下载。

课后练习

一、单项选择题

（1）(　　)是反映物流各种活动内容的知识、资料、图像、数据、文件的总称。

A. 物流信息　　　　　　　　　B. 物流技术

C. 信息技术　　　　　　　　　D. 物流信息技术

（2）在国内，各种物流信息应用技术已经广泛应用于物流活动的各个环节，其中GPS物流监控管理系统属于(　　)。

【参考答案】

A. 物流自动化设备技术的应用　　　　　B. 物流设备跟踪和控制技术的应用
C. 物流动态数据采集技术的应用　　　　D. 物流运输信息技术的应用
（3）主要用于企业内部及企业供应链上下游之间的信息共享的物流信息平台是（　　）。
A. 企业物流信息平台　　　　　　　　　B. 国家物流公共信息平台
C. 地区物流公共信息平台　　　　　　　D. 行业物流公共信息平台
（4）根据管理层次的划分，物流信息分为（　　）、战术管理信息、知识管理信息和操作管理信息。
A. 战略型管理信息　　　　　　　　　　B. 外部信息
C. 静态信息　　　　　　　　　　　　　D. 动态信息
（5）商流与物流的关系是（　　）。
A. 相互独立，毫无关系　　　　　　　　B. 关系密切，相辅相成
C. 物流是商流的先导　　　　　　　　　D. 商流和物流不分离
（6）属于物流控制层作业内容有（　　）。
A. 生产计划与控制　　　　　　　　　　B. 物流系统规划
C. 原材料仓储　　　　　　　　　　　　D. 发货运输
（7）（　　）是用来管理仓库内部的人员、库存、工作时间、订单和设备的软件实施工具。
A. 仓储管理信息系统　　　　　　　　　B. 运输管理系统
C. 配送中心信息管理系统　　　　　　　D. 供应链管理信息系统
（8）（　　）主要利用计算机网络等现代信息技术，对运输计划、运输工具、运送人员及运输过程的跟踪、调度指挥管理业务进行有效管理的人机系统。
A. 仓储管理信息系统　　　　　　　　　B. 运输管理系统
C. 配送中心信息管理系统　　　　　　　D. 供应链管理信息系统
（9）在单个用户配送数据不能达到车辆的有效载运负荷时，就存在如何集中不同用户的配送货物进行搭配装载以充分利用运能、运力的问题，这时需要（　　）。
A. 储存　　　　　　　　　　　　　　　B. 配装
C. 备货　　　　　　　　　　　　　　　D. 配送运输
（10）（　　）的主要功能是库存数据控制和库存量规划。
A. 采购入库管理系统　　　　　　　　　B. 销售出库管理系统
C. 库存管理系统　　　　　　　　　　　D. 经营绩效管理系统

二、多项选择题

（1）流通的内容包括（　　）。
A. 商流　　　　　　　　　　　　　　　B. 物流
C. 资金流　　　　　　　　　　　　　　D. 信息流
E. 人才流
（2）按照物流活动的空间范围分类，物流可以分为（　　）。
A. 地区物流　　　　　　　　　　　　　B. 供应物流
C. 销售物流　　　　　　　　　　　　　D. 国内物流
E. 国际物流
（3）物流信息技术的构成层次包括（　　）。
A. 物流信息基础技术　　　　　　　　　B. 物流信息系统技术
C. 物流信息应用技术　　　　　　　　　D. 物流信息安全技术
（4）物流信息除具有信息的一般特点外，还具有（　　）的特点。
A. 分布性　　　　　　　　　　　　　　B. 静态性
C. 简单性　　　　　　　　　　　　　　D. 动态性
E. 复杂性
（5）我国物流信息网络化的发展对策包括（　　）。
A. 加强国际互联网的有效利用　　　　　B. 强化企业内部网的构建
C. 利用公共信息平台　　　　　　　　　D. 重视人工智能的开发

三、填空题

（1）一般信息系统都具有输入、_____、存储、加工和_____等功能。

（2）信息系统的基本组成是_____、信息接收者、_____、信息管理器和信息传输通道。

四、名词解释
（1）信息
（2）物流信息
（3）物流信息技术

五、判断题
（1）流通就是物流。（　　）
（2）商流和物流的关系非常密切，它们都具有相同的活动内容和规律。（　　）
（3）商流是产生物流的物质基础。（　　）
（4）物流活动克服了供给方和需求方在空间维和时间维方面的距离，创造了空间价值和时间价值。（　　）
（5）物流过程主要进行商品交换，实现物资所有权的转移；而商流主要进行运输和储存，实现物资实体空间和时间位置转移。（　　）
（6）流通活动中资金流是在所有权更迭的交易过程中发生的，可以认为从属于商流。（　　）
（7）根据物流活动发生的先后次序，企业物流可划分为供应物流，生产物流，销售物流，回收、废弃物流。（　　）
（8）物流标准化是实现物流信息技术现代化的关键。（　　）

六、简答题
（1）什么是数据？其表示形式有哪几种？
（2）什么是信息？它有哪些特征和属性？
（3）数据与信息的区别和联系有哪些？
（4）简述商流、物流、资金流和信息流之间的关系。
（5）结合生活实际列举几个典型的物流信息系统。
（6）数据库与数据仓库有什么关系？

七、案例分析题

世界地图上的新加坡只不过是个"小红点"，但新加坡得天独厚的地理条件使之发展成为一个重要的商业、运输、通信、旅游中心。靠水吃水，一直以来，新加坡凭借自己独特的地理位置大力发展现代物流业。目前，物流业已经成为新加坡的支柱产业，新加坡港的吞吐量也一直处于世界各港口前列。

新加坡是亚太地区领先的物流和供应链管理中心。新加坡的樟宜机场是世界第四大货运机场，每周4000个航班连接57个国家的182座城市。机场内设有樟宜航空货运中心（也称物流园），面积达47公顷，是一个24h运作的自由贸易区。这个一站式的服务中心，提供了装卸航空货物所需的设备和服务，从飞机卸下的货物送到收货人手里，前后只需要1h。新加坡民航局经常会研讨制定樟宜机场的发展规划，以确保机场有足够的能力应付亚太地区航空交通的增长。

新加坡利用其优良的深水港，兴建了4个集装箱码头。新加坡港务集团每年可装卸超过1500万个集装箱，是世界较大的单一箱运码头经营机构。2021年，新加坡集装箱吞吐量为3750万个标准箱，达到历史新高，使新加坡港成为世界枢纽港口。在新加坡，200家船务公司把新加坡与123个国家的600座港口连接起来。这一切都使新加坡毋庸置疑地成为亚太地区较先进的物流和供应链管理中心。

正因为新加坡拥有强大的海上和空中网络连接世界各地，所以有超过9000家的物流企业利用新加坡作为区域转运及配运中心。新加坡也是许多正在进入亚洲市场的跨国公司的亚洲总部。据调查显示，新加坡的工业及商业企业运用物流组织管理技术和运用专业化的第三方物流（third-party logistics，3PL）服务非常普遍，约60%的新加坡企业使用3PL服务。大多数使用者认为，3PL的服务能帮助他们降低成本，并对3PL提供的物流服务十分满意。这是新加坡3PL服务产业化的重要基础。此外，世界知名物流企业如敦豪国际快递、联邦快递等都在新加坡设立了区域总部。再加上与互联网结合，新加坡物流业更以电子物流的全新经营模式，整合了一套独具特色的网络供应链管理系统，吸引跨国企业利用新加坡物流业的优势，构建亚太地区的外包供应网，让跨国企业专注于产品研发及市场营销、提高国际竞争力，从而巩固了新加坡物流业的支柱地位。

新加坡物流业充分体现了"高效"的含义，这不仅由于新加坡的地理位置优越、交通便利，而且在于其各环节畅通无阻。以通关程序为例，新加坡政府使用"贸易网络"，实现了无纸化通关，贸易审批、许可、管制等通过一个计算机终端即可完成。高科技是新加坡物流业的主要支撑力量之一，而网络技术则是重中之重。新加坡物流公司基本实现了整个运作过程的自动化，一般都拥有技术先进的仓储设备、自动化立体仓库、无线扫描设备、自动提存系统等现代信息技术设备。新加坡物流业还斥资建成了计算机技术平台，通过这个平台，客户不仅可以进行下订单等商务活动，而且可以随时了解所托运货物的空间位置、所处的运送环节和预计送达的时间。现代科技还保证了货物的安全和物流过程中的准确性，如条码和无线扫描仪的使用使每天数千万份的货物运送准确率高达99%。

服务的专一性是新加坡物流企业能够提供高质量服务的重要原因，它们专门为某一行业的企业提供全方位的服务。

分析：

新加坡运用了哪些物流信息技术打造物流业？

项目 2 条码技术

【学习目标】

知识目标	技能目标	素质目标
（1）熟练掌握条码技术的基本概念和分类。 （2）掌握条码的定义、结构、编码规则和应用。 （3）熟悉条码扫描设备的使用方法。 （4）了解条码应用标准及条码技术在物流中的具体应用	（1）培养学生应用物流条码识别技术和常用条码识读设备的能力。 （2）培养学生应用条码技术在分拣、运输、仓储、机场通道、货物通道等方面进行实践的能力	引导学生将条码技术和大数据技术运用到实践中，培养其科技兴国的思想

【案例导入】

2020年1月13日，泰国发现首例新冠肺炎病例，为海外首个确诊病例。此后，日本、韩国分别于1月15日、20日确诊首例新冠肺炎病例。2020年1月中下旬，我国湖北省武汉市新冠肺炎疫情暴发。之后，新冠肺炎疫情逐渐在全球大流行。大数据、人工智能等技术是如何在疫情中协助防控、防疫、体温排查、诊断，成为我们背后"抗疫战线守护者"的？

随着国内总体疫情形势的好转，国内很多区域逐渐恢复正常生活，这背后科技抗疫的力量大有作为。疫情初期恰逢春运，人口流动基数大、出行分散，使得抗疫面临巨大的挑战。

面临疫情，大数据类高新技术从疫情初期就协助各地职能部门、医疗、卫健部门做好防疫工作，一方面可以分析感染人群分布在什么地方，另一方面可以查看他们是否去医院就医，是否去过发热门诊等。

疫情后期，随着疫情形势的好转及复工复产需求的迫切，防疫工作和人员流动需求必须平行进行，此时，对不同地区不同风险级别人员进行识别成为新一轮的目标，健康码的使用需求数据方面更加及时、准确。

防疫成功的背后都有强大的技术支撑，大数据+智能化技术在防疫过程中发挥了巨大作用。其中，大数据技术解决了数据的抽取、转化、加载问题，对数据进行处理、分析，使得数据展示可视化、便捷化。

疫情初期，如何利用大数据、人工智能等新兴互联网技术为抗疫一线的医务人员和社区工作者提供技术力量成为相关技术人员面临的新的挑战。疫情期间，很多技术团队依据互联网技术研发针对不同交通场景所使用的设备，如为汽车站、火车站等人员流动较大的场所提供的非接触式的远程测温。当人们经过地铁、高铁、机场的安检闸机时，发现测温时不需要做任何停留，戴着口罩对测温的精准度也几乎没有影响。

【思维导图】

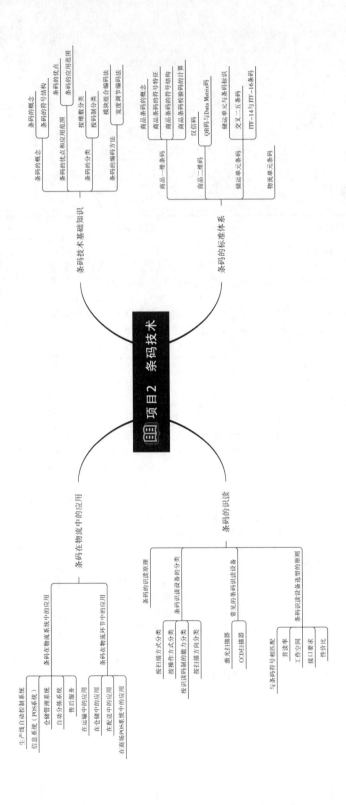

随着数字经济的迅速发展及国家基建建设速度的不断加快，中国已经到了数字化转型的下半场。如果说上半场通过互联网流程型上线，那么在下半场，中国应建设基于大数据、人工智能技术的底层城市操作系统，一方面可以为管理者提供更多的管理视角和管理维度，另一方面能够让人们的生活更便捷、智能。另外，传统行业也要紧跟时代脚步，通过大数据、智能化为工业制造、智能制造、物流等领域实现智能化和数字化转型，助力经济发展。

资料来源：智库观察. 新冠疫情全球大流行现状及应对［EB/OL］.（2020-04-16）［2022-02-23］. https：//baijiahao.baidu.com/s?id=1664091467926900012&wfr=spider&for=pc. 有改动.

任务 1　条码技术基础知识

一、条码的概念

（一）条码的概念

国家标准《条码术语》（GB/T 12905—2019）中把条码（bar code）定义为"由一组规则排列的条、空组成的符号，可供机器识读，用以表示一定的信息"，包括一维条码和二维条码。条码通常用来对物品进行标识，这个物品可以是用来进行交易的一个贸易项目，如一瓶啤酒或一箱可乐，也可以是一个物流单元，如一个托盘。条码不仅可以用来标识物品，而且可以用来标识资产、位置和服务关系等。

（二）条码的符号结构

一个完整的条码符号是由两侧空白区、起始字符、数据字符、校验字符（可选）、终止字符及供人识读字符组成，如图 2.1 所示。条码靠条和空的不同宽度和位置来传递信息，信息量的大小是由条码的宽度和印刷的精度来决定的，条码越宽，包容的条和空越多，信息量也就越大；条码印刷的精度越高，单位长度内可以容纳的条和空越多，传递的信息量也就越大。

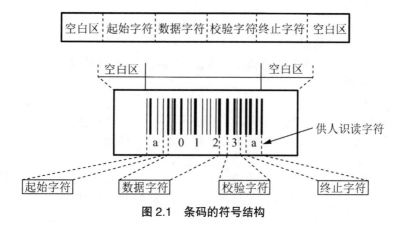

图 2.1　条码的符号结构

（1）条（bar）。条码中反射率较低的部分，一般印刷的颜色较深。

（2）空（space）。条码中反射率较高的部分，一般印刷的颜色较浅。

（3）空白区（clear area）。条码左右两端外侧与空的反射率相同的限定区域。

（4）起始字符（start character）。条码符号的第一位字符，标志一个条码符号的开始，读写器确认此字符后开始处理扫描脉冲。

（5）终止字符（stop character）。条码符号的最后一位字符，标志一个条码符号的结束，读写器确认此字符后停止处理。

(6) 中间分隔符（central separating character）。位于条码中间位置的若干条与空。

(7) 条码数据符（bar code data character）。表示特定信息的条码符号，位于起始字符后面，标志一个条码的值，其结构异于起始字符。

(8) 校验字符（check character）。校验字符代表一种算术运算的结果。读写器在对条码进行解码时，对读入的各字符进行规定的运算，如运算结果与校验字符相同，则判定此次阅读有效，否则不予读入。

(9) 供人识读字符（human readable character）。位于条码符的下方，是与相应的条码相对应的、供人识别的字符。

(10) 模块（module）。组成条和空的最基本单元，是条码识读设备可以识别的最小单元。

(11) 连续型和离散型（continuous and discrete）。在某种条码符号中，如果相邻的两个字符之间存在空位，那么称为离散型条码；反之，则称为连续型条码。

(12) 符号密度（symbol density）。在单位长度中所能表示的字符个数，一般用 cpi 表示，即每英寸内能表示的条码字符个数。条码密度越高，所需扫描设备的分辨率要求就越高。

(13) 固定长度和可变长度（fixed-length and variable length）。在某种条码符号中，所包含的字符个数是固定的，称为固定长度的条码；反之，则称为可变长度的条码。

(14) 双向可读条码（two-way readable bar code）。条码符号两端均可以作为扫描起点的条码。

(15) 对比度（pcs）。条码符号中条的反射率 R_L 与空的反射率 R_D 的关系可用公式表示为

$$pcs = \frac{R_L - R_D}{R_L}$$

二、条码的优点和应用范围

（一）条码的优点

条码作为一种数据输入技术，相对于传统的键盘输入来说，具有以下优点。

1. 快速、准确地采集数据

条码扫描输入的速度比熟练的键盘录入快 5～7 倍，同时条码扫描输入与键盘输入相比，数据准确率要高 10000 倍。

2. 简单、实用

条码符号制作容易，扫描操作简单易行，成本极低，可以极大地降低应用成本。条码可以因效率高而降低成本，也可以因准确率高而避免数据采集错误。

3. 加强企业管理

零售商和制造商利用在条码技术基础上建立的销售/库存管理系统及通信网络，能及时掌握市场信息，制订进货/生产计划，提高供货及补货效率，实现现代化产、供、销一条龙管理。

（二）条码的应用范围

目前，一维条码技术已广泛应用于商业、金融业、交通运输业、医疗卫生、邮电、制造业、仓储业等领域，提高了数据采集和信息处理的速度，为管理科学化和现代化做出了积极的贡献。二维条码技术的诞生弥补了一维条码的不足，不仅能在很小的面积内表示大量的信息，使条码脱离数据库成为独立的信息载体，而且能够表示汉字和存储图像，拓展了条码的应用领域。

三、条码的分类

条码有很多种分类方法，但目前最常见的主要有两种，即按维数分类和按码制分类。

（一）按维数分类

条码按照空间上的扩展分为一维条码和二维条码。一维条码根据应用可分为商品条码和物流条码；二维条码根据构成原理、结构形状的差异可分为行排式二维条码（2D stacked bar code）和矩阵式二维条码（2D matrix bar code）。图 2.2 所示为几种常见的二维条码。

PDF 417

Code 16K

Code 49

QR Code

Data Matrix

Maxicode

图 2.2　几种常见的二维条码

1. 一维条码

一维条码按照应用可分为商品条码和物流条码。商品条码包括 EAN 条码和 UPC 条码，物流条码包括 128 条码、ITF 条码、39 条码、库德巴条码（codabar）等。

表 2-1 所列为商品条码与物流条码的区别。

表 2-1　商品条码与物流条码的区别

一维条码	应用对象	数字构成	包装形式	应用领域
商品条码	向消费者销售的商品	13 位数字	单个商品包装	POS 系统、补充、订货管理等
物流条码	物流过程中的商品	标准 14 位数字	集体包装	运输、仓储、分拣等

> **知识链接**
>
> 商品条码主要用于标记商店自动销售管理系统中的相关信息或表示商品分类编码。
> 物流条码是用于标识物流领域中具体实物的一种特殊代码，贯穿于整个物流过程，并通过相关数据的采集和反馈来提高整个物流系统的经济效益。

2. 二维条码

（1）行排式二维条码。行排式二维条码的编码原理建立在一维条码的基础之上，它通过层排高度截短后的一维条码，按需要堆积成两行或多行来实现信息的表示。它在编码设计、校验原理、识读方式等方面继承了一维条码的特点，识读设备和条码印刷与一维条码技术兼容。PDF 417、Code 49、Code 16K 等都是行排式二维条码。

（2）矩阵式二维条码。矩阵式二维条码在一个矩形空间内通过黑白像素在矩阵中的不同分布进行编码。它可能包含与其他单元组成规则不同的识别图形，是建立在计算机图像处理技术、组合编码原理等基础上的一种新型图形符号自动识读处理码制。QR Code、Data Matrix、Maxicode、Code One 等都是矩阵式二维条码。

> **知识链接**
>
> 一维条码有其自身的缺点：其一，必须依赖一个有效的外部数据库的支持，离开数据库的支持，条码本身没有任何意义，目前所有使用一维条码的机构都依赖这种模式，附带庞大数据库的方法无法适应某些服务对象数据量巨大的行业的要求；其二，一维条码只能表示字母和数字，无法表示汉字和图像；其三，一维条码不具备纠错功能，比较容易受外界污染的干扰。
>
> 基于这些原因，人们迫切希望发明一种新的条码，除具备普通一维条码的优点外，还具有信息容量大、可靠性高、保密防伪性强、成本低等优点。20世纪80年代末，国外开始研究二维条码，由一维条码表示信息发展为二维条码表示信息。常见的PDF 417、QR Code、Code 49、Code16K、Code One、Data Matrix等，信息密度与一维条码相比有了很大的提高。
>
> 由于二维条码信息密度和信息容量较大，它除了可以用字母、数字编码外，还可以将图片、指纹、声音、汉字等信息进行编码，因此应用领域更加广泛，已应用于公安、军事、海关、税务、工业过程控制、邮政等领域。

（二）按码制分类

条码按照码制分为UPC条码、EAN条码、ITF-14条码、ITF-16条码、EAN/UCC-128条码、39条码、库德巴条码等。

（1）UPC条码（universal product code）是美国统一代码委员会（UCC）制定的商品条码，它是世界上最早出现并投入使用的商品条码，广泛应用于北美地区。UPC条码是一种长度固定的连续型条码，其字符集为0～9。每个字符由两个"条"和两个"空"构成，每一"条"和"空"由1～4个模块组成，每一条码字符的总模块数为7。常用的是UPC-A条码和UPC-E条码。

（2）EAN条码（european article numbering system）是欧洲经济共同体（欧盟前身）按照UPC条码的标准制定的欧洲物品编码，与UPC兼容，而且两者具有相同的符号体系。EAN是国际物品编码协会的简称。EAN条码的字符编码结构与UPC条码相同，长度固定，其字符集为0～9。每个字符由两个"条"和两个"空"构成，每一"条"和"空"由1～4个模块组成，每一条码字符的总模块数为7。常用的是EAN-13条码和EAN-8条码。

（3）ITF-14和ITF-16条码（interleaved 2 of 5 bar code）是在交叉25条码的基础上扩展形成的一种应用于储运包装箱上的条码。它是一种长度固定的连续型自校验数字式码制，其字符集为数字0～9。为适应特定的印刷要求，多数情况下都在这种条码符号周围加上保护框。

（4）EAN/UCC-128条码是由国际物品编码协会、美国统一代码委员会和自动识别制造商协会共同设计的，是一种连续型、非定长、有含义的高密度条码。每个条码字符除终止符由4个"条"、3个"空"共13个模块组成外，均由3个"条"、3个"空"共11个模块组成；每个条空由1～4个模块构成。EAN/UCC-128条码有106个不同条码字符，每个条码字符有3种含义不同的字符集，分别为A、B、C。EAN/UCC-128条码使用3个交替的字符集，可将128个ASC Ⅱ码编码，由于可以结合应用识别符来描述物品或物流单元的详细信息，因此在物流领域使用很广。

（5）39条码是Intermec公司研制的一种条码，能够对数字、英文字母及其他字符等44个字符进行编码。由于它还具有自检验功能，具有误读率低等优点，因此首先在军事领域得到应用。

（6）库德巴条码是一种"条""空"均表示信息的非连续型、非定长、具有自校验功能的双向条码，由条码字符及对应的供人识读字符组成，广泛应用于医疗卫生和图书行业，也应用于邮政快递行业。

四、条码的编码方法

条码的编码就是通过设计条码中条与空的排列组合来表示不同的二进制数据。一般来说，条码的编码方法有两种，即模块组合编码法和宽度调节编码法。

（一）模块组合编码法

采用模块组合编码法编制的条码中，条与空由标准宽度的模块组合而成，一个标准宽度的条表示二进制的"1"，而一个标准宽度的空模块表示二进制的"0"。

EAN条码、UPC条码和39条码均属模块组合型条码。商品条码模块的标准宽度是0.33mm，一个字符由两个条和两个空构成，每一个条或空由1～4个标准宽度的模块组成，每一个条码字符的总模块数为7。模块组合法条码字符的构成如图2.3所示。

（二）宽度调节编码法

采用宽度调节编码法编制的条码中，不分条与空，条与空的宽窄设置不同，以窄单元（条或空）表示逻辑值"0"，宽单元（条或空）表示逻辑值"1"。宽单元通常是窄单元的2～3倍。39条码、库德巴条码和交叉25条码均属宽度调节型条码。宽度调节编码法字符的构成如图2.4所示。

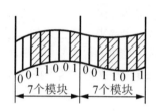

图2.3 模块组合编码法字符的构成

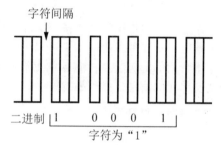

图2.4 宽度调节编码法字符的构成

任务2 条码的标准体系

任何一种条码，都是按照预先规定的编码规则和有关标准，由条和空组合而成的。每种条码的码制都是由它的起始位和终止位的不同编码方式所决定的，条码扫描仪识读条码符号时，只有先判断符号码制，才能正确译码。

为了便于物品跨国家和地区的流通，适应物品现代化管理的需要及增强条码自动识别系统的相容性，各个国家、地区和行业都必须制定统一的条码标准。中国物品编码中心制定的条码标准共13个版本，其中，现行条码标准如表2-2所示。

表2-2 我国现行条码标准

标准名称	标准编号	标准名称	标准编号
商品条码 参与方位置与条码表示	GB/T 16828—2021	条码术语	GB/T 12905—2019
商品条码 应用标识符	GB/T 16986—2018	交叉二五条码	GB/T 16829—2003
商品条码 贸易单元的小面积条码表示	GB/T 36069—2018	库德巴条码	GB/T 12907—2008
服装商品条码应用规范	GB/T 33256—2016	三九条码	GB/T 12908—2002

续表

标准名称		标准编号	标准名称	标准编号
商品条码	128 条码	GB/T 15425—2014	商品条码 店内条码	GB/T 18283—2008
商品条码	条码符号放置指南	GB/T 14257—2009	商品条码印刷适性试验	GB/T 18805—2002
商品条码	物流单元编码与条码表示	GB/T 18127—2009	四一七条码	GB/T 17172—1997
商品条码	服务关系编码与条码表示	GB/T 23832—2009	中国标准书号条码	GB/T 12906—2008
商品条码	资产编码与条码表示	GB/T 23833—2009	中国标准刊号（ISSN 部分）条码	GB/T 16827—1997
商品条码	零售商品编码与条码表示	GB 12904—2008	条码应用标识	GB/T 16986—2009
商品条码	条码符号印制质量的检验	GB/T 18348—2008	储运单元条码	GB/T 16830—1997
商品条码	储运包装商品编码与条码表示	GB/T 16830—2008	条码符号印制质量的检验	GB/T 14258—2003

国际上公认的物流领域的条码标准主要有 3 种：通用商品条码、储运单元条码和贸易单元 128 条码，这 3 种条码基本上可以满足物流领域的条码应用要求。一般来说，通用商品条码用于单个商品的包装上；储运单元条码用于储运单元的包装箱上；贸易单元 128 条码用于标识贸易单元的信息，如产品批号、数量、规格、生产日期、有效期、交货地等上面。

一、商品一维条码

（一）商品条码的概念

商品条码（bar code for commodity）是由 EAN 和美国统一代码委员会（UCC）规定的、用于表示商品标识代码的条码，包括 EAN 商品条码（EAN-13 商品条码和 EAN-8 商品条码）和 UPC 商品条码（UPC-A 商品条码和 UPC-E 商品条码），如图 2.5 所示。

条码标识商品起源于美国，随后形成一个独立的编码系统——UPC 系统，通用于北美地区。由于国际物品编码协会推出的国际通用编码系统——EAN 系统，在世界范围内得到迅速的推广应用，因此 UPC 系统的影响逐渐缩小。美国早期的商店扫描系统只能识读 UPC 条码。为适应 EAN 条码的发展趋势，北美地区大部分商店的扫描系统更新改造为能同时识读 UPC 条码和 EAN 条码的自动化系统。为适应市场需要，EAN 系统和 UPC 系统目前已经合并为一个全球统一的标识系统——EAN·UCC 系统。

图 2.5 商品条码示例

商品条码是 EAN·UCC 系统的核心组成部分，是 EAN·UCC 系统发展的基础，也是商业最早应用的条码符号。目前，EAN 已将 690～699 分配给中国物品编码中心使用。

商品条码主要应用于商店内的 POS 系统。POS 系统又称为销售点情报管理系统，它利用现金收款机作为终端与主计算机相连，并借助于光电识读设备识读计算机采集商品的销售信息。当带有条码符号的商品通过结算台扫描时，计算机自动查询到该商品的名称、价格等，并进行自动结算，提高了结算速度和准确性。同时，该商品的销售信息立刻传入商店的计算机管理系统，该管理系统可以根据这些信息进行订货、货架自动补充、结算、自动盘点等自动化管理。

（二）商品条码的符号特征

（1）条码符号的整体形状为矩形，由互相平行的条和空组成，四周都留有空白区。

（2）采用模块组合编码方法，条和空分别由1~4个深或浅颜色的模块组成。深色模块表示"1"，浅色模块表示"0"。

（3）在条码符号中，表示数字的每个条码字符仅由两个条和两个空组成，共7个模块。

（4）除了表示数字的条码字符外，还有一些辅助条码字符，用作表示起始、终止的分界符和平分条码符号的中间分隔符。

（5）条码符号可设计成既可供固定式扫描器全向扫描，又可用手持扫描设备识读的形式。

（6）商品条码的大小可在放大系数0.8~2.0所决定的尺寸之间变化，以适应各种印刷工艺及不同印刷面积的要求。

（三）商品条码的符号结构

商品条码是商品标识代码的载体，是商品标识代码的图形化符号。商品条码包括4种形式的条码符号：EAN-13、EAN-8、UPC-A 和 UPC-E。

1. EAN-13 商品条码

EAN-13 商品条码是表示 EAN/UCC-13 商品标识代码的条码符号，由左侧空白区、起始符、左侧数据符、中间分隔符、右侧数据符、校验符、终止符、右侧空白区及供人识读字符组成，如图 2.6 所示。EAN-13 商品条码各组成部分的模块数如图 2.7 所示。

图 2.6　EAN-13 商品条码结构

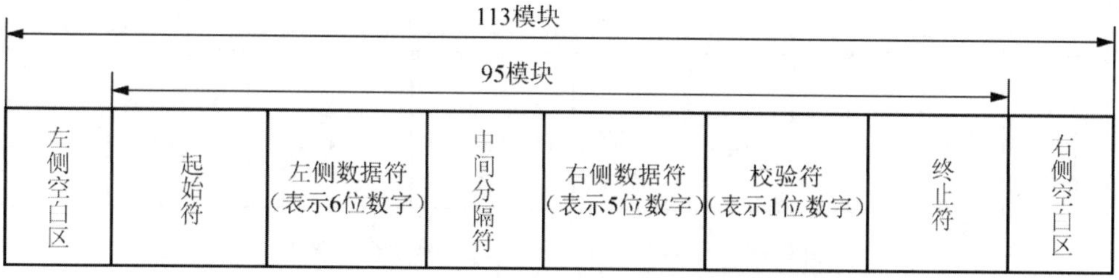

图 2.7　EAN-13 商品条码各组成部分的模块数

（1）左侧空白区。位于条码符号最左侧与空的反射率相同的区域，其最小宽度为11个模块宽。

（2）起始符。位于条码符号左侧空白区的右侧，表示信息开始的特殊符号，由3个模块组成。

（3）左侧数据符。位于起始符右侧，表示6位数字信息的一组条码字符，由42个模块组成。

（4）中间分隔符。位于左侧数据符的右侧，是平分条码字符的特殊符号，由5个模块组成。

（5）右侧数据符。位于中间分隔符右侧，表示5位数字信息的一组条码字符，由35个模块组成。

（6）校验符。位于右侧数据符的右侧，表示校验码的条码字符，由7个模块组成。

（7）终止符。位于条码符号校验符的右侧，表示信息结束的特殊符号，由3个模块组成。

（8）右侧空白区。位于条码符号最右侧的与空的反射率相同的区域，其最小宽度为7个模块宽。为保护右侧空白区的宽度，可在条码符号右下角加">"符号，">"符号的位置如图2.8所示。

2. EAN-8 商品条码

EAN-8 商品条码是表示 EAN/UCC-8 商品标识代码的条码符号，由左侧空白区、起始符、左侧数据符、中间分隔符、右侧数据符、校验符、终止符、右侧空白区及供人识读字符组成，如图2.9所示。

图 2.8　EAN-13 商品条码右侧空白区中">"的位置

图 2.9　EAN-8 商品条码结构

EAN-8 商品条码各组成部分的模块数如图2.10所示。EAN-8 商品条码符号的起始符、中间分隔符、校验符、终止符的结构与 EAN-13 商品条码相同。

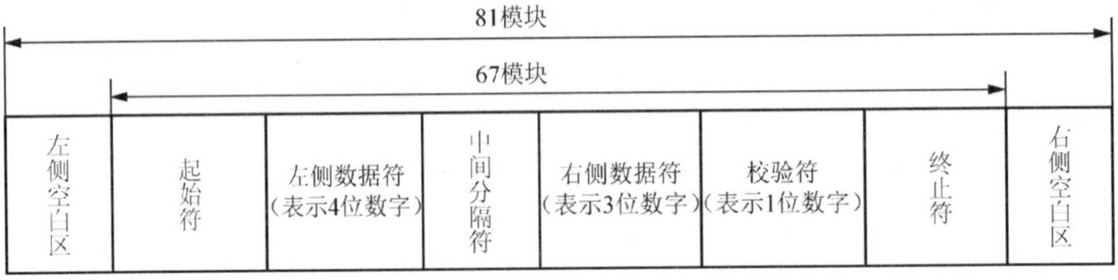

图 2.10　EAN-8 商品条码各组成部分的模块数

EAN-8 商品条码符号的左侧空白区与右侧空白区的最小宽度均为7个模块宽；供人识读的8位字符的位置基本与 EAN-13 商品条码相同，但没有前置码，即最左边的一位字符有对应的条码符号表示；为保护左右侧空白区的宽度，一般在条码符号左、右下角分别加"<"和">"符号，"<"和">"符号的位置如图2.11所示。

3. UPC-A 商品条码

UPC-A 商品条码是用来表示 UCC-12 商品标识代码的条码符号，是由 UCC 制定的一种条码码制。

UPC-A 商品条码由左侧空白区、起始符、左侧数据符、中间分隔符、右侧数据符、校验符、终止符、右侧空白区及供人识读字符组成，符号结构基本与 EAN-13 商品条码相同，如图 2.12 所示。

图 2.11 EAN-8 商品条码空白区中"<"和">"的位置　　图 2.12 UPC-A 商品条码结构

UPC-A 商品条码供人识别字符中第一位为系统字符，最后一位是校验字符，它们分别放在起始符与终止符的外侧，表示系统字符和校验字符的条码字符的条高与起始符、终止符和中间分隔符的条高相等。UPC-A 商品条码左、右侧空白区最小宽度均为 9 个模块宽，其他各组成部分的模块数与 EAN-13 商品条码相同。UPC-A 商品条码左侧 6 个条码字符均由 A 子集的条码字符组成，右侧数据符及校验符均由 C 子集的条码字符组成。

UPC-A 商品条码是 EAN-13 商品条码的一种特殊形式，UPC-A 商品条码与 EAN-13 商品条码中 $N_1=$ "0" 兼容。

4. UPC-E 商品条码

在特定条件下，12 位的 UPC-A 商品条码可以表示为一种缩短形式的条码符号，即 UPC-E 商品条码。UPC-E 商品条码不同于 EAN-13 商品条码和 UPC-A 商品条码，也不同于 EAN-8 商品条码，它不含中间分隔符，由左侧空白区、起始符、数据符、终止符、右侧空白区及供人识读字符组成，如图 2.13 所示。

UPC-E 商品条码的左侧空白区、起始符的模块数同 UPC-A 商品条码；终止符为 6 个模块宽；右侧空白区最小宽度为 7 个模块，数据符为 42 个模块。

UPC-E 商品条码有 8 位供人识读字符，但系统字符和校验符没有条码符号表示，故 UPC-E 商品条码仅直接表示 6 个数据字符。

图 2.13 UPC-E 商品条码结构

（四）商品条码校验码的计算

商品条码是商品标识代码的载体，由于条码的设计、印刷的缺陷，以及识读时光电转换环节存在一定程度的误差，为了保证条码识读设备在读取商品条码时的可靠性，一般在商品标识代码和商品条码中设置校验码。

校验码为 1 位数字，用来校验编码 $N_{13} \sim N_2$ 的正确性。校验码根据 $N_{13} \sim N_2$ 的数值按一定的数学算法计算而得。

校验码的计算步骤如下所列。

（1）包括校验码在内，由右至左编制代码位置序号（校验码的代码位置序号为1）。

（2）从代码位置序号2开始，所有偶数位的数字代码求和。

（3）将步骤（2）的和乘以3。

（4）从代码位置序号3开始，所有奇数位的数字代码求和。

（5）将步骤（3）与步骤（4）的结果相加。

（6）用大于或等于步骤（5）所得结果且为10的最小整数倍的数减去步骤（5）所得结果，其差（个位数）即为所求校验码。

厂商在对商品项目编码时，不必计算校验码的值，该值由制作条码原版胶片或直接打印条码符号的设备自动生成。

示例：代码"690123456789N_1"EAN校验码的计算见表2-3。

表2-3 代码"690123456789N_1"EAN校验码的计算

步骤	举例说明												
（1）自右向左顺序编号	位置序号	13	12	11	10	9	8	7	6	5	4	3	2	1
	代码	6	9	0	1	2	3	4	5	6	7	8	9	N_1
（2）从序号2开始求出偶数位上数字之和（①）	9+7+5+3+1+9=34 ①												
（3）① ×3=②	34×3=102 ②												
（4）从序号3开始求出奇数位上数字之和③	8+6+4+2+0+6=26 ③												
（5）②+③=④	102+26=128 ④												
（6）用10减去④的个位数，得到差值的个位数即为所求校验码的值	10-8=2 校验码 N_1=2												

商品条码校验码计算方法如下所列。

（1）EAN/UCC-8商品条码校验码的计算，只需在EAN/UCC-8商品条码前添加5个"0"，然后按照EAN/UCC-13商品条码中的校验位计算即可。

（2）UPC-A商品条码校验码的计算，在UCC-12商品条码最左边加0即视为13位代码，计算方法与EAN/UCC-13商品条码相同。

（3）UPC-E商品条码校验码的计算，先将UPC-E商品条码还原成UPC-A商品条码后计算UPC-A商品条码的校验码，即为UPC-E商品条码的校验码。

二、商品二维码

随着智能手机的普及和移动通信技术的发展，扫描二维码访问网站成为人们获取信息的便捷方式。为了从琳琅满目的商品中挑选出满意的产品，消费者需要获取更完善的企业信息、产品信息和促销信息。生产企业也需要通过线上、线下立体式的宣传产品和促销活动来获得消费者的认可和增加产品的销售量，但生产企业与消费者之间沟通的瓶颈亟待突破。商品条码更侧重于结算，而它承载信息多、具有纠错技术并能访问互联网的优势显然使其成为联结生产企业和消费者的最好选择。因此，业内对商品二维码及其相关标准完善的呼吁越来越强烈。

2017年7月12日，由中国物品编码中心带头起草的《商品二维码》（GB/T 33993—

2017）经国家市场监督管理总局、国家标准化管理委员会批准，正式成为国家标准，并于 2018 年 2 月 1 日起正式实施。该标准的发布，对于商品二维码在我国的推广、管理、应用与服务提供了重要指南，具有非常重要的指导意义。

商品二维码应采用汉信码、快速响应矩阵码（简称"QR 码"）或数据矩阵码（data matrix 码）等具有 GS1 或 FNC1 模式，且具有国家标准或国际 ISO 标准的二维码码制。其中，编码数据结构在进行二维码符号表示时，应选用码制的 GS1 模式或 FNC1 模式进行编码。

（一）汉信码

汉信码是我国二维条码技术领域唯一完全拥有自主知识产权的二维条码国家标准，填补了我国二维条码技术的多项空白，是国家"十五"重要技术标准研究的专项研究成果，对于推动二维条码技术在电子政务、电子商务、安全认证、跟踪追溯、供应链物流等领域的应用，起到了积极的促进作用。

1. 汉信码的特点

（1）信息容量大。汉信码可以用来表示数字、英文字母、汉字、图像、声音、多媒体等一切可以二进制化的信息，并且在信息容量方面远远领先于其他码制。汉信码的数据容量见表 2-4。

表 2-4　汉信码的数据容量

数　字	最多 7829 个字符	汉　字	最多 2174 个字符
英文字符	最多 4350 个字符	二进制信息	最多 3262 字节

汉信码信息表示示意如图 2.14 所示。

（2）具有高度的汉字表示能力和汉字压缩效率。汉信码支持 GB 18030［《信息技术　中文编码字符集》（GB 18030—2005）］中规定的 160 万个汉字信息字符，并且采用 12 比特的压缩比率，每个符号可表示 12～2 174 个汉字字符，如图 2.15 所示。

图 2.14　汉信码信息表示示意

汉信码可以表示GB 18030全部160万码位，单个符号最多可以表示2174个汉字。

图 2.15　汉信码汉字信息表示示意

（3）编码范围广。汉信码可以将照片、指纹、掌纹、签字、声音、文字等所有可以数字化的信息进行编码。

（4）支持加密技术。汉信码是第一种在码制中预留加密接口的条码，它可以与各种加密算法和密码协议进行集成，具有极强的保密防伪性能。

（5）抗污损和畸变能力强。汉信码具有很强的抗污损和畸变能力，可以附着在常用的平面或桶装物品上，也可以在缺失两个定位标的情况下进行识读。

（6）修正错误能力强。汉信码根据世界先进的数学纠错理论，采用太空信息传输中采用的 Reed-Solomon 纠错算法，纠错能力强。

（7）可供用户选择的纠错能力。汉信码提供 4 种纠错等级，用户可以根据自己的需要在 8%、15%、23% 和 30% 各种纠错等级上进行选择，具有较强的适应能力。

（8）容易制作且成本低。利用现有的点阵、激光、喷墨、热敏/热转印、制卡机等打印技术，可以在纸张、卡片、PVC 板甚至金属表面上印出汉信码，由此所增加的费用仅与油墨的成本相当，可以真正称得上是一种"零成本"技术。

（9）条码符号的形状可变。汉信码支持84个版本，可以由用户自主进行选择，最小码仅有指甲大小。

（10）外形美观。汉信码在设计之初就考虑到人的视觉接受能力，较之现行国际上的二维条码技术在视觉感官上具有突出的特点。

2. 编码字符集

（1）数据型数据（数字0～9）。

（2）ASC Ⅱ字符集。

（3）二进制数据（包括图像等其他二进制数据）。

（4）支持 GB 18030 大汉字字符集的字符。

3. 技术特性

汉信码的技术特性见表 2-5。

表 2-5　汉信码的技术特性

符号规格	23×23（版本1）～189×189（版本84）
数据类型与容量（84版本，第4纠错等级）	数字字符 7 829 个 字母数字 4 350 个 8 位字节数据 3 262 个 中国常用汉字 2 174 个
是否支持 GB 18030 汉字编码	支持全部 GB 18030 字符集汉字及其未来的扩展
数据表示法	深色模块为"1"，浅色模块为"0"
纠错能力	L1 级：约可纠错 8% 的错误 L2 级：约可纠错 15% 的错误 L3 级：约可纠错 23% 的错误 L4 级：约可纠错 30% 的错误
结构链接	无
掩　膜	有 4 种掩膜文案
全向识读功能	有

图 2.16　QR 码示例

（二）QR 码与 Data Matrix 码

QR 码是由 Denso 公司研制的一种矩阵二维条码，如图 2.16 所示。它除具有二维条码的信息容量大、可靠性高、可表示汉字及图像等多种信息、保密防伪等特点外，还具有以下一些特点。

1. 超高速识读

从 QR 码的英文名称 quick response code 可以看出，超高速识读是 QR 码区别于 PDF 417、Data Matrix 等二维条码的主要特点。用 CCD 二维条码识读设备，每秒可识读 30 个 QR 码字符；对于含有相同数据信息的 PDF 417 条码字符，每秒仅能识读 3 个条码字符；对于 Data Matrix 码，每秒仅能识读两三个条码字符。QR 码具有的唯一的寻像图形使识读器识读简便，具有超高速识读性和高可靠性，其校正图形可有效解决基底弯曲或光学变形等情况的识读问题，因此适用于工业自动化生产线管理等领域。

2. 全方位识读

QR 码具有全方位（360°）识读的特点，这是它优于行排式二维条码如 PDF 417 条码的另一个特点。由于 PDF 417 条码是将一维条码符号在行排高度上进行截短来实现的，所以它很难实现全方位识读，其识读方向角仅为 ±10°。

3. 最大数据容量

QR 码最多可容纳数字字符 7089 个，字母数字字符 4296 个，汉字 1817 个。而 Data Matrix 码最多可容纳数字字符 3116 个，字母数字字符 2335 个，汉字 778 个；PDF 417 条码最多可容纳数字字符 2710 个，字母数字字符 1850 个，汉字 554 个。

4. 能够有效地表示汉字

QR 码用特定的数据压缩模式表示汉字，仅用 13bit 就可表示一个汉字，而 PDF 417、Data Matrix 等二维条码没有特定的汉字表示模式，需用 16bit（两个字节）表示一个汉字。因此，QR 码比其他二维条码表示汉字的效率提高了 20%。该特点是 QR 码具有良好应用前景的主要因素之一。

5. QR 码和 Data Matrix 码的比较

QR 码和 Data Matrix 码的比较见表 2-6。

表 2-6　QR 码和 Data Matrix 码的比较

比较项目	QR 码	Data Matrix 码
符号结构		
研制单位	Denso Corp.	I.D.Matrix Inc.
研制分类	矩阵式	
识读速度*	30 个 / 秒	2～3 个 / 秒
识读方向	全方位（360°）	
识读方法	深色 / 浅色模块判别	
汉字表示	13bit	16bit

注：* 表示 100 个字符的信息。

三、储运单元条码

（一）储运单元与条码标识

为便于搬运、仓储、订货、运输等，由消费单元组成的商品包装单元称为储运单元。储运单元分为定量储运单元和变量储运单元。定量储运单元是由定量消费单元组成的储运单元；变量储运单元是由变量消费单元组成的储运单元。

与消费单元同为一体的定量储运单元，应共用一个商品项目代码，按消费单元编码方法构成 13 位代码，用 EAN-13 条码标识。内含的消费单元为同一类的定量储运单元，可以在 13 位代码前加指示符"0"构成 14 位代码，用 ITF-14 条码标识；如果仍用原商品项目代码，可按有关规定选用不同指示符构成不同 14 位代码，用 ITF-14 或 EAN-128 码标识。内含非同类消费单元的定量储运单元可用 EAN-13 条码或 ITF-14 条码标识。定量储运单元编码与条码标识选择见表 2-7。

表 2-7　定量储运单元编码与条码标识选择

序号	与消费单元的关系	条码标识	指示字符（V）	厂商识别代码	商品项目代码	检验码	备注
1	同为一体	EAN-13	/	不变	源代码	C	
2	内含同类消费单元	EAN-13	/	不变	新代码	C	
		ITF-14	0	不变			
		ITF-14 或 EAN-128	1～8	不变	源代码	C	不同包装不同 V 值
3	内含非同类消费单元	EAN-13	/	不变	新代码	C	
		ITF-14	0	不变			

变量储运单元由 14 位数字的主代码和 6 位数字的附加代码组成，主代码用 ITF-14 条码标识，附加代码用 ITF-6 条码标识，代码结构见表 2-8。指示字符 9 表示主代码后面有附加代码；厂商识别代码与商品项目代码的编码规则同消费单元，只是商品项目代码只能表示储运单元的产品种类；商品数量代码表示基本计量单位（如 m、kg 等）的数量；校验字符的计算同商品条码 EAN-13 校验字符的计算方法。

表 2-8　变量储运单元代码结构

条码形式	主代码			附加代码		备注
	指示字符 LI	厂商识别代码与商品项目代码	校验码	商品数量	校验码	
ITF14+ITF6	9	$N_1N_2N_3N_4N_5N_6$ $N_7N_8N_9N_{10}N_{11}N_{12}$	C_1	$Q_1Q_2Q_3Q_4Q_5$	C_2	条码字符组成同交叉二五条码

（二）交叉二五条码

1. 交叉二五条码的符号结构

交叉二五条码（interleaved 2 of 5 bar code）是在二五条码的基础上发展起来的，由 Intermec 公司于 1972 年发明。它弥补了二五条码的许多不足之处，不仅扩大了信息容量，而且由于自身具有校验功能，提高了交叉二五条码的可靠性。交叉二五条码起初广泛应用于仓储及重工业领域，1987 年开始用于运输包装领域。同年，日本引入了交叉二五条码，用于储运单元的识别与管理。1997 年，我国也研究制定了交叉二五条码标准（GB/T 16829—1997），主要应用于运输、仓储、工业生产线、图书情报等领域的自动识别管理。

交叉二五条码是一种条、空均表示信息的连续型、非定长、具有自校验功能的双向条码。它的字符集为数字字符 0～9。图 2.17 是表示"3185"的交叉二五条码的结构。

从图 2.17 中可以看出，交叉二五条码由左侧空白区、起始符、数据符、终止符及右侧空白区构成。它的每一个条码数据符由 5 个单元组成，其中 2 个是宽单元（表示二进制的"1"），3 个窄单元（表示二进制的"0"）。条码符号从左到右，表示奇数位数字符的条码数据符由条组成，表示偶数位数字符的条码数据符由空组成。组成条码符号的条码字符个数为偶数。当条码字符所表示的字符个数为奇数时，应在字符串左端添加"0"，如图 2.18 所示。

起始符包括 2 个窄条和 2 个窄空，终止符包括 2 个条（1 个宽条、1 个窄条）和 1 个窄空，如图 2.19 所示。它的字符集为数字字符 0～9，字符集和条码符号见表 2-9。

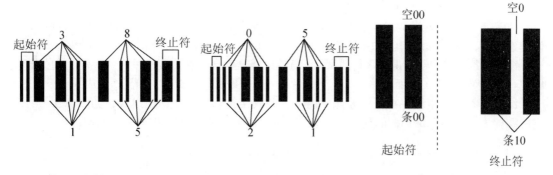

图 2.17 表示"3185"的交叉二五条码的结构

图 2.18 表示"251"的交叉二五条码的结构（字符串左端加"0"）

图 2.19 交叉二五码的起始符和终止符

表 2-9 交叉二五条码的字符集和条码符号

字 符	对应的二进制表示及条码字符		字 符	对应的二进制表示及条码字符	
	二进制表示	条码字符		二进制表示	条码字符
0	00110		5	10100	
1	10001		6	01100	
2	01001		7	00011	
3	11000		8	10010	
4	00101		9	01010	

2. 交叉二五条码的校验符

为了提高交叉二五条码的识读可靠性，在需要的时候可以在数据字符的后面加上 1 个校验字符。校验字符的计算方法如下所列。

（1）从校验码前一位开始对每一位数据字符自右向左赋以权数 3，1，3，1，3，…。

（2）相应的数据字符与权数相乘，然后将所得的积相加。

（3）所得的和与 10 进行模运算，结果就是校验字符的值（即 10 减去和的个位数所得到的差值；如果差值为 10，则校验字符的值为 0）。

示例：代码"235678N_1"交叉二五条码校验码的计算见表 2-10。

表 2-10 代码"235678N_1"交叉二五条码校验码的计算

步 骤	举 例 说 明						
（1）从校验码前一位开始对每一位数据字符自右向左赋以权数 3，1，3，1，3，…	位置序号	7		5	4	3	2	1
	代码	2	3	5	6	7	8	N_1
	权值	1	3	1	3	1	3	
（2）从序号 2 开始求出偶数位上数字之和	$2×1+3×3+5×1+6×3+7×1+8×3=65$						
（3）所得的和与 10 进行模运算，结果就是校验字符的值	校验码 $N_1=10-5=5$						

（三）ITF-14 与 ITF-16 条码

ITF-14 和 ITF-16 条码的字符集、条码符号组成均同交叉二五条码。ITF-14 和 ITF-16 条码是连续型，定长，具有自校验功能，且条、空都表示信息的双向条码。

ITF-14 条码只用于标识非零售的商品。ITF-14 条码对印刷精度要求不高，比较适合直接印刷在（热转换或喷墨）表面不够光滑、受力后尺寸易变形的包装材料，如瓦楞纸或纤维板上。

ITF-14 条码由矩形保护框、左侧空白区、条码字符、右侧空白区组成，如图 2.20 所示。它的结构为加上矩形保护框的交叉二五条码，供人识读字符置于保护框的下面。

图 2.20 ITF-14 条码示例

ITF-14 和 ITF-16 的起始符为"0000"，终止符为"100"。在物流系统中，常用 ITF-14 和 ITF-16 条码来标识商品装卸、仓储、运输等储运单元，通常印在外包装箱上，用来识读商品的种类和数量。

四、物流单元条码

商品条码与储运条码都属于不携带信息的标识条码，在物流过程中，如果需要运输包装序号、重量、体积、生产日期、有效日期、送出地址、送达地址等重要信息，就可以应用 UCC/EAN-128 条码。

UCC/EAN-128 条码由 EAN 和 UCC 共同设计而成，是一种连续型、非定长、有含义的具有高密度、高可靠性、两种独立校验方式的代码，如图 2.21 所示。在 ISO、CEN 和 AIM 所发布的标准中，将紧跟在起始字符后面的功能字符 1（FNC1）定义为专门用于表示 EAN·UCC 系统的应用标识符数据，可表示从 ASCⅡ 0 到 ASCⅡ 127 共 128 个字符。

图 2.21 EAN/UCC-128 条码示例

UCC/EAN-128 条码符号是非定长条码符号，必须具备以下两个条件。

（1）编码的数据字符的数量不能超过 48 个。

（2）整个符号的物理长度不能超过165mm。

应用标识符（application identifier，AI）是标识编码应用含义和格式的字符，作用是指明跟随在应用标识符后面的数字所表示的含义。UCC/EAN-128条码是唯一能够表示应用标识的条码符号。UCC/EAN-128可编码的信息范围广泛，包括项目标识、计量、数量、日期、交易参考信息、位置等。

常见条码应用标识符的含义见表2-11。

表2-11 常见条码应用标识符的含义

AI	内容	格式
00	系列货运包装箱代码（SSCC）	n2+n18
01	全球贸易项目代码（GTIN）	n2+n14
02	物流单元中的全球贸易项目标识代码	n2+n14
10	批号或组号	n2+an-20
11	生产日期	n2+n6
15	保持期	n2+n6
17	有效期	n2+n6
21	系列号	n2+an-20
310X	净重	n4+n6
401	托运代码	n3+an-30
420	收货方邮政编码	n3+an-20

注：以上3种条码是最常用的码制，它们的实际应用范围有所不同。一般来说，商品条码用在商品包装或单个大件商品的物流包装箱上，如果包装箱内含有预先确定的、规则数量的商品时，也可用通用商品条码码制给每个货运单元分配一个与消费单元不同的通用商品条码；交叉二五条码可用于定量储运单元；UCC/EAN-128条码可以弥补商品通用代码和交叉二五码的不足，更多地标识贸易单元信息，如产品批号、数量、规格、生产日期、有效期等，而且条码印刷要求更为宽松，在许多粗糙、不规则的包装上都可以印刷。

任务3 条码的识读

一、条码的识读原理

条码符号是由宽窄不同，反射率不同的条、空按照一定的编码规则组合起来的信息符号。条码识读一般利用"色度识别"和"宽度识别"兼有的二进制赋值方式。

色度识别是由于条码符号中条、空对光线具有不同的反射率，从而使条码扫描器接收到强弱不同的反射光信号，相应地产生电位高、低及不同的电脉冲。宽度识别的原理是由于条码符号中条、空的宽度可以决定电位高、低及不同的电脉冲信号的长短。常见的条码是由黑条与白空（也叫白条）印制而成的，这是因为黑条对光的反射率最低，而白空对光的反射率最高。条码识读器正是利用条、空对光的反射率不同来读取条码数据的。条码符号不一定必须是黑色和白色的，也可以印制成其他颜色，但两种颜色对光必须有不同的反射率，保证有足够的对比度。扫描器一般采用波长630nm左右的红光或近红外光。

由光源发出的光线经过光学系统照射到条码符号上面，被反射回来的光经过光学系统在光电转换器上成像，便产生了电信号。整形电路的脉冲数字信号经过译码器，被译成数字、字符

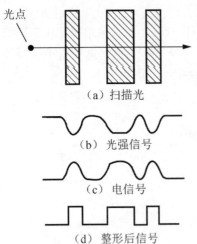

图 2.22 条码符号的扫描识读过程

信息。它通过识别起始、终止字符来判别条码符号的码制及扫描方向;通过测量脉冲数字电信号 0、1 的数目来判别条、空的数目;通过测量 0、1 信号持续的时间来判别条、空的宽度。这样便得到了被识读的条码符号的条、空的数目及相应的宽度和码制,根据码制所对应的编码规则,便可将条码符号转换成相应的数字、字符信息,通过接口电路传送给计算机系统进行数据处理与管理,完成条码识读的全过程。条码符号的扫描识读过程如图 2.22 所示。

二、条码识读设备的分类

条码识读设备由条码扫描和译码两部分组成。现在绝大多数条码识读器都将扫描器和译码器集成为一体。人们根据不同的用途和需要设计了各种类型的扫描器,一般按条码扫描器的扫描方式、操作方式、识读码制能力和扫描方向对各类条码识读设备进行分类。

(一)按扫描方式分类

条码识读设备从扫描方式上可分为接触和非接触两种条码扫描器。接触式条码识读设备包括光笔与卡槽式条码扫描器;非接触式条码识读设备包括 CCD 扫描器和激光扫描器。

(二)按操作方式分类

条码识读设备从操作方式上可分为手持式和固定式两种条码扫描器。手持式条码扫描器应用于许多领域,有光笔、激光枪、手持式全向扫描器、手持式 CCD 扫描器和手持式图像扫描器。固定式条码扫描器有卡槽式扫描器、固定式单线、单方向多线式(栅栏式)扫描器、固定式全向扫描器和固定式 CCD 扫描器。

(三)按识读码制的能力分类

条码识读设备从原理上可分为光笔与卡槽式条码扫描器、激光条码扫描器和图像式条码扫描器 3 种条码扫描器。光笔与卡槽式条码扫描器只能识读一维条码;激光条码扫描器只能识读一维条码和行排式二维条码;图像式条码扫描器可以识读常用的一维条码,还能识读行排式和矩阵式的二维条码。

(四)按扫描方向分类

条码识读设备从扫描方向上可分为单向和全向条码扫描器。全向条码扫描器又分为平台式和悬挂式。其中,悬挂式全向条码扫描器可以手持,也可以放在桌子上或挂在墙上,使用时更加灵活方便,适于商业 POS 系统及文件识读系统。

近些年来,条码扫描识读设备发展很快,正向着多功能、远距离、小型化、快速识别、经济方便的方向发展。常用的条码识读设备主要有激光扫描器和 CCD 扫描器等。

三、常见的条码识读设备

(一)激光扫描器

激光扫描器是一种远距离条码阅读设备,其性能优越,因而被广泛应用。激光扫描器的扫描方式有单线扫描、光栅式扫描和全角度扫描 3 种方式。手持式激光扫描器为单线扫描,其景深较大,扫描首读率和精度较高,扫描宽度不受设备开口宽度限制;卧式激光扫描器为全角扫描器,其操作方便,操作者可双手对物品进行操作,只要条码符号面向扫描器,不管方向如何，均能实现自动扫描，超市大都采用这种设备。图 2.23 所示为手持式激光扫描器。

（二）CCD 扫描器

这种扫描器主要采用了 CCD（charge coupled device，光电耦合装置）。CCD 是一种电子自动扫描的光电转换器，也叫 CCD 图像感应器。它可以代替移动光束的扫描运动机构，不需要增加任何运动机构，便可以实现对条码符号的自动扫描。图 2.24 所示为 CCD 扫描器。

图 2.23　手持式激光扫描器

1. CCD 扫描器的两种类型

CCD 扫描器有两种类型：一种是手持式 CCD 扫描器，另一种是固定式 CCD 扫描器。这两种扫描器均属于非接触式扫描器，只是形状和操作方式不同，但扫描机理和主要元件完全相同。

CCD 扫描器是利用光电耦合原理，对条码印刷图案进行成像，然后译码。它的特点是：无任何机械运动部件，性能可靠，寿命长；按元件排列的节距或总长计算，可以进行测长；价格比激光扫描器更低；可测条码的长度受限制；景深小。

（a）手持式　　　　　　（b）固定式

图 2.24　CCD 扫描器

2. 选择 CCD 扫描器的两个参数

（1）景深。由于 CCD 扫描器的成像原理类似于照相机，如果要加大景深，则相应地要加大透镜，但会使 CCD 扫描器体积过大，不便操作。优秀的 CCD 扫描器应无须紧贴条码即可识读，而且体积适中，操作舒适。

（2）分辨率。如果要提高 CCD 扫描器的分辨率，必须增加成像处光敏元件的单位元素。低档 CCD 扫描器一般是 512 像素，识读 EAN、UPC 等商品条码已经足够，但对于别的码制识读就会困难一些。中档 CCD 扫描器以 1024 像素居多，有些甚至达到 2048 像素，能分辨最窄单位元素为 0.1mm 的条码。

3. 光笔与卡槽式条码扫描器

大多数光笔和卡槽式条码扫描器都采用手动扫描的方式。手动扫描比较简单，扫描器内部不带有扫描装置，发射的照明光束的位置相对于扫描器固定，但完成扫描过程需要手持扫描器扫过条码符号。这种扫描器就属于固定光束扫描器。

4. 全向扫描平台

全向扫描平台属于全向激光扫描器。全向扫描指的是标准尺寸的商品条码以任何方向通过扫描器的区域，都会被扫描器的某个或某两个扫描线扫到整个条码符号。

四、条码识读设备选型的原则

不同的应用场合对条码识读设备有着不同的要求，用户必须综合考虑，以达到最佳的应用效果。在选择条码识读设备时，应考虑以下 5 个方面的因素。

（一）与条码符号相匹配

条码扫描器的识读对象是条码符号，所以在条码符号的密度、尺寸等已确定的应用系统中，必须考虑条码扫描器与条码符号的匹配问题。例如，对于高密度条码符号，必须选择高分辨率的条码扫描器。当条码符号的长度尺寸较大时，必须考虑条码扫描器的最大扫描尺寸，否则可能出现无法识读的现象；当条码符号的高度与长度尺寸比值小时，最好不选用光笔，以避免人工扫描的困难。如果条码符号是彩色的，一定得考虑条码扫描器的光源，最好选用波长为630nm的红光，否则可能出现因对比度不足而给识读造成困难的问题。

（二）首读率

首读率是条码应用系统的一个综合指标，要提高首读率，除了提高条码符号的质量外，还要考虑条码扫描器的扫描方式等因素。当手动操作时，首读率并非特别重要，因为重复扫描会弥补首读率低的缺点。但对于一些无人操作的应用环境，要求首读率为100%，否则会出现数据丢失现象。为此，最好是选择移动光束式条码扫描器，以便在短时间内有多次扫描机会。

（三）工作空间

不同的应用系统都有特定的工作空间，所以对条码扫描器的工作距离和扫描景深有不同的要求。例如，一些日常办公条码应用系统对工作距离和扫描景深的要求不高，选用光笔、CCD扫描器这两种工作距离和扫描景深较小的设备即可满足要求；对于一些仓库、储运系统，大都要求离开一段距离扫描条码符号，并要求扫描器的工作距离较大，所以要选择有一定工作距离的扫描器如激光扫描器等；对于某些扫描距离变化的场合，则需要扫描景深较大的条码扫描器。

（四）接口要求

应用系统的开发，首先要确定硬件系统环境，然后才涉及条码识读器的选择问题，这就要求所选条码扫描器的接口符合该系统的整体要求。通用条码扫描器的接口方式有串行通信口和键盘口两种。

（五）性价比

条码扫描器由于品牌不同、功能不同，价格存在很大的差别，所以在选择条码扫描器时，一定要注意产品的性价比，应本着满足应用系统的要求且价格较低的原则选购。

总之，条码扫描器的选择不能只考虑单一指标，而应根据实际情况全面考虑。

任务4　条码在物流中的应用

一、条码在物流系统中的应用

条码技术像一条纽带，把产品生命周期中各阶段发生的信息连接在一起，可跟踪产品从生产到销售的全过程。条码在物流系统中的应用主要有以下5个方面。

（一）生产线自动控制系统

现代生产的信息化和自动化水平不断提高，生产线自动控制系统要正常运转，条码技术的应用不可或缺。因为现代产品性能日益复杂，零部件数量和种类众多，传统的人工操作既不经济又不现实。如果使用条码技术对每一个零部件进行在线控制，就能避免差错、提高效率，确保生产顺利进行。使用条码技术成本低廉，只需要先对进入生产的物品进行编码，在生产过程中通过安装于生产线的条码识读设备，就能获取物流信息，从而随时跟踪生产线上每一件物品的情况，形成自动化程度高的车间。

（二）信息系统（POS系统）

目前，条码技术应用最为广泛的领域是商业自动化管理，即建立商业POS系统，利用现金收款机作为终端机与主计算机相连，借助条码识读设备为计算机录入商品的条码符号，计算机从数据库中自动查寻对应的商品信息，显示出商品名称、价格、数量、总金额，反馈给现金收款机开出收据，以便迅速准确地完成结算过程，从而节省购买时间。更为重要的是，它使商品零售方式发生了巨大的变革，由传统的封闭柜台式销售变为开架自选销售，大大便利了顾客的商品采购。同时，该系统还可根据购销情况对货架上各类商品的数量、库存进行处理，及时提供进、销、存、退的信息，供商家及时掌握购销行情和市场动态，有利于提高竞争力、经济效益；对于商品制造商来说，则可以及时了解产品销售情况，及时调整生产计划，生产适销对路的商品。

（三）仓储管理系统

仓储管理无论在工业、商业还是在物流配送业中，都是重要的环节。现代仓储管理所要面对的产品数量、种类和进出仓频率都大为增加，原有的人工管理不仅成本昂贵，而且难以确保准确率，尤其是一些有保质期控制的产品，库存不能超过保质期，必须在保质期内予以销售或进行加工生产，否则就有可能因变质而造成损失，而人工管理往往难以真正做到按进仓批次在保质期内先进先出。

（四）自动分拣系统

现代社会物品种类繁多，物流量大，分拣任务繁重，人工操作越来越不能适应分拣任务的增加，利用条码技术实行自动化管理已成为时代的要求。运用条码技术对邮件、包裹、生产和配送的物品等进行编码，通过条码技术建立分拣系统，可大大提高工作效率、降低成本。在配送方式和仓库出货时，采用分货、拣选方式，需要快速处理大量的货物，利用条码技术便可自动进行分货拣选，实现相应管理。其过程为：配送中心接到若干配送订货要求并将其汇总，每一品种汇总成批后，按批发出所在条码的拣货标签，拣货人员到库中将标签贴于每件商品上，进行自动分拣；分货机始端的条码扫描器对处于运动状态的分货机上的货物进行扫描，一方面确认所拣出的货物是否正确，另一方面识读条码上的用户标记，指令商品在确定的分支分流到达各用户的配送货位，完成分货拣选工作。

（五）售后服务

一般来说，大件商品或一些耐用消耗品，其售后服务往往决定其市场销售情况和市场占有率。因此，对此类商品的厂商来说，搞好客户管理和售后服务尤为重要。利用条码技术进行客户管理和售后服务管理不仅简便易行，而且成本低廉，厂商只需在产品出厂前进行编码，各代理商、分销商可在销售时读取产品上的条码，向厂商及时反馈产品流通的信息和客户信息，建立客户管理和售后服务管理工作，随时掌握产品的销售状况和市场信息，为厂商及时进行技术革新和品种更新、生产适销对路的商品提供可靠的市场依据。因此，条码标识大大提高了数据采集和识别的准确性和速度，实现了物流的高效率运作。

总之，条码技术极大地提高了基础数据的采集和传递的速度，提高了物流的效率，为物流管理的科学性和现代化做出了巨大贡献。

二、条码在物流环节中的应用

（一）在运输中的应用

现代运输已广泛运用条码技术进行运输管理，用条码技术录入货物的品名、规格、数量等数据，促进了运输管理的信息化、自动化。航空、铁路、水路、公路的旅客自动化售票系统、桥梁、隧道、公路收费站的自动化收费系统，货运仓库、航空港、码头、物流中心、货场的物流自动化管理系统，都要使用条码技术来进行自动化管理。

（二）在仓储中的应用

在仓储管理上应用条码技术，特别是在准备入库的货物上应用条码技术，已得到了广泛的认可。货物在入库时自动扫描输入计算机，然后由计算机处理后形成仓储信息，最后输出入库货物的区位。而且，货场的物流自动化管理，都要使用条码技术来进行自动化管理。

（三）在配送中的应用

物流配送中心无论是为制造商的零配件、原材料配送，为连锁分店、超级市场的商品配送，还是为消费者的零售商品配送，都要根据配送指令进行物品包装、分拣、挑选、捆绑等作业活动，如果应用条码技术实行自动化作业，可以极大地提高配送作业效率，减少物流作业活动的差错事故，及时准确地将商品配送到目的地。

（四）在商场 POS 系统中的应用

现代零售商场广泛采用 POS 系统进行商场管理，将商品贴上条码，通过扫描器读取数据并输入 POS 系统。POS 系统能提供精确的销售、库存数据统计资料，有利于及时补充空货，掌握商品销售、库存情况和实行经济核算，为商场快速反馈商品的进、销、存各环节的信息，从而为经营决策提供依据。采用条码技术既方便迅速，又保证了信息准确。

项目实训

Label Matrix 32 中文版条码打印软件的使用

[实训目标]

（1）掌握标签条码打印软件的使用和技巧。
（2）培养协作与交流的意识与能力，进一步认识条码技术应用的重要性，为职业技能奠定基础。

[实训要求]

（1）利用条码软件制作标签。
（2）注意条码类型的选择和标签的布局。

[实训考核]

考核要素	评价标准	分值/分	评分/分			
			自评(10%)	小组(10%)	教师(80%)	小计(100%)
条码标签的布局	（1）条码标签的布局是否合理	30				
条码符号的设计	（2）条码符号的设计是否规范	30				
条码软件的应用能力	（3）掌握条码软件的应用能力	30				
分析总结		10				
合　　计						
评　　语（主要是建议）						

项目2　条码技术

实训参考

利用 Label Matrix 32 中文版软件设计火车票

一、Label Matrix 32 软件安装

操 作 步 骤	操 作 图 解
（1）点击 LMW48.EXE，选择安装语言	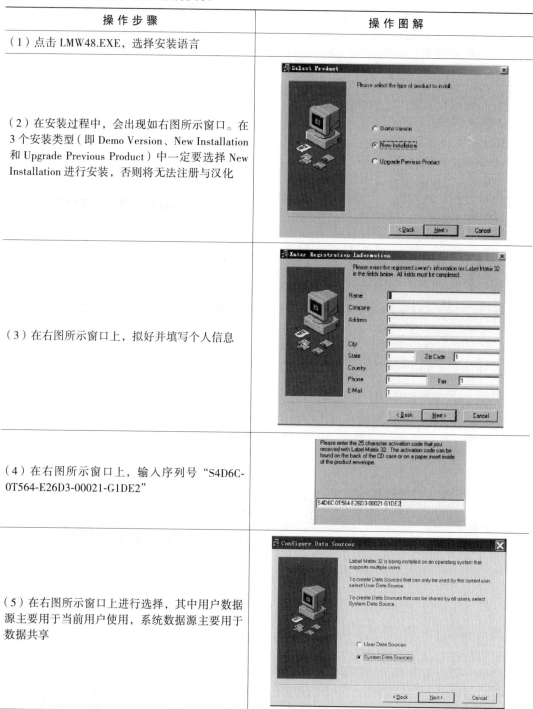
（2）在安装过程中，会出现如右图所示窗口。在 3 个安装类型（即 Demo Version、New Installation 和 Upgrade Previous Product）中一定要选择 New Installation 进行安装，否则将无法注册与汉化	
（3）在右图所示窗口上，拟好并填写个人信息	
（4）在右图所示窗口上，输入序列号"S4D6C-0T564-E26D3-00021-G1DE2"	
（5）在右图所示窗口上进行选择，其中用户数据源主要用于当前用户使用，系统数据源主要用于数据共享	
（6）单击【Finish】按钮，完成安装	

二、Label Matrix 32 软件的汉化

操作步骤	操作图解
（1）执行"Label Matrix 32 汉化程序.exe"进行汉化	Label Matrix 32 汉化程序
（2）将"LMW_Crack.exe"文件夹复制到安装目录（通常为 C：\program files\LMW32）后运行，即可去掉汉化程序上的图标	LMW_Crack

至此，Label Matrix 32 软件汉化安装全部完成。

三、Label Matrix 32 软件功能介绍

条码机和其他 PC 打印机一样只是作为计算机的一个终端设备，不过它的驱动程序不像 PC 打印机那样内置于操作系统中，而是由厂家提供或从一些通用的条码设计软件（如 Label Matrix、Code Soft、Bartender 和 Label view 等）中获取。

功能介绍	操作图解
（1）Label Matrix 32 程序执行界面	
（2）Label Matrix 32 软件主设计窗口	
（3）点击 abc 图标，添加一般文本属性的窗口	

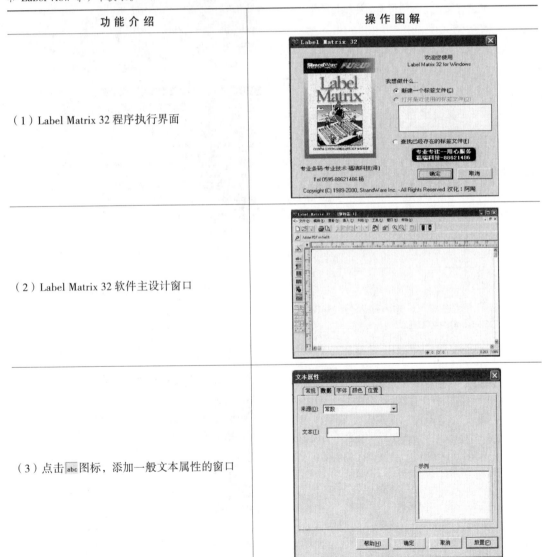

续表

功 能 介 绍	操 作 图 解
（3）点击 abc 图标，添加一般文本属性的窗口	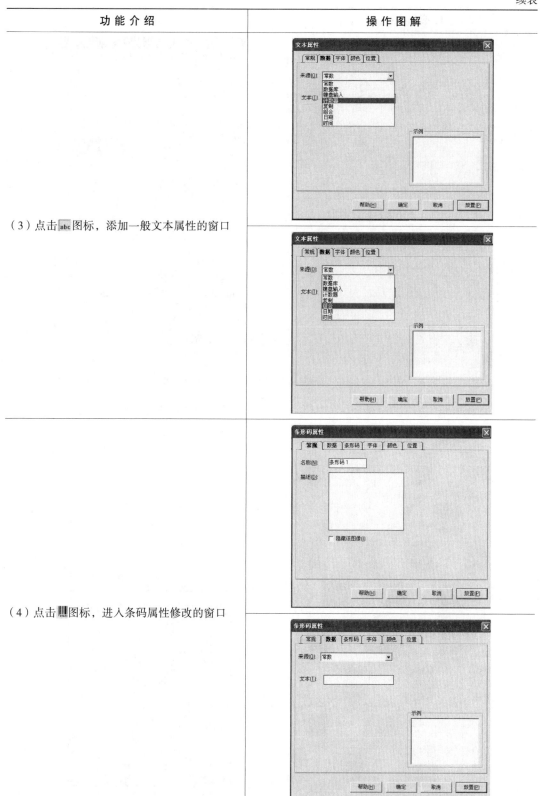
（4）点击 图标，进入条码属性修改的窗口	

续表

功能介绍	操作图解
（4）点击图标，进入条码属性修改的窗口	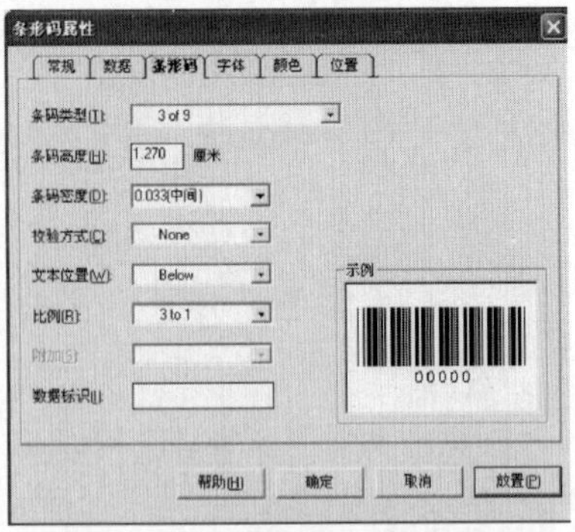 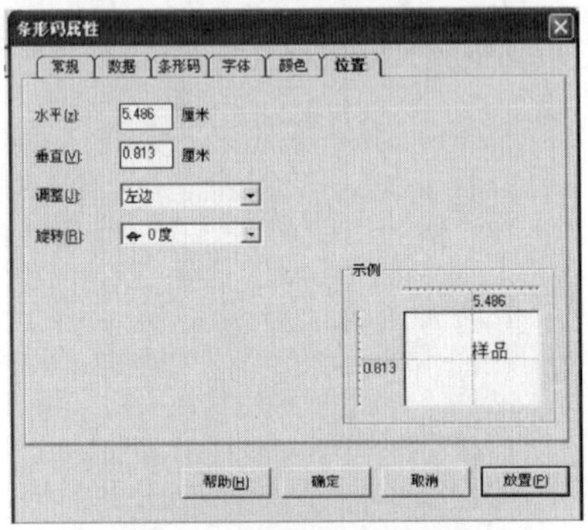
（5）对标签页面进行设计修改的窗口	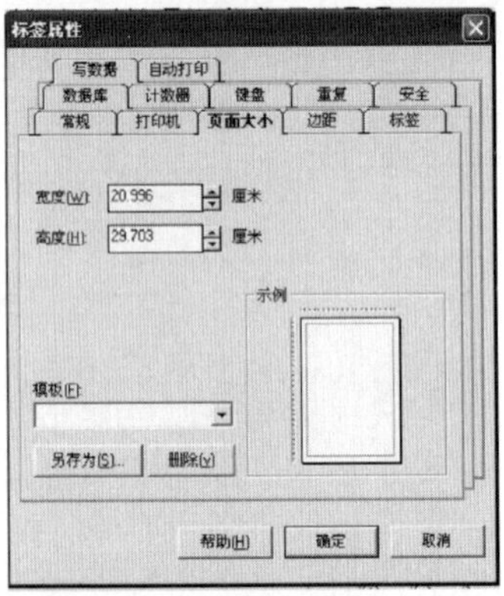 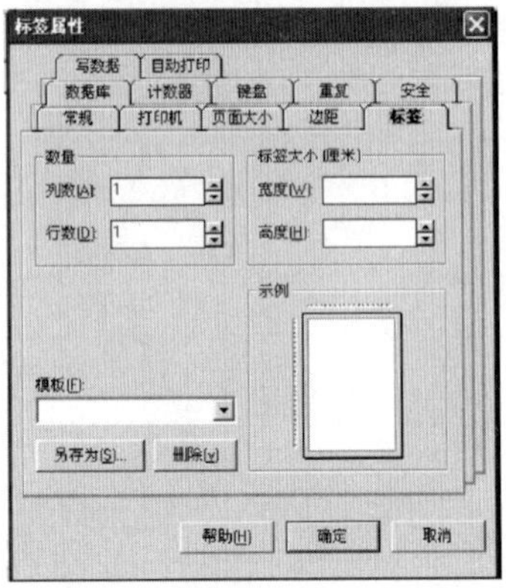

项目2 条码技术

续表

功能介绍	操作图解
（5）对标签页面进行设计修改的窗口	

至此，Label Matrix 32 软件标签设计各要素已设置好。

四、拓展练习

（1）单击工具栏上角的新建按钮 新建一个标签，如图 2.25 所示。

（2）选择"菜单栏文件→页面设置"（或单击工具栏上的按钮）并点击，出现如图 2.26 所示的窗口，准备进行标签的页面设置。点击标签面板，设置好列数及行数。启动手动设置项，将标签的大小设置为 20×14。

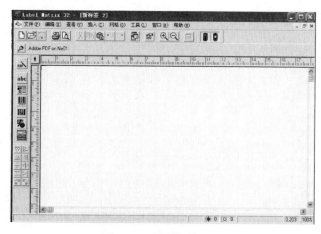

图 2.25 新建标签

图 2.26 进行标签页面设置

（3）进行图层切换，如图 2.27 所示。设计好的火车票如图 2.28 所示。

图 2.27 进行图层切换

图 2.28 设计完成的火车票

课后练习

一、不定项选择题

（1）一个条码符号必须由（　　）组成。
A. 两侧空白区　　B. 校验字符　　C. 数据符　　D. 供人识读字符
（2）（　　）不属于一维条码。
A. 库德巴条码　　B. PDF 417 条码　　C. ITF 条码　　D. QR Code 条码
（3）条码技术是一种比较成熟的技术，优点是（　　）。
A. 成本低　　　　　　　　　　　　　B. 信息采集速度快
C. 可靠性高　　　　　　　　　　　　D. 信息采集量大
（4）条码扫描译码过程是（　　）。
A. 光信号→数字信号→模拟电信号　　B. 光信号→模拟电信号→数字信号
C. 模拟电信号→光信号→数字信号　　D. 数字信号→光信号→模拟电信号
（5）（　　）是我国唯一完全拥有自主知识产权的二维条码国家标准。
A. 汉信码　　B. QR 码　　C. PDF 417 码　　D. Data Matrix 码
（6）（　　）属于商品二维码。
A. 汉信码　　B. QR 码　　C. PDF 417 码　　D. Data Matrix 码
（7）国际物品编码协会分配给中国的前缀码为（　　）。
A. 689　　B. 690　　C. 691　　D. 692　　E. 693

二、填空题

（1）条码技术的研究对象主要包括编码规则、_____、识读技术、生成与印刷技术和应用系统设计五大部分。
（2）符号表示技术的主要内容是研究各种码制的条码符号设计、符号表示和_____。
（3）自动识读技术主要由条码扫描和_____两部分构成。
（4）条码由一组规则排列的条、空和_____组成的标记，用以表示一定的信息。

三、名词解释

（1）条码
（2）条码技术

四、简答题

（1）简要说明扫描器的扫描译码过程。
（2）简述条码的分类。
（3）简述识读设备选型的原则。

五、计算题

（1）请计算 EAN-13 条码"978712108756N_1"的校验码。
（2）请计算交叉二五条码"5678837N_1"的校验码。

六、案例分析题

无论在工业、商业中，还是物流配送业中，仓储管理都是重要的环节。现代仓储管理所要面对的产品数量、种类和进出仓频率都大为增加，如果维持原有的人工管理，不仅成本昂贵，而且难以为继，尤其对一些有保质期控制产品的库存管理来说，库存期不能超过保质期，必须在保质期内进行销售或加工生产，否则就有可能因产品变质而遭受损失。人工管理往往难以真正做到按进仓批次在保质期内先进先出，如果利用条码技术，这一难题就会迎刃而解。只需在原材料、半成品、成品入仓前先进行编码，进出仓时读取物品上的条码信息，从而建立仓储管理数据库，并提供保质期预警查询，使管理者可以随时掌握各类产品进出仓和库存情况，及时准确地为决策部门提供有力的参考。图 2.29 所示为仓储条码管理系统流程示意。

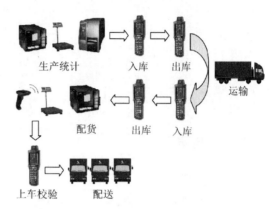

图 2.29　仓储条码管理系统流程示意

运用一维条码进行仓储管理具有以下特点。

（1）货物库存管理仓库管理系统根据货物的品名、型号、规格、产地、包装等划分货物品种，并且分配唯一的编码，也就是"货号"。分货号管理货物库存和管理货号的单件集合，可以应用于仓库的各种操作。

（2）仓库库位管理是对存货空间的管理。仓库分为若干个库房，每个库房分为若干个库位。库房是仓库中独立和封闭存货的空间，库房空间细分为库位，能够更加明确地定义存货空间。仓库管理系统按仓库的库位记录仓库货物库存，在产品入库时将库位条码号与产品条码一一对应，在出库时按照库位货物的库存时间可以实现先进先出或批次管理。

（3）条码仓库管理包括货物单件管理。它不仅管理货物品种的库存，而且具体管理库存的每一单件，采用产品标识条码记录单件产品所经过的状态，从而实现对单件产品的跟踪管理。

（4）仓库业务管理包括出库、入库、盘库、月盘库、移库，不同业务以各自的方式进行，完成仓库的进、销、存管理。

（5）更加准确地完成仓库出入库操作。条码仓库管理需要采集货物单件信息，处理采集数据，建立仓库的入库、出库、移库、盘库数据，使仓库操作更加准确。它能够根据货物单件库存为仓库货物出库提供库位信息，使仓库货物库存更加准确。

（6）一般仓库管理只能完成仓库运输差错处理（根据人机交互输入信息），而条码仓库管理根据采集信息建立仓库运输信息，直接处理实际运输差错；同时，能够根据采集单件信息及时发现出入库的货物单件差错（如入库重号、出库无货），并且提供差错处理。

立体仓库是现代工业生产中的一个重要组成部分，利用条码技术，不仅可以完成仓库货物的导向、定位、移库操作，而且可以提高识别速度、减少人为差错，从而提高管理水平。

分析：

（1）试绘制仓储管理的流程示意图。
（2）仓储管理中选用哪种一维条码比较适合？为什么？
（3）仓储管理中使用条码能带来什么好处？

项目 3
射频识别技术

【学习目标】

知识目标	技能目标	素质目标
（1）熟练掌握 RFID 的基本概念。 （2）掌握 RFID 的工作原理、分类和工作频率。 （3）熟悉 RFID 中间件的基本知识。 （4）了解 RFID 的应用标准及其在物流中的具体应用	（1）培养学生解决 RFID 应用问题的能力。 （2）培养学生在不同场合选择 RFID 工作频率的技术能力。 （3）培养学生运用 RFID 专业知识解决物流供应链问题的能力	引导学生感悟创新的力量，建立创新思维，培养创新品质

【案例导入】

虽然汽车芯片作为未来比手机更重要的大型移动智能终端，但其面临的"卡脖子"问题要比手机更加严峻。2021年，全球车企纷纷遭遇车载芯片短缺问题，一些国外汽车厂商先后传出因芯片供应不足而导致部分生产线停产或减产，国内合资车企的部分车型也受到芯片问题影响。

众所周知，芯片主要分为军工级、车规级、工业级和商业级，其中车规级芯片对可靠性、一致性和稳定性要求更高，仅次于军工级。车规级芯片将面临更为恶劣的环境，对可靠性要求更为严格。

2018年中兴通讯芯片断供和2020年华为芯片断供事件让国人"芯痛"良久，不过这种局面正在快速改善。就汽车行业来说，国产车规级芯片已经初现曙光。此次扼住车企咽喉的是电子稳定程序系统（electronic stability program system，ESP）和电子控制单元（electronic control unit，ECU）芯片，供货商主要是来自德国的博世和大陆集团，两家公司采购芯片再组装成相关模块向车企供应。ESP是汽车主要安全系统的一部分，是ABS防抱死系统的延伸，20世纪80年代，ABS还是豪华车的配置，而随着ESP的量产推广，它已成为汽车最基础的安全配置；ECU则涵盖了诸如调整车窗、座椅、灯光等功能。在如今的中高端车型上，这两类芯片必不可少。实际上，在新能源汽车和自动驾驶的双重驱动下，车规级芯片正在颠覆传统产业，随着高级辅助驾驶（advanced driving assistant system，ADAS）、自动驾驶技术的成熟，需要进行大量的图像数据、雷达数据处理，汽车厂商对芯片的算力要求也在提高。随着传统汽车向新能源汽车和智能网联汽车的发展，汽车所搭载的芯片越来越多，对智能性要求也在提高，此前需要靠驾驶员判断的东西现在慢慢交给芯片。

2020年，地平线与多家车企合作，在人工智能算法及国产车规级 AI 芯片前装量产等技术维度进行深入合作，以高级辅助驾驶、高级别自动驾驶和智能座舱方向为重点，共同探索高级辅助驾驶和高级别自动驾驶等方面的前沿科技研发和商业落地，已成功推出中国首款车规级 AI 芯片——征程2，实现了国产车载 AI 芯片的重大技术突破。为加快攻克重要领域的"卡脖子"技术，有效突破产业瓶颈，地平线在2021年推出更为强大的高等级自动驾驶芯片征程5，具备96TOPS 的 AI 算力，实际性能超过特斯拉 FSD 芯片。

资料来源：吕栋."汽车芯片的卡脖子问题，要比手机更加严峻"［EB/OL］.（2021-01-13）［2022-02-23］. https://www.guancha.cn/economy/2021_01_13_577785_3.shtml. 有改动.

项目 3　射频识别技术

【思维导图】

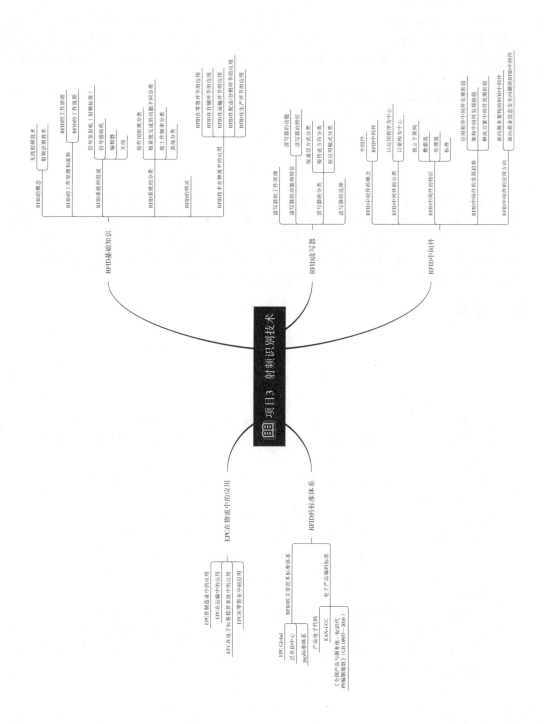

任务1　RFID 基础知识

一、RFID 的概念

（一）无线射频技术

射频技术（radio frequency，RF）是一种无线电通信技术，其基本原理来自电磁理论，利用无线电波对记录媒体进行读写。目前，RF 用得较多的是 IEEE 802.11b 标准，且 2.4GHz 的高频道使服务器与终端之间的通信速度可达 12Mbps，这段频道干扰小，在绝大多数国家都不受无线管理制约。

RF 技术以无线信道作为传输媒体，建网迅速，通信灵活，可以为用户提供快捷、方便、实时的网络连接，也是实现移动通信的关键技术之一。

RF 技术的应用已渗透到商业、工业、运输业、物流管理、医疗保险、金融和教学等领域。

（二）射频识别技术

国家标准《信息技术 自动识别和数据采集技术 词汇》（GB/T 29261.3—2012）中规定：射频识别技术（radio frequency identification，RFID）是在频谱的射频部分，利用电磁耦合或感应耦合，通过各种调式和编码方案，与射频标签交互通信唯一读取射频标签身份的技术。RFID 利用无线电波对记录媒体进行读写，射频识别的距离甚至可达几十米，且根据读写的方式，可以输入数千个字节的信息，具有极高的保密性。

知识链接

RFID 技术在历史上的首次应用可追溯到第二次世界大战期间，当时主要用于分辨敌我双方飞机。1948 年，哈里·斯托克曼发表的《利用反射功率的通信》一文为 RFID 技术奠定了理论基础。

20 世纪 70 年代末期，美国政府通过科学实验室将 RFID 技术转移到民间。到了 20 世纪 80 年代，美国与欧洲的几家公司开始着手生产 RFID 卷标。目前，RFID 技术已经广泛应用于各个领域，从门禁控制、牲畜管理到物流管理，皆可见到其踪迹。

RFID 是 20 世纪 90 年代开始逐渐发展起来并走向成熟的，被认为是一种较为先进和具有突破性的技术。相对于其他识别技术而言，这种先进性主要表现在以下 7 个方面。

（1）唯一性。识别码无法仿造。

（2）非接触性。由于其采用无线电射频，所以可以透过外部材料读取数据，可非接触识别，识读距离从几厘米到几十米。

（3）同时性。可以同时对多个目标对象进行识读。

（4）无方向性。读取时不需对准被读物体，只需要在读写器的范围内，利用无线电进行读取，并且可识别高速运动的物体。

（5）抗干扰性能好。全天候作业，抗恶劣环境能力强（如油渍、灰尘污染等），不容易污损或遭受破坏。

（6）数据容量大。存储信息量大，存储能力可达几百字节，并可重复读写。

（7）保密性能好。射频技术具有难以伪造和智能化等特性，具有极高的保密性。

总之，RFID 是条码技术的补充和发展，它规避了条码技术的局限性，为大量信息的存储、改写和远距离识读奠定了基础。

二、RFID 的工作原理和流程

（一）RFID 的工作原理

RFID 的核心部件是电子标签，电子标签又被称为远距离射频卡、远距离 IC 卡、射频标签、应答器、数据载体。它通过几厘米到几十米的距离内读写器发出的无线电波，读取电子标签内的储存信息，并通过耦合元件实现射频信号的空间（无接触）耦合，在耦合通道内，根据时序关系，实现能量的传递、数据的交换。由于射频识别系统可工作于各种恶劣环境，可识别高速的运动物体，还可同时识别多个标签；另外，识别工作无须人工干预，可对标签所存储的信息进行读写，并可在标签内写入信息，操作快捷方便，所以是目前比较流行的识别技术。RFID 的基本模型如图 3.1 所示。

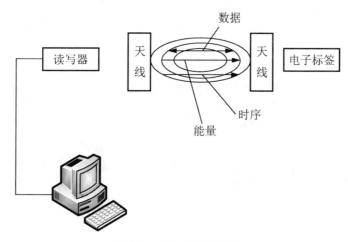

图 3.1　RFID 的基本模型

电子标签与读写器（也叫阅读器，详见"信号接收机"的介绍）之间通过耦合元件实现射频信号的空间（无接触）耦合；在耦合通道内，根据时序关系，实现能量的传递和数据的交换。发生在读写器和电子标签之间的射频信号主要有电感耦合和电磁反向散射耦合。

1. 电感耦合

变压器模型，通过空间高频交变磁场实现耦合，依据的是电磁感应定律。电感耦合一般适合于中、低频工作的近距离射频识别系统，典型的工作频率有 125kHz、225kHz 和 13.56MHz。识别距离小于 1m，典型作用距离为 10～20cm。

2. 电磁反向散射耦合

发射出去的电磁波，碰到目标后反射，同时携带回目标信息，依据的是电磁波的空间传播规律。电磁反向散射耦合方式一般适合于高频、微波工作的远距离射频识别系统，典型的工作频率有 433MHz、915MHz、2.45GHz 和 5.8GHz。识别距离大于 1m，典型作用距离为 3～10m。

由图 3.1 可知，在射频识别系统的工作过程中，始终以能量为基础，通过一定的时序方式来实现数据的交换。因此，在 RFID 工作的空间通道中存在 3 种事件模型：以能量提供为基础的事件模型、以时序方式实现数据交换的实现形式事件模型、以数据交换为目的的事件模型。

（1）以能量提供为基础的事件模型。对于无源标签（被动标签）而言，当标签离开射频识别场时，标签由于没有能量的激活而处于休眠状态，当标签进入射频识别场时，读写器发射出来的射频波激活标签电路,标签通过整流的方法将射频波转换为电能存储在标签的电容里,从而为标签的工作提供能量,完成数据的交换。对于半有源标签而言,射频场只起到了激活的作用。有源标签(主动标签)始终处于激活状态,处于主动工作状态,和读写器发射出的射频波相互作用,具有较远的识读距离。

(2)以时序方式实现数据交换的实现形式事件模型。时序是指读写器和标签的工作次序问题。对于无源标签而言,一般是读写器先讲的形式;对于多标签同时识读而言,可以采用读写器先讲的形式,也可以采用标签先讲的形式;对于多标签同时识读而言,"同时"只是相对的。为了实现多标签无冲撞同时识读,对于读写器先讲的方式,读写器先对一批标签发出隔离指令,使得读写器识读范围内的多个电子标签被隔离,最后只保留一个标签处于活动状态与读写器建立无冲撞的通信联系;通信结束后指令该标签进入休眠,指定一个新的标签执行无冲撞的通信联系。如此重复,完成多标签同时识读。对于标签先讲的方式,标签随机地反复发送自己的识别ID,不同的标签可在不同的时间段被读写器正确读取,完成多标签的同时识读。

(3)以数据交换为目的的事件模型。在读写器与标签的数据通信中,包括离线数据写入和在线数据写入。无论是只读射频标签还是可读写的射频标签,都存在离线写入的情况。因为对于任何一个射频电子标签而言,都具有唯一的ID号,而ID号是不可更改的。这样的ID号码可以在标签制造时由工厂固化写入(工厂编程),始终不变。但是,无论哪种写入方式,ID号一旦写入,就不能在RFID系统中更改,ID号的写入也可以是非接触方式的写入。对于数据的在线写入而言,指的是可写标签。射频标签的可写性能对系统提出较高的技术要求,要求具有较大的能量、较短的写入距离、较慢的写入速度、较低的数据写入速率、较复杂的写入校验过程等。这样,就在较大程度上提高了射频标签的成本,也在某种程度上增加了标签数据的安全隐患。从目前市场上的射频标签系统来看,可读写的标签系统并不多,而且写入性能也不是很高。因此,在大多数应用场合,使用的都是只读RFID系统,都是运用后台来支持标签的数据属性的。

(二)RFID的工作流程

RFID的基本工作流程是(针对无源系统):读写器通过发射天线发送一定频率的射频信号,当射频卡进入发射天线工作区域时产生感应电流,射频卡获得能量被激活;射频卡将自身编码等信息通过卡内置发送天线发送出去;系统接收天线接收到从射频卡发送来的载波信号,经天线调节器传送到读写器,读写器对接收的信号进行解调和解码后送到后台主系统进行相关处理;主系统根据逻辑运算判断该卡的合法性,针对不同的设定做出相应的处理和控制,发出指令信号控制执行机构动作。RFID的工作原理如图3.2所示。

图3.2 RFID的工作原理

三、RFID系统的组成

RFID的基础主要是大规模集成电路技术、计算机软硬件技术、数据库技术及无线电技术。最基本的RFID硬件系统由标签、读写器和天线3个部分组成。RFID系统在具体的应用过程中,根据不同的应用目的和应用环境,其系统的组成会有所不同,但从RFID系统的工作原理来看,一般都由信号发射机(射频标签)、信号接收机、编程器和天线几部分组成。

(一)信号发射机(射频标签)

在 RFID 系统中,信号发射机因为不同的应用目的,会以不同的形式存在,而典型的形式是标签(TAG)。标签相当于条码技术中的条码符号,用来存储需要识别传输的信息。另外,与条码不同的是,标签必须能够自动或在外力的作用下,把存储的信息主动发射出去。标签一般是带有线圈、天线、存储器与控制系统的低电集成电路。标签主要有以下几种类型。

1. 主动式标签、被动式标签与半被动式标签

主动式标签内含电源,用自身的射频能量主动地发射数据给读写器,其工作可靠性高,信号传送距离远。主动式标签还可通过设计电池的不同寿命对标签的使用时间或使用次数进行限制。主动式标签用在需要限制数据传输量或使用数据有限制的地方,如一年内标签的读写有限次。主动式标签的缺点主要是标签的使用寿命受到限制,而且随着标签内电池电力的消耗,数据传输的距离会越来越小,从而影响系统的正常工作。

被动式标签的通信能量要靠外界提供(即从读写器发射的电磁波中获得),不然无法正常工作。被动式标签既有不含电源的标签,又有含电源的标签。含电源标签的电源只为芯片运转提供能量,这种标签也称为半被动式标签。被动式标签具有永久的使用期,常常用在标签信息需要每天读写或频繁读写多次的地方,而且被动式标签支持长时间的数据传输和永久性的数据存储。被动式标签的缺点主要是数据传输的距离要比主动式标签短,因为被动式标签依靠外部的电磁感应供电,它的电能较弱,数据传输的距离和信号强度受到限制,需要敏感性比较高的信号接收器(读写器)才能可靠识读。

2. 只读标签与读写标签

只读标签与读写标签是根据射频标签的读写方式来划分的。在识别过程中,内容只能读出,不可写入的标签是只读型标签。只读型标签所具有的存储器是只读型存储器。只读标签又可分为 3 种:第一种是一般只读标签,其内容在标签出厂时已被写入,识别时只可读出,不可再改写,其存储器一般由 ROM 组成;第二种是一次性编程只读标签,其内容只可在应用前一次性编程写入,识别过程中标签内容不可改写,其存储器一般由 PROM、PAL 组成;第三种是可重复编程只读标签,其内容经擦除后可重新编程写入,识别过程中标签内容不可改写,其存储器一般由 EPROM 或 GAL 组成。

读写标签既可以被读写器读出,又可由读写器写入,其含有读写型存储器(如 RAM 或 EEROM),同时含有读写型存储器和只读型存储器。在读写标签应用过程中,数据是双向传输的。

3. 无源标签与有源标签

标签中不含有电池的标签称为无源标签。无源标签工作时,一般距识读器天线比较近,无源标签使用寿命长。

标签中含有电池的标签称为有源标签。有源标签距识读器天线的距离较无源标签要远些,需要定期更换电池。

4. 标识标签与便携式数据文件

标识标签中存储的只是标识号码,用于对特定的标识项目如人、物、地点进行标识,而关于被标识项目的详细特定信息,只能在与系统相连接的数据库中进行查找。

便携式数据文件就是说标签中存储的数据非常大,足可以看作一个数据文件。这种标签一般都是可编程的,标签中除了存储标识码外,还存储大量的被标识项目的其他相关信息,如包装说明、工艺过程说明等。在实际应用中,关于被标识项目的所有信息都存储在标签中的,识读标签就可以得到关于被标识项目的所有信息,而不用再连接到数据库进行信息读取。

（二）信号接收机

在射频识别系统中，信号接收机一般称为读写器或阅读器（Reader，详见任务2中的介绍），是写入、读取标签信息的设备。根据支持的标签类型的不同和完成的功能的不同，读写器的复杂程度是显著不同的。射频识读器一般由天线、射频模块、读写模块组成，读写器基本的功能就是利用射频技术读取标签信息，或将信息写入标签，然后通过计算机及网络系统进行管理和信息传输。另外，读写器还提供相当复杂的信号状态控制、奇偶错误校验与更正功能等。

需要注意的是，射频标签和读写器必须调制到相同的频率才能工作。LF、HF、UHF就分别对应着不同频率的射频，LF代表低频射频，HF代表高频射频，UHF代表超高频射频，还有微波阅读器。读写器的频率选择见表3-1。

表3-1 读写器的频率选择

名 称	频率范围	现有标准
低频	125～134kHz	11784/85、14223
高频	13.56MHz左右	18000—3.1/14443
	JM 13.56MHz左右	18000—3.1/115693、A、B和C
超高频	868～915MHz	EPC C0、C1、C2、G2
微波	2.45～5.8GHz	18000—4

（三）编程器

只有可读写标签系统才需要编程器，编程器是向标签写入数据的装置。一般编程器写入数据是离线（off-line）完成的，也就是预先在标签中写入数据，等到开始应用时直接把标签附在被标识项目上。也有一些RFID应用系统，写入数据是在线（on-line）完成的，尤其是在生产环境中作为交互式便携数据文件来处理时。

（四）天线

天线是标签与读写器之间传输数据的发射、接收装置。在实际应用中，除了系统功率，天线的形状和相对位置也会影响数据的发射和接收，需要专业人员对系统的天线进行设计、安装。

四、RFID系统的分类

（一）按作用距离分类

1. 密耦合

具有很小作用距离的射频识别系统，典型的范围为0～1cm，这种系统称为密耦合系统，即紧密耦合系统。对于这种系统，必须把应答器插入读写器中，或者放置在读写器为此设定的表面上。

2. 遥耦合

把写和读的作用距离为1cm～1m的系统称为遥耦合系统。所有遥耦合系统在读写器和应答器之间都是电感耦合。遥耦合中又分为近耦合（典型距离为15cm）和远耦合（大约距离为1m）。

3. 远距离系统

远距离系统典型的作用距离为1～10m，个别系统也有更远的作用距离。所有远距离的系统都是在微波范围内用电磁波工作的，发送频率通常是2.4GHz。

（二）按系统完成的功能不同分类

1. EAS 系统

EAS（electronic article surveillance）系统是一种设置在需要控制物品出入口的 RFID 技术。这种技术的典型应用场合是商店、图书馆、数据中心等地方，当未被授权的人从这些地方非法取走物品时，EAS 系统会发出警告。在应用 EAS 技术时，首先在物品上黏附 EAS 标签，当物品被正常购买或合法移出时，在结算处通过一定的装置使 EAS 标签失去活动性，物品就可以被取走。物品经过装有 EAS 系统的门口时，EAS 装置能自动检测标签的活动性，发现活动性标签时 EAS 系统会发出警告。EAS 技术的应用可以有效地防止物品被盗，无论是大件的商品，还是很小的物品。应用 EAS 技术，物品不用再锁在玻璃橱柜里，可以让顾客自由地观看、检查，这在自选日益流行的今天有着非常重要的现实意义。典型的 EAS 系统一般由 3 个部分组成，即附着在商品上的电子标签，电子传感器；电子标签灭活装置，以便授权商品能正常出入；监视器，在出口设置一定区域的监视空间。

EAS 系统的工作原理是：在监视区，发射器以一定的频率向接收器发射信号。发射器与接收器一般安装在零售店、图书馆的出入口，形成一定的监视空间。当具有特殊特征的标签进入该区域时，会对发射器发出的信号产生干扰，这种干扰信号也会被接收器接收，再经过微处理器的分析判断，就会控制警报器的鸣响。根据发射器所发出的不同信号及标签对信号干扰原理的不同，EAS 可以分为多种类型。关于 EAS 技术最新的研究方向是标签的制作，人们正在研究 EAS 标签能不能像条码一样，加在产品的制作或包装过程中，成为产品的一部分。

2. 便携式数据采集系统

便携式数据采集系统使用带有 RFID 读写器的手持式数据采集器采集 RFID 标签上的数据。这种系统具有比较大的灵活性，适用于不宜安装固定式 RFID 系统的应用环境。手持式数据采集器（数据输入终端）可以在读取数据的同时，通过无线电波数据传输方式实时地向主计算机系统传输数据，也可以暂时将数据存储在读写器中，再一批一批地向主计算机系统传输数据。

3. 网络系统

在物流控制系统中，固定布置的 RFID 读写器分散布置在指定的区域，并且读写器直接与数据管理信息系统相连，信号发射机是移动的，一般安装在移动的物体、人身上。当物体、人经过读写器时，读写器会自动扫描标签上的信息并把数据信息输入数据管理信息系统进行存储、分析、处理，达到控制物流的目的。

4. 定位系统

定位系统用于自动化加工系统中的定位，以及对车辆、轮船等进行运行定位支持。读写器放置在移动的车辆、轮船上或自动化流水线中移动的物料、半成品、成品上，信号发射机嵌入操作环境的地表下面。信号发射机上存储有位置识别信息，读写器一般通过无线的方式或有线的方式连接到主信息管理系统。

（三）按工作频率分类

工作频率在 125～134kHz 的称为低频标签，主要应用于门禁、考勤、车辆管理、防盗等领域；工作频率在 13.56MHz 或 JM 13.56MHz 的称为高频标签，现专用于物流管理（感应距离为 3m）；工作频率在 868～915MHz 的称为超高频标签，主要应用于货架、卡车、拖车跟踪等领域；工作频率在 2.4～5.8GHz 的标签称为微波标签，现用于收费站、集装箱等方面。

（四）其他分类

射频识别系统的应答器根据内部是否装有电池为其供电，可分为有源系统和无源系统两大类，电子标签属于无源标签；根据应答器保存信息注入的方式，可分为集成电路固化式、现场有线改写式和现场无线改写式三大类，电子标签属于现场无线改写式；根据读取电子标签数据的技术实现手段，可分为广播发射式、倍频式和反射调制式三大类。

五、RFID 的特点

RFID 凭借自动数据采集、高度的数据集成、支持可读写工作模式等优势，已成为新一代的自动识别技术。RFID 与其他自动识别技术的比较见表 3-2。

表 3-2 RFID 与其他自动识别技术的比较

项目	键盘	OCR	磁卡	条码	射频
输入 12 位数据速度	6s	4s	0.3～2s	0.3～2s	0.3～0.5s
误读率	1/300	1/10000		1/100000000～1/15000	
印刷密度		10～12 字符/英寸	48 字符/英寸	最大 20 字符/英寸	4～8000 字符/英寸
印刷面积		2.5mm 高	6.4mm 高	长 15mm×宽 4mm	直径 4mm×长 32mm 至纵 54mm×横 86mm
基材价格	无	低	中	低	高
扫描器价格	无	高	中	低	高
非接触式识读		不能	不能	接触大约 5m	接触大约 5m
优点	操作简单；可直观阅读；键盘便宜	可直观阅读	数据密度高；输入速度快	输入速度快；价格便宜；设备种类多；可非接触式识读	可在灰尘、油污等情况下使用；可非接触式识读
缺点	识读率高；输入速度低；输入受个人因素影响	输入速度低；不能非接触式识读；设备价格高	不能直接用眼阅读；不能非接触式识读；数据可变更	数据不可变更；不可直接观察阅读	发射、接收装置价格昂贵；发射装置寿命短；数据可改写

六、RFID 技术在物流中的应用

由于射频标签具有可读写能力，因此对于需要频繁改变数据内容的场合尤为适用，它发挥的作用是数据采集和系统指令的传达，广泛应用于供应链上的仓库管理、运输管理、生产管理工作、物料跟踪、运载工具和货架识别、商店（特别是超市）中商品防盗等场合。从采购、存储、生产制造、包装、装卸、运输、流通加工、配送、销售到服务，RFID 在物流诸多环节上发挥了重大的作用。

（一）RFID 在零售环节的应用

RFID 可以改进零售商的库存管理，实现适时补货，有效地跟踪运输与库存，提高效率，减少差错。同时，电子标签能对某些时效性强的商品的有效期限进行监控；商店还能利用 RFID 系统在付款台实现自动扫描和计费，取代人工收款。RFID 标签在供应链终端的销售环节，特别是在超市中，避免了跟踪过程中的人工干预，因而具有巨大的吸引力。

（二）RFID 在存储环节的应用

在仓库中，射频技术最广泛的使用是存取货物与库存盘点，能用来实现自动化的存货和取货等操作。在整个仓库管理中，将供应链计划系统制订的收货计划、取货计划、成本计划、装运计划与 RFID 相结合，能够高效地完成各种业务操作，如指定堆放区域、上架取货与补货等。这样增强了作业的准确性和快捷性，提高了服务质量，降低了成本，节省了劳动力和库存空间，也减少了整个物流中由于商品误置、送错、偷窃、损害和库存、出错等造成的损耗。此外，RFID 在库存盘点时降低了人力消耗。商品盘点时，不需要人工检查或扫描条码，更加快速准确，减少了损耗。RFID 解决方案可提供有关库存情况的准确信息，管理人员可据此快速识别并纠正低效率运作情况，从而实现快速供货，并最大限度地减少储存成本。

（三）RFID 在运输环节的应用

在运输管理中，将运输中的货物和车辆贴上 RFID 标签，在运输线的一些检查点安装上 RFID 接收转发装置，接收装置收到 RFID 标签信息后，连同接收地的位置信息上传至通信卫星，再由卫星传送给运输调度中心，输入数据库中。

（四）RFID 在配送/分销环节的应用

在配送环节，采用射频技术能大大加快配送的速度，提高拣选与分发过程的效率与准确率，并能节省人工、降低配送成本。如果到达中央配送中心的所有商品贴有 RFID 标签，在进入中央配送中心时，托盘通过一个读写器就能读取托盘上所有货箱上的标签内容。系统将这些信息与发货记录进行核对，以检测出可能的错误，然后将 RFID 标签更新为最新的商品存放地点和状态。这样不仅确保了精确的库存控制，而且可以确切了解当前有多少货箱处于转运途中、转运的始发地和目的地，以及预期的到达时间等信息。

（五）RFID 在生产环节的应用

在生产制造环节应用 RFID，可以完成自动化生产线运作，实现在整条生产线上对原材料厂、零部件、半成品和成品的识别与跟踪，减少人工识别成本和出错率，提高效率和效益。特别是在采用准时制造生产方式（just in time，JIT）的流水线上，原材料与零部件必须准时送达到工位上。采用 RFID 之后，就能通过识别电子标签来快速从品类繁多的库存中准确地找出工位所需的原材料和零部件。RFID 还能帮助管理人员及时根据生产进度表发出补货信息，实现流水线均衡、稳步生产，同时加强了对质量的控制与追踪。

任务 2　RFID 读写器

读写器又称阅读器、读头、查询器、通信器、扫描器、编程器、读出设备或便携式读出器，在射频识别系统中起着举足轻重的作用。读写器的频率决定了射频识别系统的工作频率，读写器的功率直接影响射频识别的距离。

读写器通过天线与电子标签进行无线通信，可以实现对标签识别码和内存数据的读出或写入操作。典型的读写器包括射频部分、控制处理单元部分、I/O 接口部分和电源部分。

一、RFID 读写器的工作原理

读写器是 RFID 系统中的基本单元，RFID 系统的基本组成包括标签和读写器两个部分，RFID 应用系统包括标签、读写器和 RFID 应用平台三大部分，如图 3.3 所示。读写器的组成如图 3.4 所示，主要包括基带模块和射频模块两大部分。其中，基带模块包括基带信号处理、应用程序接口、控制与协议处理、数据和命令收发接口及必要的缓冲存储区等；射频模块可以分为发射通道和接收通道两个部分，主要包括射频信号的调制解调处理、数据和命令收发接口、发射通道和接收通道、收发分离（天线接口）等。

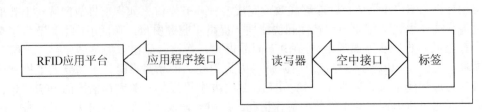

图 3.3　RFID 应用系统示意

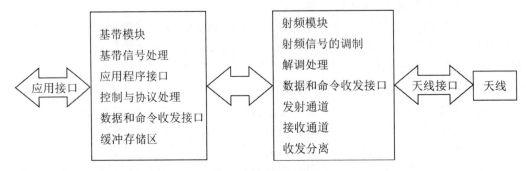

图 3.4　读写器的组成

二、RFID 读写器的功能和特征

在射频识别系统中，读写器是 RFID 构成的主要部件之一。人们能够通过计算机应用软件来写入或读取射频标签所携带的数据信息。由于标签的非接触性质，所以必须借助于位于应用系统与标签之间的读写器来实现数据的读写功能。

在射频识别系统工作过程中，通常由读写器在一个区域内发送射频能量形成电磁场，作用距离的大小取决于发射功率。标签通过这一区域时被触发，发送储存在标签中的数据，或者根据读写器的指令改写存储在标签中的数据。读写器可接收标签发送的数据或向标签发送数据，并能通过标准接口与计算机网络进行通信。

（一）读写器的功能

（1）读写器与标签之间的通信。在规定的技术条件下，读写器与标签之间可以进行通信。

（2）读写器与计算机之间可以通过标准接口（如 RS232 等）进行通信。读写器可以通过标准接口与计算机网络连接并提供相关信息（包括读写器的识别码、读写器识读标签的时间和读写器读出的标签信息），以实现多读写器在系统网络中的运行。

（3）读写器可以在读/写区域内实现多标签同时被识读，具备防碰撞功能。

（4）读写器适用于固定和移动标签识读。

（5）读写器能够校验读/写过程中的错误信息。

（6）对于有源标签，读写器能够标识电池相关信息（如电量等）。

（7）读写器和标签的所有行为均由应用软件来控制完成。在系统结构中，应用软件作为主动方对读写器发出读写指令，而读写器则作为从动方只对应用软件的读/写指令进行响应。读写器接收到应用系统软件的动作指令后，回应的结果就是对射频标签做出相应的动作、建立某种通信关系，因此相对于标签来说，读写器变成指令的主动方。

（8）在 RFID 系统的工作程序中，应用软件向读写器发出读取命令，作为响应，读写器和标签之间就会建立起特定的通信。读写器触发标签，先对所触发的标签进行身份验证，然后标签开始传送所要求的数据。

因此，读写器的基本任务是触发作为数据载体的射频标签，与这个射频标签建立通信联系，并且在应用软件和一个非接触的数据载体之间传输数据。这种非接触通信的一系列任务（包括通信的建立、防止碰撞和身份验证等）均由读写器来进行处理。

（二）读写器的特征

（1）协议和频率的抽象。在物理标签技术中，载波频率和通信协议必须抽象出来，网络设备和读写器的通信与这些物理传输机制无关，即读写器必须兼容通用的通信协议，单一的读写器必须能够和所有的标签进行通信。

（2）适应性。读写器的空中界面和网络界面可以根据通信量进行改变，以适应不同的通信速率。

（3）易于扩展。读写器在现有的网络结构中必须做到易于安装，基本的网络界面是基于 TCP/IP 的以太网。

（4）易于维护。通过组织成员的控制信息，读写器能够被远程维护，这样就不需要分散维护系统了。

（5）网络设备的适应性。读写器像常见的网络设备（如路由器、网络文件服务器等）一样能够在宏观上进行配置、设置和协同工作。

基于上述特征，读写器能够囊括在 Internet 或 Intranet 中，在这种结构中读写器和网络之间不需要 PC 作为过渡，所有的读写器之间的数据交换直接可以通过一个对等的网络服务器进行。

三、RFID 读写器的分类

（一）按通信方式分类

按通信方式来分类，RFID 读写器可以分为读写器优先（RTF）和标签优先（TIF）两类。读写器优先是指读写器首先向标签发送射频能量和命令，标签只有在被激活且收到完整的读写器命令后，才对读写器发送的命令做出响应，返回相应的数据信息；标签优先是指对于无源标签系统，读写器只发送等幅的、不带信息的射频能量，标签被激活后，才反向散射标签数据信息。

（二）按传送方向分类

按传送方向分类，RFID 读写器可以分为全双工方式和半双工方式。全双工方式是指 RFID 系统工作时，允许标签和读写器在同一时刻双向传送信息；半双工方式是指 RFID 系统工作时，在同一时刻仅允许读写器向标签传送命令或信息，或者标签向读写器返回信息。

（三）按应用模式分类

按应用模式分类，RFID 读写器可以分为固定式读写器、便携式读写器、一体式读写器和模块式读写器。固定式读写器是指天线、读写器和主控机分离，读写器和天线可分别固定安装，主控机一般在其他地方安装或安置，读写器可有多个天线接口和多种 I/O 接口；便携式读写器是指读写器、天线和主控机集成在一起，读写器只有一个天线接口，读写器与主控机的接口和厂家设计有关；一体式读写器是指天线和读写器集成在一个机壳内，固定安装，主控机一般在其他地方安装或安置，一体式读写器与主控机可有多种接口；模块式读写器是指读写器一般作为系统设备集成的一个单元，读写器与主控机的接口与应用有关。

四、RFID 读写器的选择

根据使用环境的要求，必须考虑读写器工作频率、输出功率、输出端口、读写器形式、匹配天线等技术参数。

（1）工作频率。读写器的工作频率要和电子标签统一。

（2）输出功率。读写器的输出功率必须符合使用国家或地区对于无线发射功率的许可标准，以满足人类健康等需要。

（3）输出端口。根据需要可选择 RS232、RS485、RJ45、无线网络等接口类型的一种或多种。

（4）读写器形式。考虑选择固定式读写器还是手持式读写器。

（5）匹配天线。读写器选定后，还需要考虑与之相配的天线的类型和数量。

任务 3　RFID 中间件

一、RFID 中间件的概念

RFID 是企业可考虑引入的重要策略技术，然而其成功的关键除了标签的价格、天线的设计、波段的标准化、设备的认证之外，最重要的是要有关键的应用软件才能迅速推广。而中间件（middleware）称为 RFID 运作的中枢，因为它可以加速关键应用的问世。中间件大大降低了系统的复杂性，便于后台应用程序的实现和维护。

（一）中间件

中间件是基础软件的一大类，属于可复用软件的范畴。中间件，顾名思义，处于操作系统与用户的应用软件的中间。中间件在操作系统、网络和数据库之上，在应用软件的下层，总的作用是为处于自己上层的应用软件提供运行与开发的环境，帮助用户灵活、高效地开发和集成复杂的应用软件。

（二）RFID 中间件

针对目前各式各样的 RFID 应用，企业最想问的问题是："要如何将现有的系统与这些新的 RFID 读写器连接？"这个问题的本质是企业的应用系统与硬件接口的问题。因此，通透性是整个应用的关键，正确抓取数据，确保数据读取的可靠性及有效地将数据传送到后端系统都是必须考虑的问题。传统应用程序与应用程序之间（application to application）数据通透的问题通过中间件架构解决，并发展出各种 Application Server 应用软件；同理，中间件的架构设计解决方案便成为 RFID 应用的一项核心技术。

RFID 中间件扮演 RFID 标签和应用程序之间的中介角色，从应用程序端使用中间件提供的一组通用的应用程序接口（API），即能连到 RFID 读写器，读取 RFID 标签数据。RFID 中间件是一种面向消息的中间件（message-oriented middleware，MOM），信息是以消息的形式从一个程序传送到另一个或多个程序。信息可以以异步的方式传送，所以传送者不必等待回应。面向消息的中间件包含的功能不仅是传递信息，而且必须包括解译数据、安全性、数据广播、错误恢复、定位网络资源、找出符合成本的路径、消息与要求的优先次序及延伸的除错工具等服务。

二、RFID 中间件的分类

（一）以应用程序为中心

以应用程序为中心的设计概念是通过 RFID 读写器厂商提供的 API，以 Hot Code 方式直接编写特定读写器读取数据的 Adapter，并传送至后端系统的应用程序或数据库，从而达成与后端系统或服务串接的目的。

（二）以架构为中心

随着企业应用系统的复杂程度增加，企业无法负荷以 Hot Code 方式为每个应用程序编写 Adapter，同时面对对象标准化等问题，企业可以考虑采用厂商所提供标准规格的 RFID 中间件。这样一来，即使存储 RFID 标签情报的数据库软件改由其他软件代替，或读写 RFID 标签的 RFID 读写器种类增加等情况发生时，应用端不做修改也能应付。RFID 中间件的架构如图 3.5 所示。

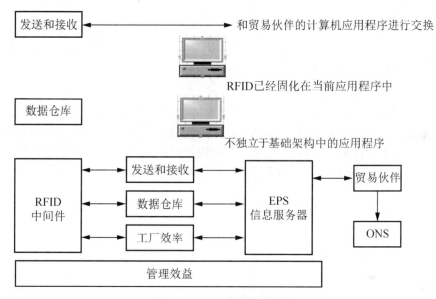

图 3.5　RFID 中间件的架构

三、RFID 中间件的特征

（一）独立于架构

RFID 中间件独立并介于 RFID 读写器与后端应用程序之间，能够与多个 RFID 读写器及多个后端应用程序连接，以减轻架构与维护的复杂性。

（二）数据流

RFID 的主要目的在于将实体对象转换为信息环境下的虚拟对象，因此，数据处理是 RFID 最重要的功能。RFID 中间件具有数据的搜集、过滤、整合与传递等特性，以便将正确的对象信息传到企业后端的应用系统。

（三）处理流

RFID 中间件采用逻辑程序及存储再转送的功能来提供顺序的信息流，具有数据流设计与管理的能力。

（四）标准

RFID 是自动数据识别与采集的具体应用。EPC Global 目前正在研究为各种产品的全球唯一识别码提出通用标准，即 EPC（产品电子代码）。EPC 是在供应链系统中，以一串数字来识别一项特定的商品。通过无线射频技术辨识标签 RFID 读写器读入后，传送到计算机或应用系统中的过程称为对象命名服务（ONS）。对象命名服务系统会锁定计算机网络中的固定点，抓取有关商品的消息。EPC 存放在 RFID 标签中，被 RFID 读写器读出后，即可提供追踪 EPC 所代表的物品名称及相关信息，并立即识别和分享供应链中的物品数据，有效地提高信息透明度。

四、RFID 中间件的发展趋势

（一）应用程序中间件发展阶段

RFID 初期的发展多以整合、串接 RFID 读写器为目的，多为 RFID 读写器厂商主动提供简单的 API，以供企业将后端系统与 RFID 读写器串接。从整体发展架构来看，此时企业的导入需自行花费许多成本去处理后端系统连接的问题，通常企业在本阶段会通过 Pilot Project 方式评估成本效益与导入的关键问题。

（二）架构中间件发展阶段

本阶段是 RFID 中间件成长的关键阶段。由于 RFID 的强大应用功能，Walmart（沃尔玛）与其他关键使用者相继进行 RFID 技术的规划并导入 Pilot Project，促使各国际大厂商持续关注 RFID 相关市场的发展。本阶段 RFID 中间件的发展不仅已经具备基本的数据搜集、过滤等功能，而且满足企业多对多的连接需求，并具备平台的管理与维护功能。

（三）解决方案中间件发展阶段

未来在 RFID 标签、读写器与中间件发展成熟过程中，各厂商针对不同领域提出各项创新应用解决方案。例如，Manhattan Associates 公司提出"RFID in a box"，企业无须再为前端 RFID 硬件与后端应用系统的连接烦恼。该公司与 Alien Technology Corp 在 RFID 硬件端合作，发展 Manhattan Associates SCE Solution 的企业只需通过"RFID in a box"，就可以在原有应用系统上快速利用 RFID 来提高供应链管理的透明度。

五、RFID 中间件的应用方向

随着硬件技术逐渐成熟，庞大的软件市场商机促使国内外信息服务厂商持续关注与及早投入，RFID 中间件在各项 RFID 产业应用中居于神经中枢，特别受到国际大型厂商的关注，未来在应用上可朝下列两个方向发展。

（一）面向服务架构的 RFID 中间件

RFID 中间件面向服务架构的目标就是建立沟通标准，突破应用程序对应用程序沟通的障碍，实现商业流程自动化，支持商业模式的创新，让 IT 变得更灵活，从而更快地响应需求。因此，RFID 中间件在未来发展上，将会以面向服务的架构为基础，为企业提供更灵活的服务。

（二）面向商业信息安全问题的 RFID 中间件

在 RFID 的应用上，最让外界质疑的是 RFID 后端系统连接的大量厂商数据库可能引发的商业信息安全问题，尤其是消费者的信息隐私权。通过大量 RFID 读写器的布置，人们的生活与行为因 RFID 而容易受到追踪，Walmart、Tesco（英国零售商）初期 RFID Pilot Project 都因为用户隐私问题而遭到抵制与抗议，为此，飞利浦半导体等厂商已经开始在批量生产的 RFID 芯片上加入"屏蔽"功能。RSA Security 也发布了能成功干扰 RFID 信号的技术"RSA block 标签"，通过发射无线射频扰乱 RFID 读写器，让 RFID 读写器误以为收集到的是垃圾信息而错失数据，从而达到保护消费者隐私权的目的。

任务 4　RFID 的标准体系

一、RFID 的主要技术标准体系

目前，RFID 存在 3 个主要的技术标准体系，即总部设在美国麻省理工学院的 EPC Global、日本的泛在 ID 中心（Ubiquitous ID Center）和 ISO 标准体系。

（一）EPC Global

EPC Global 是国际物品编码协会和美国统一代码协会于 2003 年 9 月共同成立的非营利性组织，前身是 1999 年 10 月 1 日在美国麻省理工学院成立的非营利性组织 Auto-ID（自动识别）中心。

目前，EPC Global 已经在中国、加拿大、日本等国建立了分支机构，专门负责 EPC 码段在这些国家的分配与管理、EPC 相关技术标准的制定、EPC 相关技术在本国的宣传普及和推广应用等工作。

EPC Global 的"物联网"体系架构由 EPC 编码、EPC 标签与读写器、EPC 中间件、ONS 服务器和 EPCIS 服务器等部分构成。

> **知识链接**
>
> 物联网通过 RFID、红外感应器、GPS 等信息传感设备，按约定的协议，把相关物体与互联网相连接，进行信息交换和通信，以实现人与物、物与物的信息交互和无缝对接，达到对物理世界实时控制、精确管理和科学决策目的。

EPC 系统是一个非常先进的、综合性的复杂系统，其最终目标是为每一单品建立全球的、开放的标识标准。它由 EPC 编码体系、射频识别系统和信息网络系统 3 个部分组成，主要包括 6 个方面，见表 3-3。

表 3-3　EPC 系统的构成

系统构成	名　　称	注　　释
EPC 编码体系	EPC 代码	用来标识目的的特定代码
射频识别系统	EPC 标签	贴在物品之上或者内嵌在物品之中
	读写器	识读 EPC 标签
信息网络系统	EPC 中间件	EPC 系统的软件支持系统
	对象名称解析服务	
	EPC 信息服务（EPCIS）	

1. EPC 编码体系

EPC 编码体系是新一代的与 GTIN 兼容的编码标准，是全球统一标识系统的延伸和拓展，是全球统一标识系统的重要组成部分，也是 EPC 系统的关键与核心。

EPC 编码是由标头、厂商识别代码、对象分类代码、序列号等数据字段组成的一组数字，示例见表3-4。

表3-4　EPC 编码结构示例

编　　码	标　　头	厂商识别代码	对象分类代码	序　列　号
EPC-96	8	28	24	36

目前，出于成本等因素的考虑，EPC 使用的编码标准采用的是64位数据结构，未来将采用96位及256位的编码结构。

2. EPC 射频识别系统

EPC 射频识别系统是实现 EPC 代码自动采集的功能模块，由射频标签和射频识读器组成。射频标签是 EPC 的载体，附着于跟踪的物品上，在全球流通。射频识读器与信息系统相连，是读取标签中的 EPC 编码并将其输入网络信息系统的电子设备。EPC 射频识别系统射频标签与射频识别器之间利用无线感应方式进行信息交换，具有非接触识别、快速移动物品识别和多个物品同时识别的特点。

3. 信息网络系统

信息网络系统由本地网络和互联网组成，是实现信息管理、信息流通的功能模块。EPC 系统的信息网络系统是在全球互联网的基础上，通过 EPC 中间件、对象命名解析服务（object name service，ONS）和 EPC 信息服务（EPC information service，EPC IS）三大部分来实现全球"实物互联"。其中，EPC 中间件起到了系统管理的作用，ONS 起到了寻址的作用，EPC IS 起到了产品信息存储的作用。

（1）EPC 中间件。EPC 中间件是具有一系列特定属性的"程序模块"或"服务"，被用户集成以满足特定的需求，它以前被称为 SAVANT。

EPC 中间件是加工和处理来自读写器的所有信息和事件流的软件，是连接读写器和企业应用程序的纽带，主要任务是在数据送往企业应用程序之前进行标签数据校对、读写器协调、数据传送、数据存储和任务管理。图3.6所示为 EPC 中间件及其他应用程序的通信。

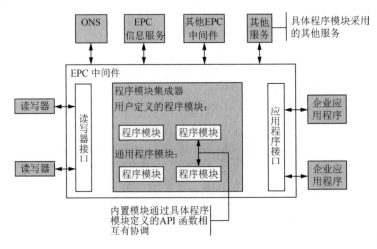

图3.6　EPC 中间件及其他应用程序的通信

（2）ONS。ONS 是一个自动的网络服务系统，类似于域名解析服务（domain name service，DNS），ONS 给 EPC 中间件指明了存储产品相关信息的服务器。

ONS 服务是联系 EPC 中间件和 EPC 信息服务的网络枢纽，并且 ONS 设计与架构都以互联网 DNS 为基础，因此，可以使整个 EPC 网络以互联网为依托，迅速架构并顺利延伸到世界各地。

（3）EPC IS。EPC IS 提供了一个模块化、可扩展的数据和服务的接口，使得 EPC 的相关数据可以在企业内部或者企业之间共享。它负责处理与 EPC 相关的各种信息。

（二）泛在 ID 中心

泛在 ID 中心于 2003 年 3 月成立，它的泛在识别技术体系架构由泛在识别码（uCode）、信息系统服务器、uCode 解析服务器和泛在通信器构成。

（1）uCode 采用 128 位记录信息，提供了 340×10^{36} 编码空间，并可以以 128 位为单元进一步扩展至 256、384 或 512 位。uCode 能包容现有编码体系的元编码设计，可以兼容多种编码，包括 JAN、UPC、ISBN、IPv6 地址甚至电话号码。uCode 标签具有多种形式，包括条码、射频标签、智能卡、有源芯片等。

（2）信息系统服务器用来存储并提供与 uCode 相关的各种信息。

（3）uCode 解析服务器用来确定与 uCode 相关的信息存放在哪台信息系统服务器上。uCode 解析服务器的通信协议为 uCode RP 和 eTP。其中，eTP 是基于 eTron（PKI）的密码认证通信协议。

（4）泛在通信器主要由 IC 标签、标签读写器和无线广域通信设备等部分构成，用来把读到的 uCode 送至 uCode 解析服务器，从信息系统服务器获得有关信息。

（三）ISO 标准体系

RFID 国际标准的主要制定机构有国际标准化组织（ISO）和其他国际标准化机构，如国际电工委员会（IEC）、国际电信联盟（ITU）等。大部分 RFID 标准都是由 ISO（或与 IEC 联合组成）的技术委员会（TC）或分技术委员会（SC）制定的。

二、电子产品编码标准

RFID 是一种只读或可读写的数据载体，它所携带的数据内容中最重要的内容是唯一标识号。因此，唯一标识体系及其编码方式和数据格式，是我国 RFID 标准中的一个重要组成部分。

（一）产品电子代码

EPC 是由 EPC Global 组织各应用方协调一致的编码标准，可以实现对所有实体对象（包括零售商品、物流单元、集装箱、货运包装等）的唯一有效标识。

（二）EAN·UCC

EAN 的目的是建立一套国际通行的产品、运输单元、资产、位置和服务的标识标准体系和通信标准体系，即"全球商业语言—EAN·UCC 系统"。近些年来，国际 EAN 加强了与美国统一代码委员会（UCC）的合作，先后两次达成 EAN/UCC 联盟协议，以共同开发和管理 EAN·UCC 系统。

（三）《全国产品与服务统一标识代码编制规则》（GB 18937—2016）

强制性国家标准《全国产品与服务统一标识代码编制规则》规定了全国产品与服务统一代码（NPC）的适用范围、代码结构及其表现形式。

全国产品与服务统一代码是按照国家标准要求编制的标识代码，目前已经广泛用于电子设备、食品、建材、汽车、石油化工、农业、专业服务等领域。

根据国内外海量编码的一般规律，全国产品与服务统一代码按照全数字、最长不超过14位、便于维护和管理的原则设计，由13位数字本体代码和1位数字校验码组成。其中，本体代码采用顺序码或序列顺序码进行编排。

任务5　EPC在物流中的应用

一、EPC在制造业中的应用

实施EPC系统，可以实现高效的生产计划，减少库存，提高资金利用率；同时，可以更快速地对市场做出反应，并能主动跟踪产品信息，有效实施"缺陷"产品召回，提高客户服务水平。

二、EPC在运输业中的应用

通过EPC系统可以实现自动通关，实施运输路线追踪，提高货物运输的安全性；同时，可以提高送货的可靠性和送货效率，从而改善服务质量，提高客户服务水平。

三、EPC在电子标签拣货系统中的应用

电子标签拣货系统（digital picking system，DPS）利用电子标签实现摘果法出库，在仓库管理中实现库位、品种与电子标签的对应。出库时，出库信息通过系统处理传到相应库位的电子标签上，显示该库位存放货品需出库的数量，同时发出光、声音信号，指示拣货员完成作业。DPS使拣货人员无须费时去寻找库位和核对商品，只要核对拣货数量即可，因此，在提高拣货速度、准确率的同时，还降低了人员劳动强度。采用DPS时，可设置多个拣货区，进一步提高拣货速度。

四、EPC在零售业中的应用

EPC系统的应用将引起零售业的管理和模式的变革。例如，基于EPC系统应用的"未来商店"，为消费者配备"个人购物助手"的购物车，从而帮助消费者轻松地寻找商品，为购物者提供购物建议，而当消费者推着满车的商品来收银处时，可通过头顶的无线局域网瞬间完成自动识别所有的商品，并结算价格。EPC系统在商店的使用大大提高了自动结算的速度，减少了缺货，降低了库存水平，并可有效防盗，带给零售商前所未有的喜悦；同时，可以通过EPC系统进行产品追溯，提高产品的质量。

对于顾客而言，EPC的应用可以实现个性化购物，减少排队等候的时间，提高生活质量。通过EPC系统，消费者可以了解自己所购买的产品及厂商的相关信息，一旦产品出现质量问题，也便于进行质量追溯，维护自己的合法权益。

总之，EPC系统是在互联网和RFID技术的基础上，利用全球统一标识系统编码技术给每一个实体对象编制唯一的代码，构造了一个实现全球物品信息实时共享的"Internet of things"。它将成为继条码技术之后，再次变革商品零售结算、物流配送、产品跟踪管理模式乃至于影响企业管理决策和战略模式的一项新技术。

项目实训

实训一 RFID 系统使用

[任务实训]

（1）利用网络搜索引擎，进行射频标签主要频带及工作特性的查询。
（2）利用射频系统的使用，了解射频标签的读写过程，掌握射频系统构成和软件平台的使用。
（3）培养协作与交流的意识与能力，进一步认知射频标签的基本知识，为职业技能奠定基础。

[实训要求]

（1）利用网络搜索引擎，进行射频标签主要频带及工作特性的查询，填写表 3-5。

表 3-5 射频标签主要频带及工作特性

项目	低频	高频	超高频	微波
工作频率				
读取距离				
数据速率				
识别速度				
方向性				
潮湿环境				
空中接口协议				
调制方式				
穿透能力				
抗电磁干扰				
主要应用范围				

（2）利用射频系统的实验，验证射频标签高频和超高频标签的工作特性，填写表 3-6 和表 3-7。

表 3-6 RFID 桌面式识别器高频标签测读数据

测试 1	标签名称	标签卡号	测读协议
测读标签区域	数据块长度	测读到的数据	
01			
02			
03			
04			
05			

表 3-7 RFID 桌面式识别器高频标签测读数据

序号	测读标签频率/协议	标签测读距离（前）	标签测读距离（后）	标签测读距离（左）	标签测读距离（右）	标签测读距离（上）	标签测读距离（下）	原因分析
标签 1								
标签 2								
标签 3								
标签 4								
标签 5								

【实训考核】

考核要素	评价标准	分值/分	评分/分			
			自评（10%）	小组（10%）	教师（80%）	小计（100%）
RFID 系统硬件的构成	RFID 系统硬件的构成	40				
RFID 系统软件平台的使用	RFID 系统软件平台的使用	50				
分析总结		10				
合　计						
评　语（主要是建议）						

实训二　RFID 中间件特性查询

【任务目标】

（1）利用网络搜索引擎，了解 RFID 中间件的系统构成，掌握 RFID 中间件的应用场合。

（2）培养协作与交流的意识与能力，进一步掌握射频标签的基本知识，为职业技能奠定基础。

【实训要求】

利用网络搜索引擎，了解 RFID 中间件的系统构成，掌握 RFID 中间件的特性，填写表 3-8。

表 3-8　RFID 中间件特性

RFID 中间件类型	系统构成	应用场合
BEA WebLogic RFID 产品		
IBM 的 RFID 中间件		
Oracle 公司 Oracle Sensor Edge Server		
微软的 BizTalk RFID		
深圳立格的 AIT LYNKO-ALE 中间件		

【实训考核】

考核要素	评价标准	分值/分	评分/分			
			自评（10%）	小组（10%）	教师（80%）	小计（100%）
百度特性分析	百度搜索引擎的特性描述、信息相关性评价和价值度评价	30				
RFID 中间件的硬件构成	RFID 中间件的硬件构成	30				
RFID 中间件的特性	RFID 中间件的特性	30				
分析总结		10				
合　计						
评　语（主要是建议）						

实训参考

IFD-demo 的使用

一、安装读写器

读写器与计算机的通信方式主要有 RS-232、USB、TCP/IP 等,下面介绍前两种。

(1) RS-232 通信方式。先利用读写器的串口连接线与计算机 COM 端口连接好,再将 USB 连接线插到计算机的 USB 接口上(此 USB 连接线为电源线),插好后读写器的电源灯会亮。

(2) USB 通信方式。直接将 USB 连接线与计算机的 USB 接口连接好即可(此 USB 连接线既为电源线又为通信线)。在资源包中找到"USB 驱动"的文件夹打开,在文件夹里选择适合客户系统的 USB 驱动程序进行安装以驱动 USB 接口。

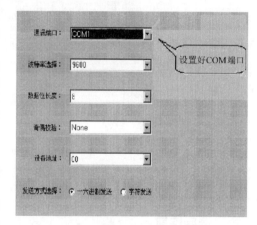

二、运行软件

(1) 读写器安装好后,在教学资源包中找到"中文演示程序.exe"文件,双击图标,运行 DEMO 软件。

(2) 软件运行后,在"系统设置"的参数设置中选择正确的 COM 端口,如图 3.7 所示,可以进行通讯端口、波特率选择、数据位长度、奇偶校验、设备地址等选择。

图 3.7 系统设置

三、读写数据测试

选择合适的读写器和标签的协议,如 ISO 14443A、ISO 14443B 和 ISO 15693 等。

(1) ISO 14443A 标准协议。符合"ISO 14443A"标准协议的读写器,在"中文演示界面"点击"ISO 14443A Type-A CMD"进入测试界面,如图 3.8 所示。

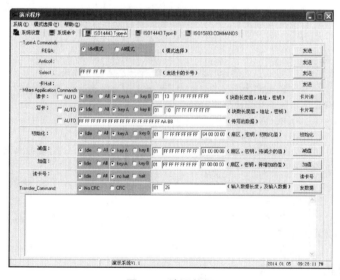

图 3.8 读写数据

(2) 进入测试界面后,先将卡片或标签放在读卡器上方,再在界面的右方点击"卡片读"图标读取卡片或标签里的数据。如果测试正常,在界面的最下方有标签或卡片的数据显示,用户也可以选择"AUTO"选项将标签或卡片悬于读写器的上方,让读写器自动读取标签或卡片的数据信息,同时用户还可以在"块数长度值"输入框中更改要读取块的数量,如图 3.9 所示。

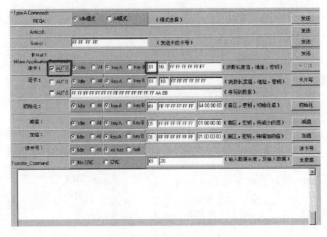

图 3.9 测试数据示意

（3）写数据。先在同样界面中的"待写数据"输入框中输入要写入的数据信息，再点击"卡片写"图标将数据写入标签或卡片里。如果操作成功，下面的显示框中会出现"操作成功"提示。如读取数据一样，用户也可以选择"AUTO"让读写器自动写入标签或卡片里的数据信息。

课后练习

一、单项选择题

（1）射频是指（　　）。
A. SP　　　　　　　B. RF　　　　　　　C. RFID　　　　　　D. RFDC
（2）RFID 是指（　　）。
A. 射频　　　　　　B. 物流技术　　　　C. 射频识别技术　　D. 无线通信技术
（3）根据工作方式，射频标签分为（　　）、被动式和半被动式 3 种类型。
A. 主动式　　　　　　　　　　　　　　　B. 只读式
C. 一次性编程只读式　　　　　　　　　　D. 可重复编程只读式
（4）RFID 系统通常由（　　）、识读器和计算机网络系统 3 个部分组成。
A. 芯片　　　　　　B. 射频标签　　　　C. 时钟　　　　　　D. 天线
（5）（　　）是 EPC 信息网络系统的管理软件。
A. Savant　　　　　B. ONS　　　　　　C. PML　　　　　　D. XML
（6）在通常情况下，RFID 读写器发送的频率称为 RFID 系统的（　　）。
A. 使用频率　　　　B. 最高频率　　　　C. 最低频率　　　　D. 载波频率
（7）低频的频率是指（　　）。
A. 100kHz 以下　　　B. 125～134kHz　　C. 860～960MHz　　D. 13.56MHz
（8）RFID 技术是无线电波与（　　）的结合。
A. 雷达技术　　　　B. 射频技术　　　　C. 信息技术　　　　D. 物流技术
（9）射频识别技术的核心在于（　　）。
A. 中间件　　　　　B. 天线　　　　　　C. 电子标签　　　　D. 阅读器

二、多项选择题

（1）RFID 系统一般由（　　）组成。
A. 射频标签　　　　B. 读写器　　　　　C. 天线　　　　　　D. IC 卡
（2）RFID 系统的类型主要有（　　）。
A. EAS 系统　　　　　　　　　　　　　　B. 便携式数据采集系统
C. 物流系统　　　　　　　　　　　　　　D. 定位系统

（3）RFID 中间件的特征是（　　）。
A. 独立于架构　　　　B. 数据流　　　　C. 处理流　　　　D. 标准
（4）物联网的架构主要由（　　）构成。
A. 传感层　　　　B. 网络层　　　　C. 应用层　　　　D. 中间层
（5）物联网的关键在于（　　）。
A. RFID　　　　B. 传感器　　　　C. 嵌入式软件　　　　D. 传输数据计算
（6）在下列应用中，（　　）多使用 RFID 的低频系统。
A. 门禁控制　　　　B. 产品跟踪　　　　C. 车辆监控　　　　D. 高速公路收费
（7）RFID 最突出的特点是（　　）等。
A. 接触识读
B. 识别高速运动物体
C. 抗恶劣环境能力强
D. 保密性差
E. 同时识别多个物体

三、填空题

（1）射频标签和射频识读器之间利用感应、_____或微波进行非接触双向通信。
（2）RFID 系统通常由_____、_____和_____3 个部分组成。
（3）射频识别系统由信息载体和信息获取装置组成，信息载体是_____，信息获取装置是_____。
（4）EPC 系统由_____、_____和_____3 个部分组成。
（5）EPC 信息网络系统通过_____及对象名解析服务和_____实现全球"实物互联"。
（6）目前，RFID 存在 3 个主要的技术标准体系，即_____、_____和_____。

四、名词解释

（1）射频识别技术
（2）产品电子代码

五、简答题

（1）简述射频识别系统的工作流程。
（2）RFID 的国际标准有哪些？
（3）什么是物联网？
（4）RFID 在供应链管理中存在的问题有哪些？

六、案例分析题

目前，很多国家在智能交通方面已开始推广 RFID 的应用，而我国在公路管理等方面还很少应用该技术，只有几家业内公司提出了各自的公路/车辆 RFID 管理系统，通过对车辆进行非接触式信息采集处理来自动识别和管理车辆活动，如不停车收费管理系统等。该系统基于 RFID 技术，对高速公路收费管理、监控管理、车辆路径识别管理和道路拥挤情况管理等方面进行综合设计，同时与高速公路道路信息图文发布系统结合，用来及时指挥交通，提高道路通行能力，保证交通安全。

在系统工作过程中，读写器首先通过天线发送加密数据载波信号到 RFID 汽车标签，标签的发射天线工作区被激活，同时将加密的载有车辆信息的加密载波信号发射出去；接收天线接收到射频卡发来的载波信号，经读写器接收处理后，提取车辆信息并发送到计算机，完成预设的系统功能和自动识别，实现车辆的自动化管理。

高速公路信息化的进程正以前所未有的规模和速度影响着高速公路的管理决策。众多系统为信息化管理提供了大量有关收费、监控等方面的信息，但由于各个系统之间不兼容而导致信息孤岛现象发生。快速和准确地获取高速公路上的各种信息以便做出相应的决策，日益成为高速公路管理决策关注的焦点。目前，大多数高速公路使用的各种信息系统均采用传统的封闭式技术和标准，如收费系统、监控系统、ERP 系统和网络安全系统等，均由不同的厂商采用各自不同的技术和标准生产，且互相独立和封闭，各种信息无法汇集、分析和监控，从而导致高速公路综合管理成本上升、决策风险加大。

针对这个问题，人们开发和设计了 RFID 综合管理系统。该系统充分考虑了高速公路现有信息系统整合的复杂性和未来新增系统的不确定性，遵循完全开放式的设计原则，整合了互联网技术、RFID 技术、收费系统、监控系统等功能模块，从而构建高速公路管理的统一平台。

1. RFID在收费中的应用

RFID在收费中的应用体现为不停车收费。"不停车收费"是交通运输部倡导的收费技术的重要发展方向。不停车收费系统可以减少车辆不必要的启停次数,不仅可以加快车辆行驶速度,节省车辆在收费车道的通行时间,而且能降低车辆燃油消耗,减少车辆尾气排放量,促进环境的改善。该系统重点是车辆自动识别系统、车型自动分类系统和违章稽查系统,并不断扩大系统的应用范围。该系统是传统的交通行业与目前较为先进的信息技术相结合的产物,是未来公路收费系统的发展趋势。与现行的人工收费、半自动收费相比,它具有明显的优势:可以提高服务质量,提高客户满意度;最大限度地缓解收费站处的交通瓶颈;降低运营成本,降低收费人员和财务人员的工作量,减少系统运行所必需的人力成本;减少管理环节,降低管理成本;减少车辆在收费口不必要的燃油消耗;降低收费口的噪声水平和废气排放,减轻车辆对环境的污染程度。

车道系统的工作流程为:收费车辆进入不停车收费车道工作区后,车道控制系统的天线控制器和电子标签读写设备向车道的特定区域发出微波信号,唤醒电子标签;电子标签发射出车辆数据信息,如发卡商(发卡银行)编号、车辆号牌、车辆类型、电子标签号等标识信息;车道控制系统控制电子标签读写设备接收被唤醒的电子标签发射的数据,分析车辆的标识信息(车辆号牌、车辆类型和入口收费站号);对进入收费车道的车辆进行电子标签的合法性校验,并根据校验结果进行下一步操作。

采用RFID可防止不同车辆之间换卡。不同车辆(特别是长途车队)之间可以通过交换通行卡(票)来逃避应缴的通行费。高速公路的服务区、加油站、隧道口等经常成为换卡频繁的地点。传统的收费系统和管理措施都很难发现和杜绝这种现象。采用RFID后,车辆之间很难换卡,即使换卡,也不影响通行费收取的额度。

2. 交通检测

随着高速公路上车流量的不断增加,高速公路的交通状况日趋复杂,解决交通问题不能只依赖于修路,而应加强交通指挥、控制、疏导,提高道路利用率,交通检测可为深挖现有交通潜能(畅通、拥挤和阻塞)提供快捷途径,并可及时发布交通引导信息,疏导交通。

目前,常用的道路车流检测一般有线圈车辆检测和视频车辆检测。前者的优点是技术成熟,易于掌握,计数非常精确;缺点是安装过程对可靠性和寿命影响较大,修理或安装时会中断交通并且会影响路面寿命,易被重型车辆损坏。后者是近些年发展起来的一种车流检测技术,在进行路面维修时一般不影响使用,但较低的车流检测进度及较高的故障率限制了其大规模的推广应用。

RFID技术为道路车流检测提供了一种可行方案,可以检测车流量、划分车型、确定道路畅通情况、确定车辆位置等,便于高速公路的综合管理。应用RFID后,其综合管理成本也会随之降低,可以省掉高速公路为获取车辆信息所增加的其他设备。

3. 车辆路径识别管理

随着高速公路越修越长,联网收费的路段呈网状分布,这给确定车辆的行走路线带来了很大困难。如果在高速公路交叉路口设立RFID信息点,当车辆通过RFID信息点时,可将车辆通过的位置信息写入通行卡中,这样便可以根据通过的标志性位置,准确掌握车辆的行驶路线,准确收取通行费,准确拆账,并且不影响车辆的快速通行。

4. RFID在联网收费中的拆账管理

通过路径识别可以准确地进行通行费的拆账,而且对于逃费车辆,应用路径识别更有优势,可以进一步加强收费运营管理,减少通行费的漏征。如果采用RFID方式,在识别车辆路径的同时,相应地记录下车辆的行驶里程,并以此作为收费拆账的依据,即使有车辆逃费,也只影响出现逃费公司的拆账结果。采用这种方式有助于提高管理水平,减少通行费的漏征。

虽然RFID技术的推广应用还存在前期投资较高的问题,但随着芯片制造成本的不断降低和RFID技术的日渐成熟和完善,RFID技术将在我国高速公路信息管理中得到广泛应用,促进我国高速公路信息化水平的提高和发展。

分析:

(1) RFID在高速公路综合管理系统中的工作原理是怎样的?

(2) RFID应用于高速公路综合管理系统有什么好处?

项目 4
电子数据交换技术

〖学习目标〗

知识目标	技能目标	素质目标
（1）熟练掌握 EDI 的基本概念。 （2）掌握 EDI 的工作过程。 （3）熟悉 EDI 系统的标准、物流 EDI 的功能与业务。 （4）了解 EDI 在物流供应链中的具体应用	（1）培养学生一般的应用 EDI 的能力。 （2）培养学生应用 EDI 解决物流供应链问题的能力。 （3）培养学生区分不同 EDI 的能力	引导学生树立中国创造的使命感

〖案例导入〗

上海振华重工（集团）股份有限公司是全球重型装备制造行业的知名企业，是国有控股上市公司，也是全球最大的港口机械集团，为中国港口、航运发展作出了巨大贡献。

2021 年 9 月 30 日，该公司承接的韩国仁川新港 6 台自动化轨道吊项目成功交付。即使受到公共卫生事件的影响，一些原本无法交付的项目，在公司团队克服一切困难的努力下最终如期交付。同一天振华重工为以色列制造的 4 台岸桥从振华重工长兴公司起航发运。该公司占据了全球港机市场 80% 的份额，足见其强大。

该公司还自主建造了世界最大的 1.2 万吨起重船，在上海长兴岛基地交付，并命名为"振华 30 号"。该公司拥有世界领先的港口机械制造实力，为推动中国成为世界第一大贸易大国、世界海洋大国奠定了基础。

资料来源：我的钢铁网. 上海振华重工成世界最大港口机械集团，控制全球 80% 港机市场［EB/OL］.（2020–10–26）［2022–02–23］. https: //news.mysteel.com/20/1026/10/TFB756A239BFC1264.html. 有改动.

【思维导图】

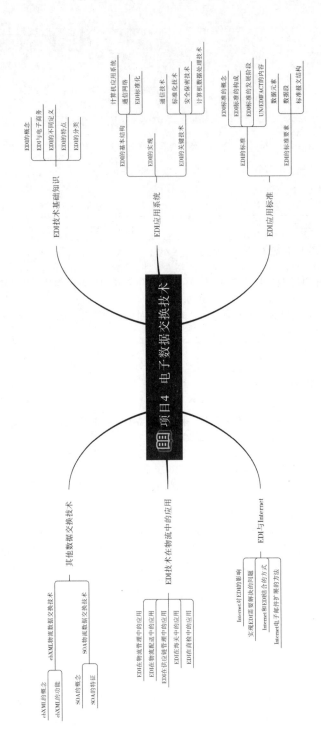

任务 1　EDI 技术基础知识

一、EDI 的概念

传统的贸易方式通常是，参与贸易的有关各方面对面或通过电话、传真等方式进行贸易磋商、签约和执行，如图 4.1 所示，有关贸易文件的制作和传输大都通过人工来处理。在贸易过程所涉及的银行、海关、商检、运输等环节中，含有相同贸易信息的不同文件要经过多次重复的处理才能完成，不仅增加了重复劳动和额外开支，同时由于数据的冗余，而且可能增加出错的机会；更严重的是，由于邮局的延误和丢失，常常给贸易双方造成意想不到的损失。

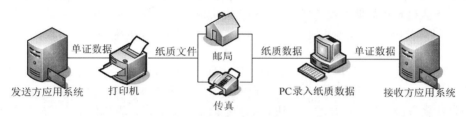

图 4.1　传统贸易方式

EDI 的出现极大地简化了整个贸易过程，EDI 是一种新的电子化贸易工具，是计算机、通信和现代管理技术相结合的产物。它通过计算机网络将贸易、运输、保险、银行和海关等行业信息用一种国际公认的标准格式来表示，以此来实现各有关部门或公司与企业之间的数据交换与处理，完成以贸易为中心的全部过程，如图 4.2 所示。

图 4.2　EDI 贸易方式

二、EDI 与电子商务

EDI 可以视为电子商务的早期形态。EDI 主要用于实现企业与企业之间或企业与政府部门之间的交易，特别是对于大型的跨国企业，外贸、海关、海运及银行等来说更是如此。随着网络技术的发展和电子商务的兴起，EDI 逐渐融入电子商务，成为其中的一种类型。电子商务的出现和发展促进了 EDI 的发展；反之，EDI 的发展又促进了电子商务的发展。但传统的 EDI 技术、标准仍然在一段时间内大范围地被应用。表 4-1 为传统 EDI 与电子商务的比较。

表 4-1　传统 EDI 与电子商务的比较

项　目	传统 EDI	电子商务
用户	商业机构、政府部门	商业机构、政府部门、社会团体、个人
服务内容	传送订单、发票等商业数据	除 EDI 以外提供多种形式的综合信息服务
数据交换格式	UN/EDIFACT	支持行业或机构自定标准和格式
数据表现形式	文字	文字、图像、图形、声音、视频等

续表

项 目	传统 EDI	电子商务
系统使用方式	电子邮件、报文	基于 HTTP 和 TCP/IP、PPP 等
通信协议	X.400、X.500、X.25 等	X.400、X.500、X.25、TCP/IP、PPP 等
网络	专用网、增值网	公用网、互联网

作为电子商务基础的 EDI 是基于增值网的、成熟的、适合企业到企业（B2B）的电子商务方式和技术，已成为电子商务的核心技术，并成为企业实施电子商务的重要手段之一。

EDI 方式的电子商务，其特征是数据交换通过 EDI 来实现，即电子商务中各种标准格式的贸易单证、文件等的传送都是由 EDI 通过增值网或互联网来完成的。增值网与互联网地域分布的广泛性和 EDI 数据格式的规范性，都将大大促进电子商务的发展。

EDI 虽然与电子商务相辅相成，但与电子商务还是存在一定的区别，主要体现在以下 4 个方面。

（1）从涉及的范围来看，EDI 与电子商务是两个不同范畴的概念。EDI 是将商业或行政事务处理按照一个公认的标准形成具有一定格式的事务处理与消息报文，采用计算机到计算机的数据传输方法，是一种技术、方法和手段；而电子商务以计算机网络为基础，包括从销售、市场到信息管理的全过程，任何能利用计算机网络加快商务处理过程、减少商业成本、创造商业价值、开拓商业机会的商务活动都可以纳入电子商务的范畴。

（2）从技术的角度来看，EDI 主要建立在企业与企业间的专用网上，只是目前正在向互联网上转移；而电子商务主要是基于 Intranet/Extranet/Internet 的一种贸易方式。

（3）从功能的角度来看，EDI 注重数据结构的标准化，以实现业务处理的自动化和信息从计算机到计算机的传输；而电子商务注重全局性的经济活动，重视经济活动的电子化和网络化，是信息化社会的商务模式和未来发展方向。

（4）从应用的范围来看，EDI 的应用范围一般是在企业与企业之间，特别是在具有贸易合作伙伴关系的企业之间；而电子商务的应用范围则要广泛得多，具有企业对企业、企业对个人、企业对政府等应用模式。

三、EDI 的不同定义

由于 EDI 应用的领域不同，技术的实施需要达到的目的不同，所以其定义也不统一。至今，EDI 还没有一个统一的规范。

美国国家标准局 EDI 标准委员会对 EDI 的解释是，"在相互独立的组织机构之间所进行的标准格式、非模糊的具有商业或战略意义的信息的传输"。

联合国 EDIFACT 培训指南认为，EDI 是"在最少的人工干预下，在贸易伙伴的计算机应用系统之间标准格式数据的交换"。

国际标准化组织（ISO）将 EDI 描述成"将贸易（商业）或行政事务处理按照一个公认的标准变成结构化的事务处理或信息数据格式，从计算机到计算机的电子传输"。

国际电信联盟远程通信标准化组（ITU-T）将 EDI 定义为"从计算机到计算机的结构化的事务数据互换"。

本书将 EDI 定义为，"EDI 是参加商业运作的双方或多方按照协议，对具有一定结构的标准商业信息，通过数据通信网络，在参与方计算机之间进行传输和自动处理"。因此，EDI 是一个电子平台，无论是物流领域还是其他领域，都是 EDI 的一个具体的应用对象或应用实例。

四、EDI 的特点

EDI 作为一种全球性的具有巨大商业价值的电子化贸易手段，具有以下特点。

（1）EDI 的使用对象是不同的计算机系统，通常是具有固定格式业务信息和经常性业务联系的单位。

（2）EDI 所传送的资料是业务资料，如发票、订单等，而不是一般性的通知。

（3）采用共同标准化的格式，如联合国的 EDIFACT 标准，这与一般的 E-mail 有区别。

（4）尽量避免人工介入操作，由收送方的计算机系统直接传送，交换资料。

（5）可以与用户计算机系统的数据库进行平滑连接，直接访问数据库或从数据库生成 EDI 报文，这是传真或 E-mail 所不具备的特点。例如，一般的传真与电子邮件需要人工的阅读、判断、处理才能进入计算机系统，既浪费人力，又容易发生错误。

（6）EDI 具有跟踪、确认、防篡改、防冒领、电子签名等严密的安全保密功能，其安全性比其他的通信方式和信息处理方式更可靠。

五、EDI 的分类

（1）贸易数据互换系统（trade data interchange，TDI），用电子数据文件来传输订单、发货单和各类通知。

（2）电子金融汇兑系统（electronic fund transfer，EFT），即在银行和其他组织之间实行电子汇兑。EFT 虽已使用多年，但仍在不断地改进，最大的改进是同订货系统联系起来，形成一个自动化水平更高的系统。

（3）交互式应答系统（interactive query response，IQR），可应用于旅行社或航空公司作为机票预订系统。这种 EDI 在应用时要询问到达某一目的地的航班，要求显示航班的时间、票价或其他信息，然后根据旅客的要求确定航班，打印机票。

（4）带有图形资料自动传输功能的 EDI，最常见的是计算机辅助设计（computer aided design，CAD）图形的自动传输。

任务 2　EDI 应用系统

一、EDI 的基本结构

从 EDI 技术实现的角度来分析，EDI 有 3 个基本组成要素，即计算机硬件及专用软件组成的计算机应用系统、通信网络和 EDI 的标准化。计算机应用系统是实现 EDI 的前提条件，通信网络是实现 EDI 的基础，EDI 的标准化是实现 EDI 的关键，如图 4.3 所示。这 3 个方面相互衔接、相互依存，构成了 EDI 的基础框架。

图 4.3　EDI 系统模型

（一）计算机应用系统

1. EDI 的软件系统

EDI 软件具有将用户数据库中的信息译成 EDI 的标准格式，以供传输交换的能力。也就是说，贸易双方在进行数据交换时，需要有专门的 EDI 翻译软件将各自专用的文件格式转换成一个共同确认的标准格式，以便对方能自动将标准格式转换成自己的专用格式。由于 EDI 标准具有较强的灵活性，所以可以适应不同行业的需求。然而，每家公司有自己规定的信息格式，当需要发送 EDI 标准格式时，必须用某些方法从公司的专用数据库中提取信息，并把它翻译成 EDI 标准格式进行传输，这就需要 EDI 相关软件的帮助。

EDI 软件主要由转换软件、翻译软件、通信软件和数据库维护软件组成，其构成如图 4.4 所示。

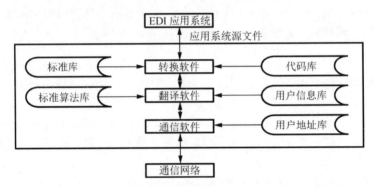

图 4.4 EDI 软件的构成

（1）转换软件。转换软件可以帮助用户将计算机系统文件转换成翻译软件能够理解的平面文件，或将从翻译软件接收来的平面文件转换成计算机系统中的文件。平面文件是用户格式文件和 EDI 标准格式文件之间的对照性文件，符合翻译软件的输入格式，通过翻译软件转换为 EDI 的标准格式文件。平面文件是一种普通的文本文件，其作用在于生成 EDI 电子单证，以及进行内部计算机系统的交换和处理等，可以直接阅读、显示和打印输出。

格式转换软件大多数由公司内部开发，这是因为各公司业务的不同而导致单证格式的不同。在转换过程中，需要读取标准库和代码库中的信息。标准库中存放的是各种报文标准、数据段和数据元目录，代码库存放的是各种标准代码和合作伙伴使用的代码。

（2）翻译软件。翻译软件先把平面文件翻译成 EDI 标准格式，或将收到的 EDI 标准格式翻译成平面文件，再由通信软件进行传输。

（3）通信软件。先将 EDI 标准格式的文件外层加上通信信封，再送到 EDI 系统交换中心的邮箱，或从 EDI 系统交换中心内将接收到的文件取回。通信软件负责管理和维护贸易伙伴的电话号码系统，执行自动拨号等功能。

（4）数据库维护软件。在 EDI 系统中，转换软件、翻译软件和通信软件所使用到的标准库、标准算法库、代码库、用户信息库、用户地址库等，都需要由数据库维护软件负责对其进行维护。

2. EDI 的硬件系统

（1）计算机。目前所使用的计算机，无论是 PC、工作站还是小型机、大型机等，均可利用。

（2）调制解调器。由于使用 EDI 来进行电子数据交换，必须通过通信网络，而目前采用电话网络进行通信是普遍采用的方法，所以调制解调器是必备的硬件设备。调制解调器的功能与传输速度，应根据实际需要进行选择。

（3）通信线路。一般最常用的通信线路是电话线路，如果对传输时效和资料传输量方面有较高要求，可以考虑租用专线。

（二）通信网络

EDI 的运用需要把一端的电子信息传递到另一端，通信网络实现了 EDI 电子信息传递的基本要求。一般来说，EDI 的网络通信环境适应于各种通信网络。

（1）根据各种通信网络信息传递的特点分类，通信网络可分为公共电话网、分组交换网、专用网。

① 公共电话网。使用公共电话网需要一个调制解调器，因为电话线是用来传递语音信号的，而 EDI 要求传送的是数字信号，所以通过调制调解器把数字信号转换成模拟语音信号，这样就能把 EDI 的电子信息传送出去。同样，接收的计算机也需要通过调制解调器把模拟信号转换成数字信号。

② 分组交换网。电话的交换方法对于计算机数据交换来说存在一个缺点，就是通过线路占用的时间存在很大的浪费，于是产生了分组交换网。分组交换网的原理是建立通信子网，利用子网的存储转发功能提高通信线路的利用率。

③ 专用网。专用网往往以数字数据网（digital data network，DDN）作基础为用户提供服务。DDN 是利用数字信道传输数据信号的数据传输网，可为用户提供语音、数据、图像信号的半永久连接电路的传输网，一般建立在光缆、数字微波和数字卫星的通道基础上。DDN可为 EDI 提供高速高质量的通信环境。

（2）根据 EDI 用户之间相互传送电子信息的方式分类，通信网络可分为点对点、增值网和互联网。

① 点对点（point to point，PTP）。两个单位的计算机之间的联网可以是直接的，也可以是间接的。早期的电子数据交换是通过计算机直接联网来实现的，被称为"点对点"的 EDI。在这种情况下，发送数据的计算机通过联网直接"访问"接收数据方的计算机。这种传输环境尽量单纯化，交换双方必须以同一种格式与传输协议、同一速度甚至在双方议定的同一时间段内进行交换，一旦交换对象或业务往来数量增加，就难以立即应变。因此，PTP是公司机构都极少采用的一种方式。近些年来，随着技术的进步，这种点对点的方式虽然在某些领域中仍有用处，但会有所改进。

② 增值网（value added networking，VAN）。增值网是一种特殊的计算机网络，常常以公司的形式向计算机用户提供服务，除了在网络上开展一般通信服务外，还向用户提供其他服务。例如，把数据从某种格式标准转换为另一种格式标准；使数据处理速度不相同的计算机之间实现数据的交换。这些服务就像某公司把货物从一个地方运到另一个地方，同时对货物进行加工使其增值，因而被称为"增值网"。

利用增值网开展 EDI 活动时，贸易伙伴之间就不需要直接联系了。它们在增值网里都有自己的"信箱"，发送者把电子信息交给增值网，增值网会把电子信息放到接收方的电子信箱里。接收方可以根据自己的安排，每天一次或数次打开自己的信箱，把电子信息传入自己的计算机里。如果发送方和接收方的计算机所使用的标准不相同，那么可以由增值网来翻译，对数据格式进行转换。图 4.5 所示为以 VAN 为连接的 EDI 硬件组成结构。

③ 互联网。互联网具有成本低、覆盖面广，并能对不同数据格式进行自动转换等特点，为 EDI 创造了一个全新的应用软件平台，使得基于互联网的 EDI 能够迅速成为全球性的贸易工具。

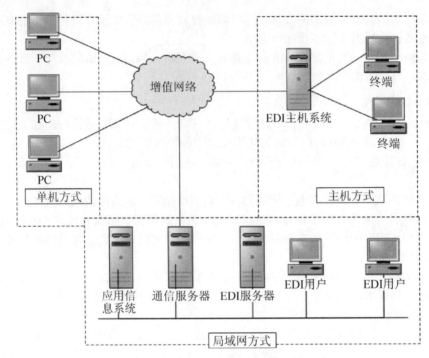

图 4.5 以 VAN 为连接的 EDI 硬件组成结构

（三）EDI 标准化

EDI 标准指的是它的数据标准。EDI 是以格式化的、可用计算机自动处理的方式来进行公司间的文件交换。在用人工处理订单的情况下，工作人员可以从各种不同形式的订单中，得出所需的信息，如货物名称、型号规格、价格、交货时间等。这些信息可以是用手工书写的方式，也可以是用打字的方式；可以先说明货物的名称、型号，再说明价格，也可以先说明价格，再说明货物的型号、规格。订单处理人员在处理这些格式不同的订单时，能明白它所表达的信息。但计算机却不行，要使计算机看懂"订单"，订单的有关信息必须是相应的电子文档，并且应该是按照事先规定的格式和顺序排列。事实上，商务上的任何数据和文件的内容都要按照一定的格式和顺序排列，才能被计算机识别和处理。

EDI 报文必须按照国际标准进行格式化。目前，最广泛应用的 EDI 国际标准是 UN/EDIFACT 标准，除业务格式外，还要符合计算机网络传输标准。EDI 标准主要包括语法规则、数据结构定义、编辑规则与转换、公共文件规范、通信协议、计算机语言等内容。

注意： 报文是网络中交换和传输的数据单元。

二、EDI 的实现

EDI 的实现过程就是用户将相关数据从自己的数据、计算机信息系统传送到有关贸易方的计算机信息系统的过程。在 EDI 工作过程中，所交换的报文都是结构化的数据，其过程因用户应用及外部通信环境的差异有所不同，一般分为 6 个步骤，如图 4.6 所示。

（1）生成 EDI 平面文件。用户应用系统将用户的应用文件（如单证、票据等）或从数据库中取出的数据，通过映射程序把用户的数据变换为平面文件。EDI 平面文件是通过应用系统将用户的应用文件（如单证、票据等）或数据库中的数据映射成为一种标准的中间文件。这一转换过程称为映射。

注意：平面文件是指去除了所有特定应用（程序）格式的电子记录，这种记录可以使数据迁移到其他的应用软件上进行处理。

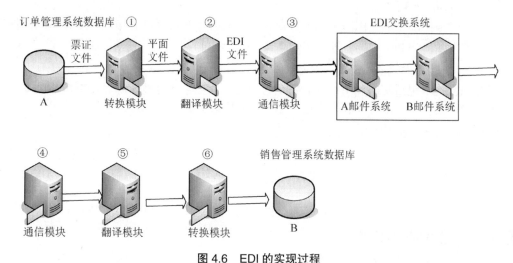

图 4.6　EDI 的实现过程

（2）翻译生成 EDI 标准格式文件。将平面文件通过翻译模块翻译生成 EDI 标准格式文件。EDI 标准格式文件就是所谓的 EDI 电子单证，或称电子票据，是 EDI 用户之间进行贸易和业务往来的依据。EDI 标准格式文件是一种只有计算机才能阅读的 ASC Ⅱ 文件。

（3）通信。发送方通过计算机通信模块发送 EDI 信件。通信模块是 EDI 系统与 EDI 通信网络的接口。通信软件将已转换成标准格式的 EDI 报文经建立在报文处理系统（massage handling system，MHS）数据通信平台上的信箱系统，将 EDI 电子单证投递到对方的信箱中，信箱自动完成投递和转接，并按照通信协议的要求，为电子单证加上信封、信头、信尾、投送地址、安全要求及其他辅助信息。

> **知识链接**
>
> 　　协议的范围不仅包括通信协议、报文格式和报文内容等技术协议，而且包括在商业伙伴之间，或者商业伙伴与增值网络服务商之间所签订的法律上的协议。
> 　　当协议确定好之后，参与方必须依据书面文件进行 EDI 测试，以确保和协议一致。

（4）EDI 文件的接收和处理。接收方从 EDI 信箱中收取信件。接收和处理过程是发送 EDI 信件的逆过程，首先需要接收用户通过通信网络接入 EDI 信箱系统，打开自己的信箱，将来函接收并存到自己的计算机中，然后经格式检验、翻译和映射，还原成应用文件，最后对应用文件进行编辑、处理。

（5）拆开 EDI 信件并翻译成平面文件。

（6）将平面文件转换并送到接收方信息系统中进行处理，还原成接收方信息系统能处理的文件格式，进行编辑、处理和回复等操作。

三、EDI 的关键技术

EDI 的关键技术主要包括通信技术、标准化技术、安全保密技术、计算机数据处理技术。

（一）通信技术

无论 EDI 采用何种局域网、广域网和增值网，都离不开数据通信网。因此，通信技术是 EDI 最基本的关键技术之一。

（二）标准化技术

标准可分为国际标准、国家标准和行业标准。只有严密的标准和格式，才能做到文件交换正确并能够相互识别。因此，标准化技术是 EDI 的核心技术。

（三）安全保密技术

安全保密技术包括密码加密技术、密钥管理技术、数字签名技术等。没有可靠的安全保密技术，EDI 就没有存在的价值。因此，安全保密技术是 EDI 的重要技术。

（四）计算机数据处理技术

计算机数据处理技术包括电子数据处理技术、报文处理技术、管理信息系统、EDI 翻译软件及 EDI 与其他应用系统集成技术等。计算机数据处理技术与通信技术同为 EDI 的基本的关键技术。

任务 3　EDI 应用标准

EDI 作为国际范围内的贸易方式，在通信过程中，其处理业务的数据格式也必须遵循国际统一的标准。目前国际上存在两大标准体系：一个是流行于欧洲、亚洲的，由联合国欧洲经济委员会制定的 UN/EDIFACT 标准；另一个是流行于北美的，由美国国家标准化委员会制定的 ANSIX.12 标准。此外，不同的行业如化工、运输业等都有自己专门的行业标准。

> **知识链接**
>
> 　　近年来，鉴于 EDI 有助于推动国际贸易程序与文件的简化，经联合国有关标准化组织协商，EDIFACT 已被定为事实上的 EDI 国际标准。
> 　　现在，ANSIX.12 和 EDIFACT 标准已经被合并成一套世界通用的 EDI 标准，可以将现行 EDI 客户的应用系统能够有效移植过来。

一、EDI 的标准

（一）EDI 标准的概念

EDI 标准是指 EDI 专用的一套结构化数据格式标准。由于 EDI 是在全世界范围内跨组织信息系统的桥梁，所以需要有一套在不同的计算机系统中，可供各贸易参与方在各个业务领域广泛使用的数据结构化、格式化的标准，这样才能保证各参与方之间能够顺利完成数据交换。

一般来说，制定 EDI 标准的基本原则有以下两条。

（1）提供一种统一的标准语言，使参与 EDI 的各方都能够使用。

（2）标准应不受计算机软硬件系统和通信系统的影响，既适用于计算机系统间的数据交流，又独立于计算机系统之外。由于 EDI 标准是将商业往来文件转换成标准格式传输，所以除了现有的报文标准外，也在不断适应新的需求而发展与制定新的报文标准。

（二）EDI 标准的构成

EDI 标准体系的基本框架如图 4.7 所示。EDI 总体标准包括 EDI 专用标准和 EDI 相关标准两大部分，又分为 7 个子体系，分别是 EDI 基础标准、EDI 管理标准、EDI 报文标准、EDI 通信标准、EDI 代码标准、EDI 单证标准和 EDI 其他标准。

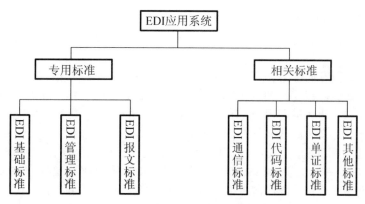

图 4.7 EDI 标准体系的基本框架

（1）EDI 基础标准。EDI 基础标准是 EDI 标准的核心，是其他 EDI 标准和建立 EDI 应用系统的基础。EDI 基础标准主要是指 EDI 的数据标准，包括语法规则、数据元等。

（2）EDI 管理标准。EDI 管理标准主要是对 EDIFACT 标准进行管理和维护的评审指南和规则，包括 EDI 技术评审审核表、EDI 技术评审组织与程序等。中国在制定适合国情的 EDI 标准时，对它进行了适当的增删。

（3）EDI 报文标准。EDI 报文标准体系涉及商贸、运输、金融、海关、保险、税收、交通、旅游及企业产品质量数据、行政管理与就业等领域，有近 200 种报文标准，同时规定了各类报文的格式、规范、结构等。

（4）EDI 通信标准。EDI 通信标准分为 EDI 信息处理系统标准和 EDI 信息处理业务标准两大类。EDI 信息处理系统标准规定了与 EDI 信息处理系统相关的信息客体、客体类型、抽象操作、端口类型、消息内容、用户代理、消息存储器的操作和一致性要求等标准。EDI 信息处理业务标准规定了 EDI 消息处理的业务要求、服务要素、业务质量指标、通信安全、EDI 命名和编址等标准。

（5）EDI 代码标准。EDI 代码标准分为通用代码标准和系统内部代码标准两大类。通用代码标准即外部代码表，主要是在进行 EDI 报文设计与 EDI 应用系统的开发时，为各类信息提供代码。系统内部代码标准一般指在通用代码标准中没有定义，但在 EDI 应用系统中需要使用的代码标准，仅提供定义这类代码的原则和方法。

（6）EDI 单证标准。EDI 单证标准规定了单证的标准，如种类、格式、数据元的简化、统一等。主要的单证标准有单证标准编制原则、贸易单证式样、进口许可证式样、出口许可证标准、外贸出口商业发票格式、外贸出口装箱单格式、外贸出口装运声明标准、集装箱设备交接单标准、原产地证书标准等。

（7）EDI 其他标准。EDI 其他标准包括 EDI 安全保密标准、EDI 数据元外部维护代码标准和 EDI 通信层次结构与标准等。

（三）EDI 标准的发展阶段

（1）行业标准阶段（1970—1980 年）。此阶段始于 20 世纪 70 年代，美国几家运输行业的公司联合起来，成立了运输数据协调委员会（TDCC）。成立该委员会的目的是开发一种传输运输业文件的共同语言或标准，该委员会于 1975 年公布了它的第一个标准。继 TDCC 之后，其他行业也陆续开发了自己行业的标准，如杂货业标准（UCS）、仓储行业标准（WINS）等行业标准。

（2）国家标准阶段（1980—1985 年）。当行业标准应用成熟后，企业界发现维持日常交易运作的对象并不局限于单一产业，国家性标准由此诞生。早在 1979 年，美国国家标准协会就授权 ASCX12 委员会依据 TDCC 的标准，开始开发、建立跨行业且具有一般性的 EDI 国家标准 ANSIXI12。

与此同时，欧洲方面也由官方机构及贸易组织共同推动 EDI 标准的完善，并获得联合国的授权，由联合国欧洲经理事会第四工作组（UN/ECE/WP4）负责发展及制定 EDI 的标准格式，在 20 世纪 80 年代早期提出 TDI（trade data interchange）及 GTDI（guidelines for TDI）标准，但该标准只定义了商业文件的语法规则，还欠缺报文标准。

（3）国际通用标准阶段（1985 年以后）。欧、美两大区域 EDI 标准制定、试行几年后，1985 年两大标准——北美 ANSIASCX12 与欧洲 GTDI 开始广泛接触与合作，进行国际 EDI 通用标准的研究。联合国欧洲经理事会负责国际贸易程序简化的工作小组（UN/ECE/WP4）承办了国际性 EDI 标准制定的任务，并于 1986 年正式以 UN/EDIFACT（United Nations/electronic data interchange for administration, commerce and transport）作为国际性 EDI 通用的标准。另外，ANSIASCX12 于 1992 年决定在第 4 版标准制定后，不再继续发展，全力与 UN/EDIFACT 结合，EDI 标准趋于统一。

（四）UN/EDIFACT 的内容

UN/EDIFACT 标准包括一系列电子交换标准、指南和规则、目录和标准报文组成，主要分为 9 个部分。

1. 语法规则

该语法规则于 1987 年 9 月被国际标准化组织接受成为国际标准，标准代号为"9735"，又称为 ISO 9735，它以简略形式表述用户格式化数据交换的应用实施的语法规则。

2. 报文设计指南

报文设计指南的使用对象是联合国标准报文（UNSM）草案的设计者、联合国标准报文的修改者和区域性报文的设计者。

3. 语法应用指南

语法应用指南的作用是帮助用户使用 EDIFACT 语法规则。

4. 数据元目录

数据元目录是联合国贸易数据元目录（UNTDED）的一个子集，收录了近 300 个与设计 EDIFACT 报文相关的数据元，这些数据元通过数据元号 UNTDED 相联系。该目录对每个数据元的名称、定义、数据类型和长度都进行具体的规定。

5. 代码表

代码表收录了 103 个数据元的代码，这些数据元选自 UN/EDIFACT 数据元目录，并通过数据元号与数据元目录联系起来。

6. 复合数据元目录

复合数据元目录在设计 EDIFACT 报文时涉及 60 多个复合数据元，对每个复合数据元的用途进行描述，罗列出组成复合数据元的数据，并在数据元后面注明其类型。复合数据元通过复合数据元号与段目录相联系，组成复合数据元的数据通过数据元号与数据元目录、代码表相联系。

7. 段目录

段目录定义了 70 多个 EDIFACT 报文中用到的段，注明了组成段的简单数据元和复合数据元，段目录中有段名和段标识，每个段通过段标识与 EDIFACT 标准报文相联系。

8. 标准报文格式

标准报文格式分成 3 级：0 级是草案级，1 级是推荐草案级，2 级是推荐报文标准级。

9. 贸易数据交换格式总览

贸易数据交换格式总览介绍了 EDIFACT 国际标准产生的背景、期望达到的目的和对用户的要求。

二、EDI 的标准要素

构成 EDI 标准有 3 个要素：数据元素、数据段、标准报文结构。数据元素是基本信息单元，由数据元素组成数据段，一个标准报文由一定数目的数据段按照定义的顺序组成。UN/EDIFACT 标准报文结构如图 4.8 所示。

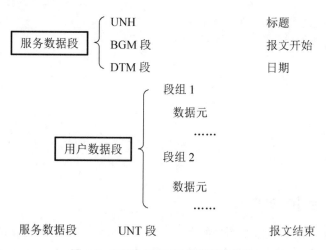

图 4.8　UN/EDIFACT 标准报文结构

（一）数据元素

数据元素是构成消息的基本单元，包括简单数据元素和复合数据元素两种，复合数据元素由简单数据元素构成。

（1）简单数据元素。简单数据元素只包含一条信息，分为必需的（M）和条件型的（C，可选）两类，必需的数据元素在其指定位置处必须有具体的取值，而条件型的数据元素可以没有取值。

（2）复合数据元素。在 UN/EDIFACT 中，复合数据元素由两个或两个以上的简单数据元素组成。

（二）数据段

数据段是与逻辑相关的系列数据元素按规定顺序的组合。数据段是标准报文中的一个信息行，每一个数据段都包括 3 位字符的段标识（用以说明是什么数据段）和一系列简单数据元素或复合数据元素，数据元素之间的分隔符是"+"或":"，数据段通常以"'"结束。如图 4.9 所示是一个数据段实例。

在 UN/EDIFACT 中，数据段分为服务型和用户型两类。

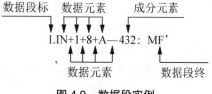

图 4.9　数据段实例

（1）服务型数据段。用于规定格式或通信、交换要求的数据段或数据元素，称为服务型数据段或数据元素，如报文标题、报文开始、报文结束等。

（2）用户型数据段。用于反映商务信息的数据段或数据元素，称为用户型数据段或数据元素，如标识、地点、单位、日期、货物识别码、包装等。

（三）标准报文结构

标准报文是 EDI 的主体，由平面文件翻译转换而来。报文的内容由数据段构成，一个数据段又由若干数据元素构成。标准报文规定报文必须以服务段"UNH"（报文标题）开始，以服务段"UNT"（报文尾标）结束，并且至少包含一个用户数据段，而且这个数据段至少包括一个用户数据元素。下面列出一个简单的 EDI 报文以供参考。

```
UNH+1001+ORDERS:D:94B:UN'
BEG+105+12345+…'
LIN+1+…'
LIN+2+…'
LIN+3+…'
UNS+S'
CNT+2:3'
UNT+9+1001'
```

任务 4 EDI 与 Internet

建设一个 EDI 应用系统需要大量的资金，对于一般的中小企业来说是不现实的，因此，利用 Internet 传输 EDI 报文是中小企业进行数据交换和贸易往来的最好的解决方案。

一、Internet 对 EDI 的影响

目前，许多公司都在利用 Internet 资源寻求新的商业机会。Internet 可以大大降低 EDI 的费用，将来会有更多的用户在 Internet 上使用 EDI。Internet 对 EDI 的影响如下所列。

（1）Internet 是全球网络结构，可以扩大参与交易的范围。

（2）相对于专用网络和增值网而言，Internet 可实现在世界范围的连接，但只需要很少的费用。

（3）Internet 对数据交换提供了许多简单易行的方法，用户可以使用页面完成交易。

（4）ISP（internet service providers）提供了多种服务方式，节省了费用。

注意： ISP 是指互联网服务提供商，我国主要的 ISP 有中国电信、中国移动和中国联通。

二、实现 EDI 需要解决的问题

1. 映射问题

通常公司内部的信息存储在关系数据库中，为了生成标准的信息，公司必须把它们从内部表示方式映射成标准信息。

2. 安全问题

（1）保密性。信息或数据经过密码变换，只有经过授权的用户才能够通过反变换得到相应的信息，而未经授权的用户只能得到一堆杂乱无章的数据。

（2）完整性。将信息或数据附加上特定的信息块，系统可以用这个信息块保证数据信息的完整性。只有经过授权的用户才能对数据或信息进行增删和修改，而未经授权的用户对数据或信息所进行的增删和修改都会被立即发现，系统会自动采取保护措施。

（3）可用性。只有经过授权的用户才能得到系统资源和享受系统提供的服务，防止非法对系统资源或系统服务的访问和利用。

3. 费用问题

在 Internet 上实现 EDI 可以减少费用，允许中小企业使用 EDI 工具，这样可以减少整个社会的贸易成本。

三、Internet 和 EDI 结合的方式

Internet 和 EDI 结合有 4 种方式：Internet Mail、Standard IC、Web-EDI、XML/EDI。其中，Web-EDI 方式是当前最流行的方式。

1. Internet Mail 方式

Internet Mail 方式是最早将 EDI 带入 Internet 的方式，用 ISP 代替 VAN，Internet 和 VAN 相比价格要低很多。在 Internet 上用这种方式进行电子交易，最大的弊端就是安全性，尤其是简单电子邮件传送协议，用 E-mail 在 Internet 上传送明文缺少保密性。

2. Standard IC 方式

在实现 EDI 的方案中，不同的企业根据自己的需要选择一定的标准，去掉一些根本不使用的部分。IC（implementation conventions）就是指那些被裁剪了的标准信息版本，开发 IC 花费很高，因为它们需要复杂的分析。不同版本的 IC 之间的信息不能相互处理。在 Internet 上实现 EDI 时，只有使用相同版本的 IC 才能正确工作。标准 IC 是一种特殊的跨行业的国际标准，是针对特定应用的。这种标准不同于以前的行业标准和国家标准，但是也不同于以前制定的国际标准，它相对来说十分简单，没有过多的可选项，并且考虑了以前 IC 的需求。

3. Web-EDI 方式

Web 在 Internet 上供最终用户存取和查询。能用来构造这些信息的协议就是 HTTP，许多公司已在 Internet 上通过使用 HTTP 建立了 homepage 来展现自己的产品和其他信息。

Web-EDI 方案的基本思路是：在提供 EDI 服务的 EDI 中心建立 Internet Web Sever，并在 Web 上开发大量的表格供用户使用。

用户只要通过浏览器就可进行单证的收发。发送单证时，填好表格、检查无误码，可发送至 EDI 中心，EDI 中心翻译系统、格式转换系统自动将其翻译成 EDI 报文，送入对方的 EDI 信箱中。接收时，只要将 EDI 中心的翻译系统已经翻译并转换好的单证通过浏览器下载下来即可使用。Web-EDI 解决方案示意如图 4.10 所示。

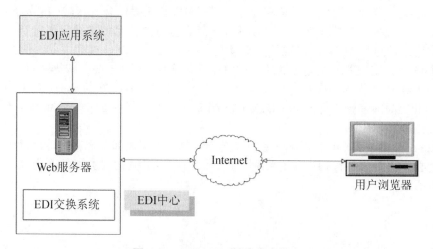

图 4.10　Web-EDI 解决方案示意

HTML 语言允许用户创建表格，并提供一种机制，能够将表格中的信息传递到商务应用系统中。例如，一个参与者是一家比较大的公司，针对每个 EDI 信息开发或购买相应的 Web 表单，然后改造成适合自己的 IC，最后把它们放在 Web 站点上，此时表单就成为 EDI 系统的接口。另一个参与者是一家较小的公司，登录到 Web 站点上，选择它们感兴趣的表单进行填写，并将填写结果提交给 Web 服务器，通过服务器端程序进行合法性检查，把它变成常规的 EDI 信息，后面的信息处理就同传统的 EDI 信息处理一样。

为了保证信息从 Web 站点返给它的参与者，信息还能转变成 E-mail 或 Web 表单的形式。总之，对于所有的交易来说，EDI 相关的转换费用只发生一次；对所有的商业参与者来说，都发生在 Web 站点上。这个解决方案只需一个浏览器和 Internet 连接就可完成，EDI 软件和映射的费用花在服务器端。另外，大公司能享受到 EDI 带来的全部好处，包括在交易中的低出错率和每次交易中的低花费。这种 Web-EDI 方式对现有企业应用只做很小的改动，但能方便、快速地扩展系统应用，从而保护现有的投资。

在 Web 上应用电子商业和 EDI 时最需要考虑的是安全性问题，主要包括商务事务处理的加密和对任何支付信息的保护两个方面的问题。

4. XML/EDI 方式

XML/EDI 着重解决 EDI 的映射问题。XML/EDI 引进了模板的概念，模板描述的不是信息的数据，而是信息的结构及如何解释信息，能够做到无须编程就可以实现信息的映射。

在用户计算机上，软件代理采用最佳方式解释模板和处理信息。通过软件代理支持的模板，用户可以得到对其环境的最佳集成，模板存储在别的地方，动态地应用于本地应用程序中。如果用户的应用程序实现了 XML/EDI，那么代理就可以自动完成映射，并且产生正确的信息。同时，代理可以给用户生成一个 Web 表单，映射可以自动完成，且花费很小。但与 Web-EDI 不同的是，XML/EDI 在客户端处理信息。

四、Internet 电子邮件扩展的方法

现有的 Internet 电子邮件是基于简单邮件传送协议，能够提供信息的传输功能，但仅支持 7 位 ASC Ⅱ 码的传输，不能适应多媒体邮件的要求，因此要将 SMTP 运用于电子商务和 EDI 时必须加以修改。多功能 Internet 邮件扩展（MIME）是 Internet 上电子邮件使用的一种新型信息格式，是一种模块化的、可扩展的信息格式，可以表示大部分多媒体信息。

MIME 定义了邮件体结构和内容类型，提供一种与 SMTP 兼容的方式，支持的多媒体内容类型有正文、声音、图像、视频和应用数据。MIME 还提供多种传输内容编码方式，它可以使得 8 位二进制数据作为 7 位 ASC Ⅱ 数据。它可以对信息传送编码和转换，不会丢失信息的结构或信息。MIME 的出现使"活动"邮件和交互式邮件成为可能，使用户能利用 SMTP/MIME 邮件实现 EDI 与电子商务等增值业务，具有投资少、见效快等特点。

将 EDI 对象封装到 MIME 中，允许 EDI 事务通过 Internet 网络邮件传输，同时支持 EDIFACT 和美国国家标准委员会 ANSIX.12 EDI 标准，并且保证 EDI 对象能够在传输中保持它们的语法和语义不变。

在 Internet EDI 系统中，企业贸易中仅能传输单证；企业如果想利用计算机来提高管理效率，就必须建立专用的 EDI 应用系统。但是，Internet EDI 解决方案的确为没有 EDI 应用系统的中小企业带来了生机。

任务 5　EDI 技术在物流中的应用

一、EDI 在物流管理中的应用

企业使用 EDI 的目的是改善作业，降低成本，减少差错。企业可以将 EDI 与企业内部的管理信息系统（management information system，MIS）对接，实现一体化管理。企业物流管理的 EDI 与 MIS 的关联如图 4.11 所示。

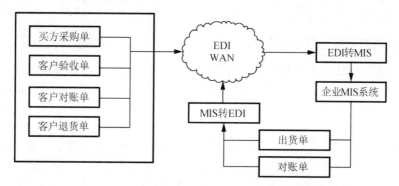

图 4.11　企业物流管理的 EDI 与 MIS 的关联

EDI 在物流管理中的应用具体如下所列。

（1）发送货物业主（如生产厂商或出口商）在接到订单后制订货物运送计划，并把运送货物清单及运送时间安排等信息通过 EDI 发送给物流运输业主和接收货物业主（如零售商或进口商），以便物流运输业主预先安排车辆调配计划、接收货物业主制订接收计划。

（2）发送货物业主依据顾客订单的要求和货物运送计划下达发货指令、分拣配货、打印出物流条码的货物标签并贴在货物包装箱上，同时把运送货物品种、数量、包装等信息通过 EDI 发送给物流运输业主和接收货物业主。

（3）物流运输业主向发送货物业主取运货物时，利用车载扫描仪读取货物标签的物流条码，并与先前收到货物运输数据进行核对，确认运送货物。

（4）物流运输业主在物流中心对货物进行整理、集装、列出送货清单并通过 EDI 向收货业主发送发货信息。物流运输业主在货物运送的同时进行货物跟踪管理，并在货物交给收货业主后，通过 EDI 向发送货物业主发送完成运送业务信息和运费的信息。

（5）收货业主在收货时，利用扫描仪读取货物标签的物流条码，并与先前收到的运输数据核对，确认后开出收货发票，货物入库。同时，通过 EDI 向物流运输业主和发送货物业主发送收货确认信息。

二、EDI 在物流配送中的应用

EDI 的主要功能有电子数据传输和交换、传输数据的存证、文书数据标准格式的转换、安全保密、提供信息查询、提供技术咨询服务、提供信息增值服务等。在物流配送供应链管理中应用 EDI 技术，不仅可以降低运营成本，而且提高了供应链上数据传输速度和准确性，扩大了信息含量，缩短了订货采购周期，大大降低了库存费用。

（1）为配送中心的客户设置 EDI 终端，用来处理和交换有关订货、库存、销售数据、需求预测，以及运输日程、通知等方面的信息，可以减轻票据处理、数据输入输出等事务性作业负担，也可以减少库存、缩短订货时间，从而提高工作效率。

（2）应用 EDI 可以使各企业之间达到无纸化交易，能减少大量人力和纸张的浪费，从而降低交易成本。

（3）在配送中心、上游供应商、下游客户之间应用 EDI 技术，可以实现信息共享，使供应链上各个节点企业都能了解商品的销售、库存、生产进度等方面的信息，增强供应链经营的透明度。

企业之间的市场竞争实际上就是时间的竞争，谁获取的信息越快、商品周转时间越短，谁就能掌握竞争的主动权，而应用 EDI 技术则意味着电子传输的数据信息可以立即为用户所获得，因此应用 EDI 技术可以增强配送中心的市场竞争力。

三、EDI 在供应链管理中的应用

如果企业 A 要想让企业 B 知道自己的基本信息，往往会把一份参与方信息报文发往企业 B，以便让企业 B 了解。同样，企业 B 也可以将自己的基本信息发往企业 A。若企业 A 是供应商，企业 B 是客户，则企业 A 可通过价格销售目录报文，将有关产品的信息发给企业 B。若企业 B 对企业 A 的某种产品感兴趣，想了解企业 A 的产品价格与交货条款等相关信息，就可以向企业 A 发出一份报价请求报文，企业 A 可以报价报文来答复企业 B。若企业 B 对企业 A 的产品的价格及交货条款等内容表示接受，就可以向企业 A 发出一份订购单报文，企业 A 可以用订购单应答报文，对企业 B 订购单报文进行答复。若答复是肯定的，企业 A 便立即开始备货，备齐货后可以向企业 B 发货。为了预先通知企业 B 货物已发出，企业 A 可向企业 B 发一份发货请求报文，企业 B 收到货物后，可以向企业 A 发出一份收货通知报文，以说明自己对货物的接收情况。当企业 A 接到收货通知报文后，可以向企业 B 发出发票报文。之后，企业 B 向企业 A 发出汇款通知报文。具体流程如图 4.12 所示。

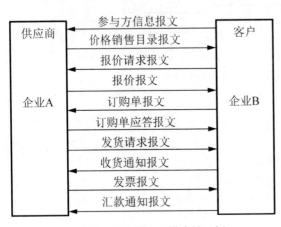

图 4.12　EDI 应用于供应链示例

四、EDI 在海关中的应用

海关作为国家进出口贸易的监督管理部门，是连接贸易、运输、银行、保险等行业及外经贸、商检等部门的纽带，也是对大量经贸信息数据进行处理和传输的中枢及接收端，如图 4.13 所示。

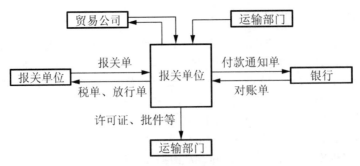

图 4.13　通关过程中信息数据传送示意

我国海关 EDI 通关系统是指海关与通关对象之间运用 EDI 技术自动交换和处理通关文件，并利用海关计算机应用系统及时、自动地完成整个通关过程的 EDI 实用系统。EDI 报关系统涉及进出口货物报关、审单、征税、放行等通关环节，以及报关行、金融单位、仓储、运输企业和国际贸易行政管理部门。EDI 通关申报方式既可全部采用 EDI 申报，又允许 EDI 及人工两种方式共存。

目前，我国海关 EDI 通关系统主要由 EDI 运行管理子系统、EDI 网络通信子系统、EDIFACT 翻译子系统、EDI 方式应用软件和 H833 应用软件组成。进出口报关单联网核查系统由进口付汇、出口收汇和出口退税 3 个子系统组成。进口付汇子系统为外汇管理局及银行提供付汇报关单数据查询和签注功能。出口收汇子系统为外汇管理局有银行提供收汇报关单数据查询和签注功能。出口退税子系统为国税局提供退税报关单数据查询和签注功能。

五、EDI 在商检中的应用

商检单证是外贸的重要环节之一，利用 EDI 技术，可以提高单证的审核签发效率，加快统一管理，与国际惯例接轨，为各外贸公司提供方便、快捷的服务。

早在 1995 年，EDI 已在广东的商检中投入运行，提供商检原产地 CO 和普惠制产地证 FORM A 两种单证的 EDI 申请和签证，这是我国 EDI 系统较早的一个应用实例。外贸公司可通过 EDI 的方式与商检局进行产地证的电子单证传输，无须再为产地证的审核、签发来回奔波，既节约了时间和费用，又节约了纸张。而对于商检局而言，有了 EDI 单证审批系统，不仅减轻了商检局录入数据的负担，减少了手工录入出错的机会，而且方便了对各种单证的统一管理。商检 EDI 应用流程如图 4.14 所示。

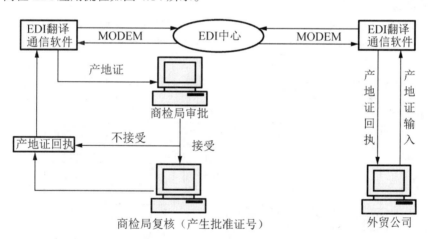

图 4.14 商检 EDI 应用流程

任务 6　其他数据交换技术

一、ebXML 物流数据交换技术

（一）ebXML 的概念

电子商务扩展标记语言（ebXML）是联合国贸易促进和电子商务中心（UN/CEFACT）与

结构化信息标准促进组织（OASIS）共同制定的国际标准。正如 ebXML 授权调查范围一样，ebXML 起初的目的是研究和确定技术基础，该基础基于 XML 标准化的全球实现，目标是提供一个基于 XML 的开放式的技术框架，使 XML 能在电子商务数据交换的一致性和统一性方式上被使用。这种数据交换在很多方面得到应用，也应用到人和环境，这样就创建了单一全球电子商务市场。

在 ebXML 描述的两个贸易伙伴进行商务交易的模型中，首先要搭建应用框架，然后从事简单的商务交易。这个模型提供了配置和部署 ebXML 应用，以及相关体系结构部件所需的过程和步骤（这些部件可以由渐进的方式实现）。

（1）建立一种描述商务处理流程和相关信息模型的标准机制。

（2）建立一种注册和存储商务处理流程与信息元模型的机制，用来共享和重用。

（3）发掘每个商务活动参与者的信息，其中包括他们支持的商务过程、为支持商务过程提供的商务服务接口、各个商务服务接口之间交换的商务信息和他们支持的传输、安全和编码协议的技术结构。

（4）建立一种用来注册上述信息的机制，用来查询和检索。

（5）建立一种用来描述商业协议达成的执行机制，这一机制可以从上述第（3）项也就是参与者的信息中得到。

（6）为贸易伙伴之间提供互用的、安全和可靠的信息交换的标准商务信息服务框架。

（7）建立一种可用来配置各方信息服务的机制，并使商务处理流程和商业协议中的约束一致。

（二）ebXML 的功能

1. 实现阶段

实现阶段是生成 ebXML 结构的过程，如果一个贸易伙伴想要通过 ebXML 来交易的话，它必须首先获得 ebXML 说明。贸易伙伴先研究这些说明，然后下载核心库和商务库。贸易伙伴同时可以请求其他贸易伙伴的商务过程信息（保存在他们的商业文档中）用来分析。贸易伙伴实现 ebXML 的另一种方法是利用第三方的应用。图 4.15 展示了 ebXML 注册处和贸易伙伴之间的基本关系。

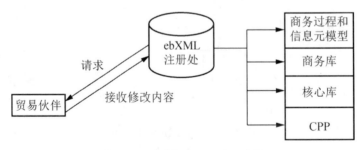

图 4.15　功能视图——实现阶段

2. 发现和检索阶段

发现和检索阶段包含发现与 ebXML 相关的资源的所有方面。一个已经实现了 ebXML 商务服务接口的贸易伙伴现在可以开始进行发现的检索（图 4.16）。一个可行的发现方法就是请求获得另一个贸易伙伴的协作协议文档用来升级核心库，ebXML 商务服务接口必须支持升级过的或新的商务过程和信息元模型。正是在这个阶段，贸易伙伴发现商务信息被另一个贸易伙伴请求。

3. 运行阶段

运行阶段处理真实 ebXML 交易。在运行阶段，使用 ebXML 消息服务在贸易伙伴之间交换 ebXML 消息（图 4.17）。

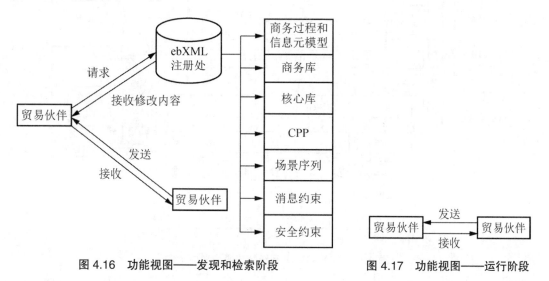

图 4.16　功能视图——发现和检索阶段　　　图 4.17　功能视图——运行阶段

注意： 运行阶段不能访问注册处，如果在运行时需要访问注册处的话，必须退回到发现和检索阶段。

4. ebXML 的一致性

ebXML 的一致性被定义为 ebXML 体系的一致性和每个 ebXML 说明的一致性。当 ebXML 说明的要求被满足时，互用性和开放性交换才有可能达到。

二、SOA 物流数据交换技术

（一）SOA 的概念

SOA 即面向服务构架（service-oriented architecture），本质上是服务的集合。而且服务之间彼此通信，这种通信可能是简单的数据传送，也可能是两个或更多的服务协调进行某些活动；同时，服务之间需要采用某些方法进行连接。所谓服务，就是精确定义、封装完善、独立于其他服务所处环境和状态的函数。SOA-BPM 系统集成平台总体架构如图 4.18 所示。

SOA 是一种应用框架，它着眼于日常的业务应用，并划分为单独的业务功能和流程，即所谓的服务。SOA 使用户可以构建、部署和整合这些服务，且无须依赖应用程序及其运行计算平台，从而提高业务流程的灵活性。这种业务灵活性可使企业加快发展速度，降低总体拥有成本，改善对及时、准确信息的访问。SOA 有助于实现更多的资产重用、更松的管理和更快的开发与部署。在当前业务环境中，变化是显而易见的，因此，快速响应客户需求、市场机遇和外部威胁的敏捷性比以往任何时候都更显重要。

服务是一个外在的、独立执行的接口；服务是通过强调地点透明和协调工作的能力的通信协议来进行松散限定和调用的；服务是封装的可重用的商务功能。

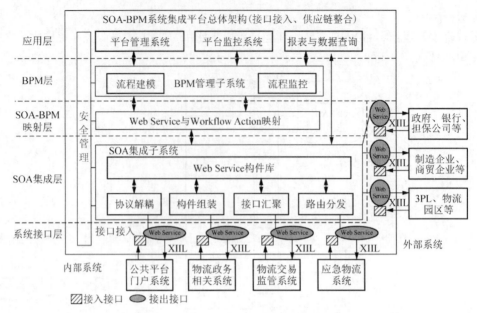

图 4.18 SOA-BPM 系统集成平台总体架构

（二）SOA 的特征

SOA 是一种粗粒度、松耦合的服务架构，其服务之间通过简单的、精确定义的接口进行相互通信，不涉及底层编程接口和通信模式。这种结构主要具备以下 5 个特征。

（1）服务的封装。将服务封装成用于业务流程的可重用组件的应用程序函数。它提供信息或简化业务数据从一个有效的、一致的状态向另一个状态的转变，封装隐藏了复杂性。

（2）服务的重用。服务的可重用性设计显著地降低了成本。为了实现可重用性，服务只工作在特定处理过程的上下文中，独立于底层实现和客户需求的变更。

（3）服务的互操作。在 SOA 中，通过服务之间既定的通信协议进行互操作。

（4）服务是自治的功能实体。服务是由组件组成的组合模块，是自包含和模块化的，SOA 非常强调架构中提供服务的功能实体的完全独立自主的能力。

（5）服务之间的松耦合度。服务请求者到服务提供者的绑定与服务之间应该是松耦合的。这就意味着，服务请求者不知道提供者实现的技术细节，如程序设计语言、部署平台。服务请求者往往通过消息调用操作，请求消息和响应，而不是通过使用 API 和文件格式。

项目实训

实训一 单证的制作

[实训目标]

（1）掌握 EDI 软件的运行环境。
（2）进行单证的制作。
（3）培养协作与交流的意识与能力，进一步学习 EDI 软件的应用，为将来应用 EDI 软件奠定基础。

[实训要求]

（1）学习 EDI 软件的应用。
（2）制作单证。

[实训考核]

考核要素	评价标准	分值/分	评分/分			
			自评（10%）	小组（10%）	教师（80%）	小计（100%）
EDI软件的应用	熟练进行EDI软件的应用，能够进行参数的设置	40				
制作单证	依据国标和行标制作符合要求的单证	50				
分析总结		10				
合　计						
评　语（主要是建议）						

实训二　收发报文

[实训目标]

（1）运用EDI软件的能力。
（2）掌握较完整的EDI知识。

[实训要求]

（1）根据实训参考资料，进行EDI报文的收发。
（2）根据实训参考资料，进行EDI报文的校验。

[实训考核]

考核要素	评价标准	分值/分	评分/分			
			自评（10%）	小组（10%）	教师（80%）	小计（100%）
报文的收发	报文的收发	30				
报文的校验	报文的校验	30				
汇报和展示	进行报文收发的汇报和讲解	40				
合　计						
评　语（主要是建议）						

实训参考

EDI软件应用

EDI Express是用于EDI用户与EDI中心进行报文交换的客户端软件，主要功能是将港航运输的主要单证生成报文形式，按照报文格式标准对报文进行校验，并通过一定的通信协议与EDI中心进行报文交换。

一、进入系统

（1）双击桌面上的EDI Express快捷菜单图标，运行系统。

（2）打开系统登录窗口，如图 4.19 所示。
（3）输入用户名和密码，进入系统（如果是第一次使用，用户名和密码都为空）。用户界面如图 4.20 所示。

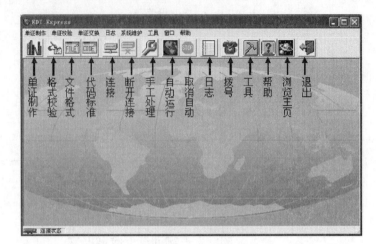

图 4.19　登录窗口　　　　　　　　图 4.20　用户界面

二、系统维护

（1）用户设置。用户进入系统后，如果希望更改用户名和密码，可以进行用户设置。
① 选择"系统维护"菜单的"口令设置"选项，如图 4.21 所示。

图 4.21　用户设置（1）

② 在弹出的下拉菜单中选择"口令设置"选项，弹出"密码修改"窗口，如图 4.22 所示。

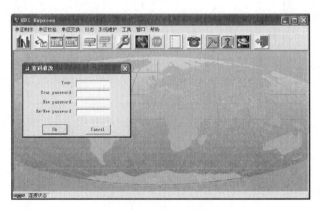

图 4.22　用户设置（2）

③ 在密码窗口输入用户名、旧密码并设置新密码，如图 4.23 所示。
（2）获取管理员口令。EDI 软件安全性较好，每天登录 EDI Express 系统，系统管理员的口令都更新一次。
① 选择"帮助"菜单的"关于"选项，如图 4.24 所示。

项目 4　电子数据交换技术

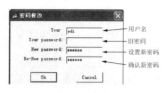

图 4.23　用户设置（3）

图 4.24　获取管理员口令（1）

② 在弹出的关于系统信息的窗口中，有一行信息显示的是"S/N：××××"字样。"××××"即系统管理员口令。如图 4.25 所示，系统管理员口令为 G217。

（3）系统设置。从系统帮助菜单获取用户管理员口令之后，可以对 EDI 软件的系统参数进行设置。

① 点击"系统维护"菜单，选择"系统设置"选项，如图 4.26 所示。

图 4.25　获取管理员口令（2）

图 4.26　系统设置（1）

② 在弹出的提示窗口中输入系统管理员口令，单击【确定】按钮进入系统设置窗口，输入"G217"，如图 4.27 所示。

③ 远程系统设置。远程系统设置是本地 EDI 软件与 EDI 中心连接的必要设置。

RemoteHost——远程主机。

UserName——EDI 中心提供给用户的 FTP 用户名。

PassWord——EDI 中心提供给用户的 FTP 用户口令。

Interval——自动运行中收发报文的时间间隔。

RecvDir——用户在中心的接收目录，此目录是固定的。

SendDir——用户在中心的发送目录，此目录是固定的。

RespDir——用户在中心的接收回执目录，此目录是固定的。

TempDir——用户在中心的收发临时目录，此目录是固定的。

④ 本地"系统设置"界面如图 4.28 所示。

图 4.27　系统设置（2）

图 4.28　系统设置（3）

发送目录——用户发送的文件置于该目录下，该目录默认值是安装目录下的 /send 目录，如果用户要更改目录，可选中"设置"选项更改目录。

接收目录——用户接收的文件置于该目录下，该目录默认值是安装目录下的 /receive 目录，如果用户要更改目录，可选中"设置"选项更改目录。

回执目录——用户接收的回执置于该目录下,该目录默认值是安装目录下的 /recvack 目录,如果用户要更改目录,可选中"设置"选项更改目录。

备份目录——用户发送文件成功后,系统对发送的文件制作备份置于该目录下,该目录默认值是安装目录下的 /sendback 目录,如果用户要更改目录,可选中"设置"选项更改目录。

错件目录——用户发送或校验文件失败后,系统对该文件制作备份置于该目录下,该目录默认值是安装目录下的 /ermsg 目录,如果用户要更改目录,可选中"设置"选项更改目录。

系统设置做好以后,即可与 EDI 中心进行网络连接、数据交换。

(4)数据备份与恢复。定时对数据进行备份,可以防止数据意外丢失。

① 点击"系统维护"菜单,选择"数据备份"选项,如图 4.29 所示。

② 在弹出的提示窗口中输入系统管理员口令,进入"数据备份"窗口,如图 4.30 所示。

图 4.29　数据备份与恢复(1)　　　　图 4.30　数据备份与恢复(2)

单击【备份】按钮将当前数据库的内容保存下来,单击【还原】按钮则将以前备份的数据还原到当前数据库中。

(5)用户代码维护。所有 EDI 中心的注册用户都有自己的代码,通过用户代码维护窗口可以对用户代码进行维护。先单击【系统维护】按钮,再单击【用户代码】按钮即可打开"用户代码维护窗口"。

用户进入用户代码维护窗口,首先要找到自己的代码,将用户类型设为"99"。若有新的用户加入,EDI 中心将及时通知各用户,用户通过该界面对其进行及时维护。若用户在用户代码维护窗口找不到自己的代码,可以单击【添加】按钮添加,还可以对已有用户代码进行"增加""删除"或"修改"的操作。

三、单证制作

单证制作是 EDI 软件在本地操作的一个重要环节。

(1)选择"单证制作"菜单,选择"新建"选项,弹出"创建新单证"窗口,如图 4.31 所示。

(2)在弹出的窗口中选择要制作的单证类型,开始制作单证(在本文以创建装箱单报文为例制作新单证)。双击"COSTCO 装箱单报文",进入单证制作窗口,如图 4.32 所示。

图 4.31　单证制作(1)　　　　图 4.32　单证制作(2)

(3)输入单证内容。输入界面以箱号为关键字段,同一箱号下可以输入多票提单。输入数据时,注意使用标准化代码。如有补充信息,单击【补充信息】按钮或按 Alt+Z 组合键,在弹出的窗口中输入相关信息,如图 4.33 所示。

项目4 电子数据交换技术

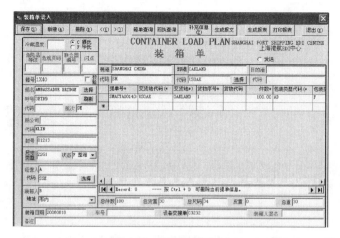

图 4.33 单证制作（3）

（4）保存单证。单证内容输入完整后即可单击【保存】按钮或按 Alt+S 组合键保存单证。若单证必选内容没有输入，系统会弹出提示信息，提示输入必要内容。

（5）生成报文。制作好的单证以 EDI 报文形式发送出去，将单证翻译成 EDI 报文。EDI Express 具备将单证转化成标准的 EDI 报文的功能。

① 装箱单的数据信息输入完毕后，生成 EDI 报文。单击【生成报文】按钮，弹出"文件生成"窗口，如图 4.34 所示。

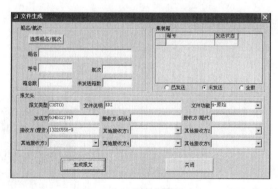

图 4.34 单证制作（4）

② 选择"船名/航次"，自动生成报文头信息。报文还可以发给多个接收方。若要将此报文发送给多个接收方，只需要在其他接收方后的编辑栏中选择用户，如图 4.35 所示。

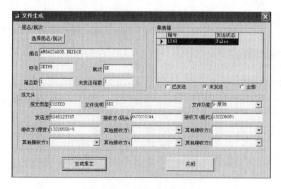

图 4.35 单证制作（5）

③ 单击【生成报文】按钮，生成 EDI 报文，如图 4.36 所示。文件保存到先前系统参数设置时的发送目录下，文件名为"COSTO.*"，如此装箱单报文为"COSTCO.176"。

图 4.36　单证制作(6)

四、单证校验

单证校验是 EDI Express 的重要功能之一。为了保证接收方能正确处理报文，对文件进行格式校验是十分有必要的。系统在两个地方实现校验功能。

（1）点击"单证校验"选择"格式校验"选项或单击工具栏中【格式校验】按钮实现。
① 选择"格式校验"，弹出文件选择窗口，如图 4.37 所示。

图 4.37　格式校验(1)

② 选择要校验的报文进行校验，如图 4.38 和图 4.39 所示。

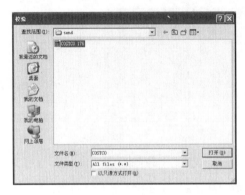　　

图 4.38　格式校验(2)　　　　　　　图 4.39　格式校验(3)

③ 显示校验结果，如图 4.40 所示。
④ 查看校验结果，如图 4.41 所示。

图 4.40　格式校验(4)　　　　　　　图 4.41　格式校验(5)

（2）在"手工处理"或"自动运行"中发送报文前进行校验。
① 选择"手工处理"，弹出手工处理窗口，如图 4.42 所示。
② 在手工处理窗口中将校验前面的复选框选中选择要发送的报文，在报文发送前对其进行校验。

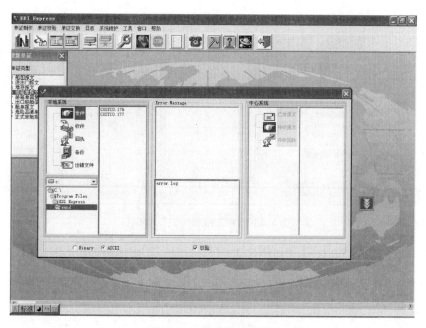

图 4.42 格式校验(6)

五、单证交换

单证交换是报文发送传输的过程。

1. 拨号

用户通过拨号或专线连接到 EDI 中心。在拨号连接界面中，如图 4.43 所示，如果自动拨号参数设置为"true"，系统将保存自动拨号号码簿选择框中的信息，在系统自动运行时，系统会调用该自动拨号号码簿来进行拨号。

注意：如果用户在自动运行时不需要断开拨号连接，则应将自动拨号参数设置为"false"。

图 4.43 拨号连接界面

2. 连接

当用户通过拨号连接 EDI 中心的服务器时，即连接上用户的远程目录。在菜单栏执行"单证交换/连接"命令或单击【连接】按钮，如图 4.44 所示。如果系统已设置好，即可连接网络。连接成功后，可进行报文收发处理。在菜单栏执行"单证交换""断开连接"命令或单击【断开连接】按钮，将断开网络连接。

图 4.44 单证交换/连接

3. 报文发送

EDI Express 提供手工处理和自动处理两种传输方式。

（1）手工处理。单击快捷按钮 即可进入手工处理方式。手工处理方式窗口界面分为本地系统、传输信息和远程 EDI 中心系统 3 个部分，如图 4.45 所示。

① 本地系统部分显示用户本地的计算机与报文交换有关的目录系统及文件。左上角为本地的文件夹类型，左下角为本地目录，本地系统部分的右边是文件列表框，列示当前目录的文件。

② 传输信息部分显示文件校验、发送和接收的情况。传输信息部分的下半部分则显示出错信息文件。

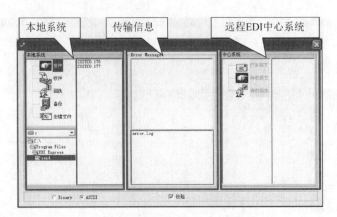

图 4.45 "手工处理方式"窗口

③ 远程 EDI 中心系统部分显示用户在 EDI 中心主机系统上的 3 个信箱目录及文件。3 个信箱的含义为:"已发报文",用户发出的文件将送至该目录,几秒钟后,EDI 中心主机系统将处理掉该文件,文件列表栏中不再存有该文件;"待收报文",用户滞留在 EDI 中心等待接收的报文,双击该文件,将收取该报文至本地系统"收件"目录中;"待收回执",用户滞留在 EDI 中心等待接收的回执,双击该文件,将收取该回执至本地系统"回执"目录中。

选中文件后,右击文件列表框,可打开、删除、复制、粘贴该文件,或刷新该目录。

(2)自动处理。自动处理是指用户与 EDI 中心连接之后,系统进入自动运行状态。当系统检测到有需要发送的报文时,将自动拨号、连接中心主机、发送/接收报文及断开拨号连接。图 4.46 所示为"自动处理"窗口。

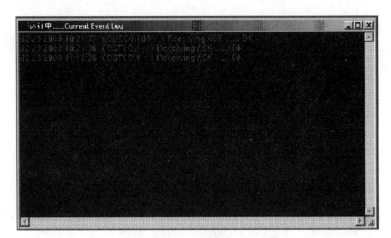

图 4.46 "自动处理"窗口

在自动运行时,出口船舶信息刷新时间间隔为 2h,用户可以在其他模块中进行出口船舶信息刷新。自动运行一开始,首先就完成一次出口船舶信息刷新。若发生出错情况,不再弹出出错对话框,而是将所有信息(包括错误信息)显示在自动运行文本框中。自动运行文本框每次刷新都显示在最后一行。

4. 接收回执

当 EDI 中心接收到报文时,会及时给用户反馈一个"Received"的回执,确认已收到报文;再过几分钟,给用户反馈另一个"Sent"的回执,确认报文的接收方已收取该报文。

课后练习

一、单项选择题

(1)(　　)是实现 EDI 的前提条件。

A. 计算机应用系统　　　　　　　　B. 通信网络
C. EDI 的标准化　　　　　　　　　D. EDI 公共信息平台
（2）EDI 软件主要由转换软件、（　　）、通信软件和数据库维护软件组成。
A. 管理软件　　　　　　　　　　　B. 翻译软件
C. 信息软件　　　　　　　　　　　D. 格式转换软件
（3）在 EDI 报文中使用最多的数据元是（　　）。
A. 简单数据元　　B. 数据段　　C. 字符数据元　　D. 复合数据元
（4）EDI 报文的基本组成单位是（　　）。
A. 数据元　　　　B. 数据段　　C. 字符数据元　　D. 复合数据元
（5）EDI 软件系统主要由转换软件、翻译软件和通信软件构成，假设发送方要将应用系统文件经软件处理通过网络传送给接收方，则软件的执行顺序是（　　）。
A. 通信软件→翻译软件→转换软件　　B. 转换软件→翻译软件→通信软件
C. 通信软件→转换软件→翻译软件　　D. 翻译软件→转换软件→通信软件
（6）在 EDI 标准的构成要素中，（　　）是 EDI 的主体。
A. 数据元　　　　B. 段　　　　C. EDI 标准报文格式　　D. 平面文件
（7）在 EDI 的硬件系统中，（　　）用来进行模拟信号和数字信号之间的转换。
A. 计算机　　　　B. 调制解调器　　C. 通信线路　　D. 路由器
（8）在 EDI 的功能模块中，（　　）是 EDI 系统与 EDI 通信网络的接口。
A. 内部接口模块　　　　　　　　　B. 报文生成与处理模块
C. 格式处理模块　　　　　　　　　D. 通信模块
（9）构成 EDI 系统的要素包括 EDI 软件、硬件、通信网络及数据标准化。其中，EDI（　　）是整个 EDI 最关键的部分。
A. 标准　　　　　B. 软件　　　C. 硬件　　　　　D. 网络
（10）（　　）EDI 是指在两个计算机系统之间连续不断地以询问和应答形式，经过预定义和结构化的自动数据交换达到对不同信息的自动实时反应。
A. 封闭式　　　　B. 开放式　　C. 交互式　　　　D. 网络式

二、多项选择题

（1）构成 EDI 系统的 3 个要素是（　　）。
A. EDI 软件和硬件　　B. 通信网络　　C. 数据标准化　　D. 信息平台
（2）EDI 标准体系可以分为（　　）。
A. EDI 基础标准　　B. EDI 单证标准　　C. EDI 通信标准　　D. EDI 代码标准
E. EDI 报文标准
（3）根据 EDI 用户之间相互传送电子信息的方式分类，通信网络可分为（　　）。
A. PTP　　　　　B. VAN　　　C. Internet　　　D. Intranet
（4）企业发展 EDI 的网络平台是（　　）。
A. Internet　　　B. Intranet　　C. Extranet　　　D. VAN
（5）EDIFACT 报文结构三要素是指（　　）。
A. 标准报文　　　B. 数据段　　C. 数据元　　　　D. 分隔符

三、填空题

（1）目前使用最广泛的 EDI 标准是_____。
（2）_____是实现 EDI 的前提条件，_____是实现 EDI 的基础，_____是实现 EDI 的关键。
（3）EDI 报文的基本的组成单位是_____。
（4）EDI 处理商业报文的基本特征是_____。
（5）EDI 标准包括_____、_____、_____、_____。

四、名词解释

（1）EDI
（2）映射

五、判断题

（1）EDI 是电子商务的早期表现形式。　　　　　　　　　　　　　　　　　　　　（　）
（2）翻译软件只是将平面文件翻译成 EDI 标准格式。　　　　　　　　　　　　　　（　）
（3）EDI 与传真、电子邮件都需要人工干预的电子数据交换。　　　　　　　　　　（　）
（4）EDI 的关键技术包括通信技术、标准化技术、安全保密技术、计算机数据处理技术等。（　）

六、简答题

（1）EDI 与电子商务的区别是什么？
（2）EDI 的基本特征有哪些？

七、案例分析题

EDI 技术在纺织品配额许可证管理中的应用即全国纺织品配额许可证管理系统，采用先进的计算机信息技术，通过中国国际电子商务网对纺织品被动配额及其许可证实施管理。纺织品配额是协议国对中国出口到该国的纺织品的配额限制，是两国间的政府协议。协议对配额的管理很严格，一旦超过配额就要卡关，中国为此也制定了一系列的配额及许可证管理制度。由于配额数量有限，所以多年来伪造出口许可证和无配额发证现象比较突出，不仅影响了国家的正常出口，而且损害了中国的对外形象。为此，中国与协议国商定，建立了双重核查制度，即中方每天将所发证书的电子数据传送到对方有关主管部门，对方据此对书面许可证进行核查。这正属于 EDI 的应用范畴。

1. 管理模式及业务流程

各签证机关根据商务部对外贸易司分配下达的配额，为本地公司签发纺织品许可证，并每天将所签发许可证的数据通过计算机网络上报到商务部的 EDI 中心。商务部 EDI 中心对上报来的数据进行处理，对配额使用情况进行监控，并每天将许可证数据传送到协议国相关部门。对方则根据此数据来对书面许可证进行核查清关，同时返回有关的核查及清关信息。

全国纺织品配额许可证管理系统的业务流程如图 4.47 所示，图中实线表示书面证书、报表等，虚线表示电子数据。从图中可知，该系统主要包括 5 个环节、3 个子系统：5 个环节分别是商务部对外贸易司、签证机关（各地经贸委）、商务部 EDI 中心、纺织品进出口公司、协议国海关或进口管理部门；3 个子系统分别是纺织品许可证申请、打证子系统（出口公司用），纺织品许可证审理、签证子系统（各签证机关用），纺织品许可证配额管理及对外核查子系统（商务部 EDI 中心主机）。

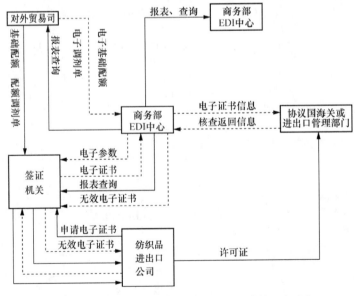

图 4.47　全国纺织品配额许可证管理系统的业务流程

2. 通信系统

计算机通信网络全国纺织品许可证管理系统通过中国分组交换数据网（China packet switched data

network，CNPAC）和长途电话网，使商务部 EDI 中心机房的主机与全国各地签证机关的主机或网络远程工作站连接，构成一个星型拓扑结构的广域网系统。其中，对外核查部分有以下 3 种联网方式。

（1）与欧盟通过国际长途电话网（international direct dialing，IDD）联网。

（2）与加拿大通过中国的分组交换数据网到美国的公用数据网（telecommunications network，TelNET）联网。

（3）与美国直接通过公用数据网联网。

3. 数据标准化

该系统对外主要采用 EDIFACT 标准。商务部颁布了《全国纺织品被动配额出口许可证管理系统工作规范》，对配额的分配、出口许可证的申领和签发实行计算机联网监控管理。

许可证联网申领系统分为发证机关的联网发证系统和公司的联网申领系统。数据的联网传输是在中国国际电子商务网（https://www.ec.com.cn）上进行的。

分析：

案例中涉及 EDI 的哪些作用？

项目 5
电子商务物流

>> 【学习目标】

知识目标	技能目标	素质目标
（1）熟练掌握电子商务的概念、基本组成、特点、分类和功能。 （2）熟悉电子商务环境下物流系统的体系结构和业务流程。 （3）了解掌握电子商务物流的运作模式	（1）培养学生应用电子商务的能力。 （2）培养学生应用专业知识解决电子商务物流问题的能力。 （3）培养学生利用电子商务与物流协同技术解决物流问题的能力	培养学生服务"三农"发展、助力乡村振兴的思想

>> 【案例导入】

随着时代的发展、生活水平的提高及贫富差距的缩小，农村的生活未来赶超城市可期。现在农村网民的数量每年都在不断地增长，也让很多人看到了农村电商发展的商机，当前的农村网络零售规模在持续保持加速增长的态势，农村电商的市场规模也在不断地变得庞大。尤其是近年来，农村电商在各方力量的推动下，呈现出快速发展的态势，可谓机遇与挑战并存。很多企业都在寻找与互联网、电子商务的结合点，以实现"互联网+"，开创新的商业模式。

2020年，农村电商交易规模已达3万亿元。发展至今，农村电商行业已形成多业态共同发展的局面，如以阿里巴巴、京东等电商巨头为代表的综合电商平台，以三只松鼠、新农哥为代表的网络品牌商，以农一网、云农场等为代表的农资电商等。

疫情期间，电商行业生态更新迭代，抖音从原有的视频带货向"视频+直播"升级，从纯内容生态向"内容+社交+电商"发展，通过"视频推广+直播转化"多元化的高曝光，解决了全国多地农产品滞销的难题，助力精准扶贫。围绕"服务'三农'发展，助力乡村振兴"目标，以科技助推"一粒米、一滴油、一只虾"等农业重点产业的发展，积极融入了水稻、油菜等农业产业链建设，进一步增强了科技创新能力，提升了"三农"服务水平，抓好品种选育和模式创新，为乡村振兴提供了坚强的科技支撑。

资料来源：东方财富网．2020年中国农村电商市场发展现状分析　多业态共同发展［EB/OL］．（2020-08-25）［2022-02-23］．https：//baijiahao.baidu.com/s?id=1675986148560390185&wfr=spider&for=pc. 有改动。

项目5 电子商务物流

【思维导图】

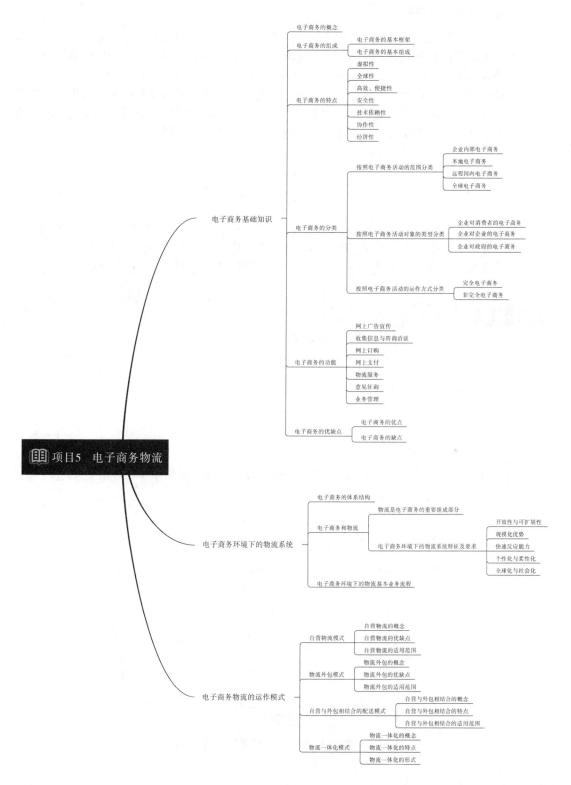

任务 1　电子商务基础知识

一、电子商务的概念

电子商务是指人们利用电子手段进行商务活动，是商务活动的电子化。电子手段是指电子技术、工具、设备及系统，包括最早的电话、电报、电视、传真、电子函件、电子数据交换、电子计算机、通信网络，以及现在的信用卡、电子货币和 Internet。商务活动包括询盘、报价、磋商、签约、履约、支付、客户服务、货物递交、售后服务及市场调查分析、财务核算及生产安排等经济活动。电子商务主要是网上的商务活动，它使信息流、资金流和物资流三者融为一体，其核心是商务，但前提是"电子"。因此，电子商务是一种全新的商业运作模式。

广义的电子商务（electronic business，EB）是指各行各业包括政府机构和企业、事业单位各种业务的电子化、网络化，可称为电子业务，包括电子商务、电子政务、电子军务、电子医务、电子教务、电子公务、电子家务等。

狭义的电子商务（electronic commerce，EC）是指人们利用电子手段进行以商品交换为中心的各种商务活动，如公司、厂家、商业企业与消费者利用计算机网络进行的商务活动。EC 也称为电子交易，包括电子商情、电子广告、电子合同签订、电子购物、电子交易、电子支付、电子转账、电子结算、电子商场、电子银行等不同层次、不同程度的电子商务活动。

> **知识链接**
>
> 许多组织和个人从不同角度提出了电子商务的概念：
> （1）从通信的角度来看，电子商务是在 Internet 上传递信息、商品 / 服务并进行支付的过程。
> （2）从服务的角度来看，电子商务是一个工具，能在提高服务质量的同时降低服务成本。
> （3）从营销的角度来看，电子商务是市场营销手段的技术化和网络化。

二、电子商务的组成

（一）电子商务的基本框架

一个现代化的电子商务是由电子商务实体、电子市场、交易事务和"4F+2S+1P"构成的，其基本框架如图 5.1 所示。

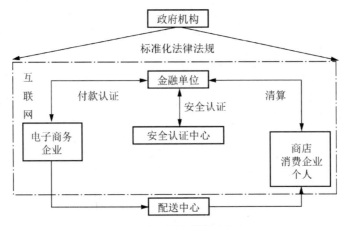

图 5.1　电子商务的基本框架

（1）电子商务实体。电子商务实体是指能够从事电子商务活动的对象，如企业、银行、商店、政府机构和个人等。

（2）电子市场。电子市场是指电子商务实体从事商品或服务交换的场所。

（3）交易事务。交易事务是指电子商务实体之间所从事的具体的商务活动，如广告宣传、价格查询、网上订购和转账支付等。

（4）"4F+2S+1P"。"4F"是指物流、商流、信息流和资金流，实施电子商务就是为了顺利实现这四流的畅通；"2S"是指安全和标准化建设；"1P"是指政策法规，为电子商务的活动的开展提供安全建设、标准化建设和政策法规的支持。

（二）电子商务的基本组成

电子商务的基本组成要素有网络、用户、认证中心、物流配送中心、网上银行、商家，如图5.2所示。

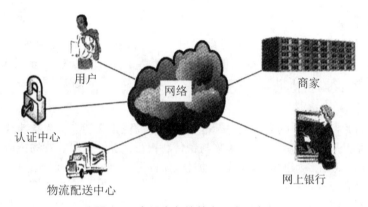

图5.2 电子商务的基本组成要素

（1）网络。网络包括Internet、Intranet和Extranet。Internet是电子商务的基础，是商务、业务信息传送的载体；Intranet是企业内部商务活动的场所；Extranet是企业与企业、企业与个人进行商务活动的纽带。

（2）用户。电子商务用户可分为个人用户和企业用户。个人用户使用浏览器、电视机顶盒、个人数字助理、电话等接入Internet。为了获取信息、购买商品，还需采用Java技术及相关产品。企业用户建立企业内部网、外部网和企业管理信息系统，对人、财、物、供、销、存进行科学管理。企业利用Internet网页站点发布产品信息、接收订单，即建立电子商场。如果要在网上进行销售等商务活动，还要借助于电子报关、电子报税、电子支付系统与海关、税务局、银行进行有关商务、业务处理。

（3）认证中心。认证中心（certificate authority，CA）是受法律承认的权威机构，负责发放和管理电子证书，使网上交易的各方能互相确认身份。电子证书是一个包含证书持有人个人信息、公开密钥、证书序号、有效期、发证单位的电子签名等内容的数字文件。

（4）物流配送中心。接受商家的送货要求，组织运送无法从网上直接得到的商品，跟踪产品的流向，将商品送到消费者手中。

（5）网上银行。在Internet上实现传统银行的业务，为用户提供24h实时服务；与信用卡公司合作，发放电子钱包，提供网上支付手段，为电子商务交易中的用户和商家服务。

（6）商家。商家一般是从事商业活动的个人和各种组织的统称。在电子商务中，商家是指企业主，即出售货物或服务的卖家。

三、电子商务的特点

电子商务将传统商业活动中商流、物流、资金流、信息流的传递方式利用网络技术进行整合，企业将重要的信息以万维网（WWW）、企业内部网或外部网直接与分布各地的客户、员工、经销商及供应商连接，创造更具竞争力的经营优势。电子商务与传统的商务活动方式相比，具有以下特点。

（一）虚拟性

电子商务通过网络进行贸易，贸易双方从贸易磋商、签订合同到支付等，无须当面进行，均通过计算机互联网络完成，整个交易完全虚拟化。对卖方来说，可以到网络管理机构申请域名，制作自己的主页，组织产品信息上网。而虚拟现实、网上聊天等新技术的发展使买方能够根据自己的需求选择广告，并将信息反馈给卖方。通过信息的推拉互动，签订电子合同，完成交易并进行电子支付，整个交易都在网络这个虚拟的环境中进行。

（二）全球性

电子商务可以使商家直接与全球各地客户联系。通过 Internet 可以把地方市场、国内市场、国际区域市场和全球市场连成一体，使整个世界的生产、交换、分配和消费紧密相连。无论是企业还是个人，都可以通过网络进行商务交易活动或非交易活动。

（三）高效、便捷性

由于电子商务将贸易中的商业报文标准化，所以商业报文能在世界各地瞬间完成传递与计算机处理，使原料采购、产品生产、采购与销售、银行汇兑、保险、货物托运及申报等过程都不需要人员干预，并在最短时间内完成。通过电子商务开展商品和服务的贸易，可以大幅度地减少不必要的商品流动、物资流动、人员流动和货币流动，减少商品生产和消费的盲目性，减少有限物质资源、能源的消耗和浪费。消费者、企业与政府之间也能以高效、便捷的方式进行相互之间的交易、管理活动，降低社会经营成本，优化资源配置，提高生产效率，提升服务质量。

（四）安全性

电子商务的安全性是电子商务快速发展的一个重要保证。电子线路的可窃听性、电子信息的可复制性，以及 Internet 软硬件仍存在一些缺陷，导致了电子商务的安全问题。现在有相应的对策解决黑客攻击、病毒侵害、网络欺骗、网上盗窃等问题，以保证电子商务的安全性和可靠性。

（五）技术依赖性

电子商务中大量采用了计算机、网络通信等新技术。网络基础设施提供了电子商务所需的传输线路；万维网、超文本语言的运用可以使商务信息在网上发布；各种技术标准及相应的网络协议对于保证兼容性和通用性是十分重要的；CA 认证、SET 安全电子交易协议和 SSL 安全套接层协议标准提供一种端到端的方案来解决安全问题。

（六）协作性

商务活动是一种协调过程，需要参与交易的客户、生产商、批发商、零售商、物流服务商等按照一定的规则来协调完成。在电子商务环境下，只有银行、交通、通信、保险、政府等部门相互协作，以及企业内部各个业务部门之间相互协调、配合，才能实现全过程的电子商务，才能真正体现电子商务的优势与价值。

（七）经济性

电子商务的经济性主要表现在买卖双方的交易成本大幅度降低。例如，网络传输信息的成本远远低于信件、电话等传递信息的成本；买卖双方通过网络进行商务交易活动，越过了交易的中间环节，减少了中间交易费用；通过 Internet 进行产品介绍、宣传，费用低廉，大幅度减少了广告、宣传费用；电子商务实现"无纸经营"，减少了印刷成本，可节约很多文件处理费用；电子商务使"无库存生产"和"无库存销售"成为可能，不仅使库存保管成本降为零，而且降低了生产过剩造成的资源浪费。

四、电子商务的分类

（一）按照电子商务活动的范围分类

1. 企业内部电子商务

企业内部电子商务即企业各部门通过企业内部网的方式处理与交换经营管理信息。企业内部网是一种有效的商务工具，通过防火墙，企业将自己的内部网与 Internet 隔离，可以用来自动处理商务操作及工作流，增强对重要系统和关键数据的存取，可以共享经验，共同解决顾客问题，并保持组织间的联系。通过企业内部的电子商务，可以增加处理商务活动的敏捷性，使企业对市场状况能更快地做出反应，并更好地为顾客提供服务。

2. 本地电子商务

本地电子商务通常是指利用本城市或本地区的信息网络实现的电子商务活动，电子交易的地域范围变小。本地电子商务是利用 Internet、Intranet 或专用网将下列系统联结在一起的网络系统：参加交易各方的电子商务信息系统，包括买方、卖方及其他各方的电子商务信息系统；税务管理信息系统；货物运输信息系统；本地区 EDI 中心系统。本地电子商务系统是开展远程国内电子商务和全球电子商务的基础系统。

3. 远程国内电子商务

远程国内电子商务是指在全国范围内进行的网上电子交易活动。它交易的地域范围较大，对软硬件和技术要求较高，要求在全国范围内实现商业电子化、自动化和金融电子化，交易各方具备一定的电子商务知识、经济能力和技术能力，并具有一定的管理水平等。

4. 全球电子商务

全球电子商务是指在全世界范围内通过全球网络进行的电子交易活动。它涉及交易各方的相关系统，如买方国家进出口公司系统、海关系统、银行金融系统、税务系统、运输系统、保险系统等。全球电子商务业务内容繁杂，数据往来频繁，要求电子商务系统严格、准确、安全、可靠，所以应制定出全球统一的电子商务标准和电子商务（贸易）协议，使全球电子商务得到顺利的发展。

（二）按照电子商务活动对象的类型分类

1. 企业对消费者的电子商务

企业对消费者的电子商务（business to customer，B to C 或 B2C）类似于联机服务中进行的商品买卖，是利用计算机网络使消费者直接参与经济活动的高级形式。B2C 即企业通过互联网为消费者提供一个新型的购物环境——网上商店，消费者通过网络在网上购物、在网上支付。这种模式节省了客户和企业的时间和空间，大大提高了交易效率，特别对于工作忙碌的上班族来说，这种模式可以为其节省宝贵的时间。但是，在网上出售的商品特征也非常明显，尤其是一些特殊商品，如图书、音像制品、数码类产品、鲜花、玩具等。目前，B2C 电子商务的付款方式是货到付款与网上支付相结合，大多数企业的配送选择物流外包方式以节约运营成本。

B2C 模式的优势主要表现在：企业充分利用 Internet 作为销售渠道，由于减少了分销等商务中介，商品的零售价格得以降低，消费者能够得到更多的实惠，也提高了企业的竞争力；企业可以根据客户的需要采取个性化的服务。这种模式的缺点主要在于必须依赖完整的物流配送系统的支持，所以商品的利润率并不高。例如，当当网上书店（www.dangdang.com）就是国内著名的 B2C 模式的网上书店。

B2C 的工作流程如下所列。

（1）消费者打开网页，查看在线商店或企业的主页。

（2）消费者通过购物对话框填写姓名、地址、商品品种、规格、数量等。

（3）消费者选择支付方式，如信用卡，也可选用借记卡、电子货币或电子支票等。

（4）在线商品或企业的客户服务器检查支付方服务器，确认汇款是否认可。

（5）在线商品或企业的客户服务器确认消费者付款后，通知销售部门送货上门。

（6）消费者的开户银行将支付款项拨到信用卡公司，信用卡公司负责给消费者发送收费清单。

2. 企业对企业的电子商务

企业对企业的电子商务（business to business，B to B 或 B2B）是指企业（生产企业或商业企业）利用 Internet 或各种商务网络向供应商（生产企业或商业企业）订货、收发票据和支付货款。B2B 模式主要是通过互联网平台聚合众多企业商家，形成买卖的大信息海洋，买家与卖家在平台上选择交易对象，通过在线电子支付完成交易。

B2B 是我国目前盈利状况最好的电子商务商业模式，也将是电子商务业务的重点。例如，阿里巴巴中国站（www.alibaba.com.cn）就是 B2B 电子商务网站。

处于生产领域的商品生产企业，其进行传统商务的过程大致可以描述为：需求调查→材料采购→生产→商品销售→收款→货币结算→商品交割。当引入电子商务后，这个过程可以描述为：以电子查询的形式进行需求调查→以电子单证的形式调查原材料信息并确定采购方案→生产→通过电子广告促进商品销售→以电子货币的形式进行资金接收并同电子银行进行货币结算→商品交割。

B2B 具有的功能如下所列。

（1）供应商管理。减少供应商或供应环节，减少订货成本和周转时间，用更少的人员完成更多的订货工作。

（2）库存管理。缩短"订货→运输→付款"（order → ship → bill）的环节，从而降低库存，促进存货周转，消除存货不足或存货不当。

（3）销售管理。网上订货、客户档案管理等。

（4）信息传递、交易文档管理。安全及时地传递订单、发票等所有商务文件信息。

（5）支付管理。网上电子货币支付。

3. 企业对政府的电子商务

企业对政府的电子商务活动（business to government，B to G 或 B2G）覆盖企业与政府组织间的各项事务，如政府采购、税收、商检、管理条例发布等。政府是电子商务交易中一个特殊的对象，一方面，它与其他企业一样是交易的主体；另一方面，它又是电子商务实施的规范者和指导者。例如，政府采购清单可以通过 Internet 发布，企业可以以电子化方式回应；在企业税的征收上，政府也可以通过电子交换方式来完成。例如，中国电子口岸（www.chinaport.gov.cn）就是一个集口岸业务及管理于一体的网站，在网站上可进行电子报关。

政府可以通过这种方式树立政府形象，通过示范作用促进电子商务的发展。除此之外，政府还可以通过这类电子商务实施对企业的行政事务管理，如政府用电子商务方式发放进出口许可证、开展统计工作，企业可以通过网络办理交税和退税等。

（三）按照电子商务活动的运作方式分类

1. 完全电子商务

完全电子商务是指完全通过电子商务方式完成全部交易行为和过程，或者说商品或服务的完整交易过程完全是在网上实现的。完全电子商务能使双方超越时空的障碍进行电子交易，可以充分挖掘全球市场的潜力，如数字化商品等。例如，中信网（www.chinaxinge.com），既可以浏览交易信息，又可以进行电子交易。

2. 非完全电子商务

非完全电子商务是指不能完全依靠电子商务方式实现商务过程和商务行为的商务活动。它要借助于一些外部系统的功能，如物流系统来完成交易，所进行的是交易非数字化商品。例如，全球商务网（www.qqsw5.com）就是依靠交易平台进行各种商品的交易活动。

五、电子商务的功能

电子商务可以通过 Internet 提供网上营销、服务、交易和管理全过程的服务，具有网上广告宣传、收集信息与咨询洽谈、网上订购、网上支付、物流服务、意见征询和业务管理等功能。

（一）网上广告宣传

电子商务使企业可以通过自己的 Web 服务器，利用网页和电子邮件在全球范围做广告宣传，在网上宣传企业形象和发布各种商品信息。电子商务中信息发布的实时性和便捷性是传统媒体无法比拟的，可取得传统媒体不具备的效果。

（二）收集信息与咨询洽谈

电子商务可借助非实时的电子邮件、新闻组和实时的讨论组来了解市场和商品信息、洽谈交易事务，如有进一步需求，还可利用网上的白板会议来交流即时的图形信息。

（三）网上订购

电子商务通过 Web 服务器中的电子邮件或表单交互传输实现网上订购。企业的网上订购系统通常都在商品介绍的页面上提供十分友好的订购提示信息和订购交互表格，当客户填完订单后，系统会回复确认信息来保证订购信息的收悉。商品订购信息也可采用加密方式，使客户和商家的商业信息不被泄露。

（四）网上支付

客户和商家之间可以利用信用卡、电子钱包、电子支票和数字现金等电子支付方式，省去交易中很多人员的开销。网上支付需要很可靠的信息传输安全性控制，以防止欺诈、窃听、冒用等非法行为。

> **知识链接**
>
> 电子现金也称为数字现金，是一种用电子形式模拟现金的技术。它把现金数值转换成一系列的加密序列数字，通过这些序列数字来表示现实中各种金额的币值。
>
> 信用卡是一种简单的信贷服务，由银行或信用卡公司依照用户的信用度与财力发给持卡人，持卡人持信用卡消费时无须支付现金，按期向银行还款即可。
>
> 电子支票是纸质支票的电子替代物，它将纸质支票转换为带有数字签名的电子报文，或用其他数字电文表示纸质支票的全部信息，然后利用数字传递将钱款从一个账户转移到另一个账户。

（五）物流服务

对于已付款的客户，应将其订购的货物尽快地送到他们的手中。对于有形的商品，电子商务系统可以对本地和异地的货物在网上进行物流的调配，并通过快递公司完成商品的传递；而对于无形的信息产品，则可以直接从电子仓库中将商品通过网络发送到用户端。

（六）意见征询

电子商务能很方便地通过网页上的"选择""填空"等格式的文件来收集用户对商品和销售服务的反馈意见。

（七）业务管理

企业的业务管理涉及人、财、物、机、料等方面，包括企业和企业之间、企业和消费者之间及企业内部等各方面的协调和管理。因此，电子商务在业务管理上涉及商务活动全过程。

六、电子商务的优缺点

（一）电子商务的优点

（1）电子商务将传统的商务流程电子化、数字化，一方面以电子流代替了实物流，可以大量减少人力、物力，降低了成本；另一方面突破了时间和空间的限制，使得交易活动可以在任何时间、任何地点进行，从而大大提高了效率。

（2）电子商务所具有的开放性和全球性的特点，为企业创造了更多的贸易机会。

（3）电子商务使企业可以以相近的成本进入全球电子化市场，使得中小企业有可能拥有和大企业一样的信息资源，提高了中小企业的竞争能力。

（4）电子商务重新定义了传统的流通模式，减少了中间环节，使得生产者和消费者的直接交易成为可能，从而在一定程度上改变了整个社会经济运行的方式。

（5）电子商务一方面破除了时空的壁垒，另一方面提供了丰富的信息资源，为各种社会经济要素的重新组合提供了更多的可能，这将影响社会的经济布局和结构。

（6）具有互动性。通过互联网，商家之间可以直接交流、谈判、签合同，消费者也可以把自己的建议反馈到企业或商家的网站，而企业或商家则要根据消费者的反馈及时调查产品种类及服务品质，做到良性互动。

（二）电子商务的缺点

（1）网络自身有局限性。例如，有一位消费者在网上订购了一新款女式背包，虽然质量不错，但怎么看款式都没有网上看到的那个中意。实际上，许多消费者都反映实际得到的商品不是在网上看中的商品，这是怎么回事呢？其实在把一件立体的实物缩小许多变成平面的图片过程中，商品本身的一些基本信息会丢失，输入计算机的只是人为选择的商品的部分信息，人们无法从网上得到商品的全部信息，尤其是无法得到对商品的最鲜明的直观印象。在这一问题上，一般依靠网站制作和网页设计者对页面进行把控，以便向消费者展示商品。

（2）搜索功能不够完善。当在网上购物时，用户面临的一个很大的问题就是如何在众多网站找到自己想要的物品，并以最低的价格买到。搜索引擎看起来很简单：用户输入一个查询关键词，搜索引擎就按照关键词到数据库去查找，并反馈最合适的 Web 页链接。但很多网页需要建立索引，一些搜索引擎仅对部分网页建立索引。这主要不是技术的原因，而是由于在线商家希望保护商品价格的隐私权，所以当用户在网上购物时，不得不一个网站一个网站地搜寻，直到找到价格满意的物品。

（3）交易的安全性得不到保障。电子商务的安全问题仍然是影响电子商务发展的主要因素。在开放的网络上处理交易，如何保证传输数据的安全成为电子商务能否普及的最重要的因素之一。相关调查公司曾对电子商务的应用前景进行过在线调查，当问到为什么不愿意在线购物时，绝大多数人的问题是担心遭到黑客的侵袭而导致信用卡信息丢失，因此，有一部分人或企业因担心安全问题而不愿使用电子商务。电子商务的安全问题其实也是人与人之间的诚信问题，和现实商业贸易相似，均需双方的共同协作和努力。电子商务的未来，需要所有网民的共同协作。

（4）电子商务的管理还不够规范。电子商务的多姿多彩给世界带来全新的商务规则和方式，这要求在管理上做到更加规范，这个管理的概念应该涵盖商务管理、技术管理、服务管理等方面，因此，要同时在这些方面达到一个比较令人满意的规范程度，不是一时半会儿就可以做到的。另外，电子商务平台的前后端相一致也是非常重要的，前端的 Web 平台是直接面向消费者的，是电子商务的门面，而后端的内部经营管理体系则是完成电子商务的必备条件，关系到前端所承接的业务最终能否得到很好的实现。一个完善的后端系统更能体现一家电子商务公司的综合实力，因为它将最终决定提供给用户的是什么样的服务，决定电子商务的管理是不是有效，决定电子商务公司最终能否实现盈利。

（5）税务问题。税务（包括关税和税收）是一个国家重要的财政来源。由于电子商务的交易活动是在没有固定场所的网络环境下进行的，导致国家难以控制和收取电子商务的税金。

（6）标准问题。由于各国的国情不同，电子商务的交易方式和手段也存在某些差异，而且我们要面对无国界、全球性的贸易活动，因此，需要在电子商务交易活动中建立相关的、统一的国际性标准，以解决电子商务活动的互操作问题。目前，电子商务的问题是概念不清，搞电子的搞商务，搞商务的搞电子，呈现一种离散、无序、局部的状态。

（7）配送问题。配送是让商家和消费者都很伤脑筋的问题，网上消费者经常遇到交货延迟的现象，而且认为配送的费用很高。一些缺乏系统化、专业化、全国性的货物配送企业，配送组织没有形成一套高效、完备的配送管理系统，会影响人们的购物热情。

（8）知识产权问题。在由电子商务引起的法律问题中，保护知识产权问题首当其冲。由于计算机网络上承载的是数字化形式的信息，所以在知识产权领域（如专利、商标、版权和商业秘密等）中，版权保护的问题尤为突出。

（9）电子合同的法律问题。在电子商务中，传统商务交易中所采取的书面合同已经不适用了：一方面，电子合同存在容易编造、难以证明其真实性和有效性的问题；另一方面，现有的法律尚未对电子合同的数字化印章和签名的法律效力进行规范。

（10）电子证据的认定。信息网络中的信息具有不稳定性或易变性，这就造成了信息网络发生侵权行为时，锁定侵权证据或获取侵权证据难度极大，对解决侵权纠纷带来了较大的障碍。如何保证在网络环境下信息的稳定性、真实性和有效性，是有效解决电子商务中侵权纠纷的重要因素。

（11）其他细节问题。最后就是一些不规范的细节问题，例如，目前网上商品价格参差不齐，主要成交类别商品价格相差较大；网上商店服务的地域差异大；在线购物发票问题多；网上商店对订单回应速度参差不齐；电子商务方面的法律对参与交易的各方面的权利和义务还没有进行明确细致的规定。

任务 2　电子商务环境下的物流系统

一、电子商务的体系结构

电子商务的体系结构描述了电子商务正常运作所需具备的各个组成部分及其层次关系，如图 5.3 所示。电子商务的法律法规体系、安全认证体系、电子支付体系、物流配送体系、社会信息化环境体系等是电子商务的环境体系，技术、信息、交易等标准化体系是电子商务的运作基础。

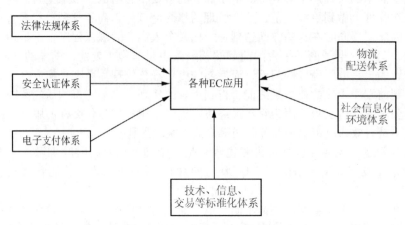

图 5.3　电子商务的体系结构

二、电子商务和物流

（一）物流是电子商务的重要组成部分

电子商务集商流、信息流、资金流和物流于一体，它的交易模型如图 5.4 所示。信息流包括商品信息、订单信息、采购信息、库存信息、运输信息、客户信息、供应商信息、认证信息、资金转账信息，以及各种统计、决策信息等的流转；资金流主要是指资金的转移；物流即通过各项具体的运输、储存、装卸、保管、包装、配送等物流活动，实现物质资料的空间位移。因此，物流是电子商务的重要组成部分。

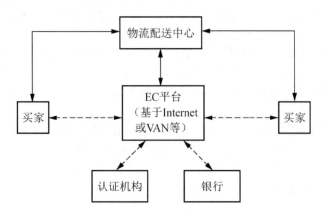

图中，实线为物流，虚线为信息流或资金流

图 5.4　电子商务交易模型

在电子工具和网络通信技术等支撑下,信息流、资金流可通过网络轻松完成,而物流一般是不可能直接通过网络传输的方式完成的。因此,如果没有先进的现代物流系统,必然会给电子商务的发展带来巨大的阻碍。

(二)电子商务环境下的物流系统特征及要求

1. 开放性与可扩展性

物流系统中的每个物流节点都通过网络相连,在遵循标准的前提下,一起交换、共享信息,协同工作。节点可以不断增加,某个节点的变动不会影响整个物流系统的正常运作,因此,整个物流系统具有可扩展性、开放性,同时具备抗风险能力。

2. 规模化优势

通过网络的连接,整个物流系统可以是跨地区的,甚至全球化运作。通过规模化作业,可降低整个物流系统的成本,提高物流工作效率、效益,以及物流系统的竞争力,进而提高整个社会的效率和效益。

3. 快速反应能力

通过构建合理的物流信息系统,以及高效的物流配送体系,用户能够很快地以合适的价格购得合适的商品。

4. 个性化与柔性化

客户需求的多样化趋势及企业竞争的加剧,都要求物流系统具备个性化物流服务技能,动态调配能力和柔性化的组织水平是对物流系统的要求。

5. 全球化与社会化

电子商务的跨行业、跨地区的特点,要求物流系统应具备社会化特征,使物流经营具有专业化、社会化和全球化能力,建立物流系统的协同作业,向第三方物流经营发展。

上述所有特征或要求的实现,都必须以物流系统的现代化管理和基于网络、标准化技术的物流信息系统为基础。物流系统横跨生产、流通、消费三大领域,大量的物流信息贯穿于物流活动的全过程,物流系统只有通过信息技术将供应链、供需链中各个物流环节整合在一起,才能充分发挥物流的作用,构建物流系统的整体功能。因此,信息技术为物流系统的信息管理提供了非常丰富的技术手段和解决方案,大幅度地提高了信息管理水平和客户服务质量,使传统意义上的多式联运逐步发展成为综合物流,实现专业化、网络化、信息化的现代物流发展目标。

三、电子商务环境下的物流基本业务流程

电子商务环境下的物流基本业务流程如图5.5所示。

电子商务环境下的物流信息系统具有物流信息系统的共同特征,它的构建遵循物流信息系统构建的基本原则,但其关键技术则由于电子商务的特点而体现出相应的差异性。

在B2C模式下,消费者可通过电子商务网站订购商品、跟踪订单信息及完成网上支付手续等。因此,网站的构建显得相当重要。网络服务器的可靠性、可用性、可扩展性,各种在线顾客的隐私的安全技术、实时在线支付技术、实时车辆货物跟踪技术、内容管理技术和网站内容,以及图形用户界面的个性化技术等,是决定B2C模式能正常运作的关键技术。

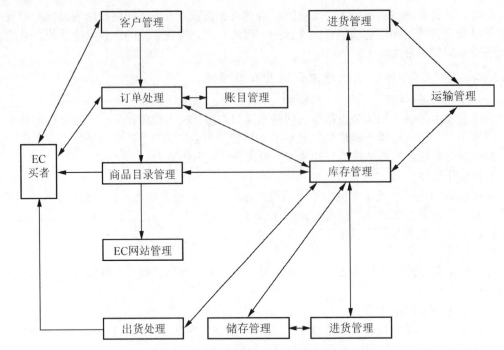

图 5.5 电子商务环境下的物流基本业务流程

在 B2B 模式下,供应链管理是重要的内容。供应链管理在电子商务环境下的主要任务可以归纳为:动态联盟的系统化管理,生产两端的资源优化管理,不确定性需求的信息共享管理,以及生产的敏捷化管理。在这种要求下,供应链的管理必然要适应电子商务的特点,开发出集成化的供应链管理模式,其核心技术是文件共享、处理和数据交换。由于企业的贸易伙伴形形色色,且各企业数据格式和处理方式都有所不同,所以数据格式转换和商务过程是这类电子商务实现的关键,EDI 是实现 B2B 电子商务的重要技术。

B2B 网上集市是进行企业间交易的商业平台,如网上采购市场等。在这种模式下,需要大部分在 B2C 电子商务实现中所用到的技术。

基于 B2C 模式,从信息技术角度出发,一般可以把电子商务环境下的物流信息系统划分为以下 3 个部分。

(1)物流组织的内部网由数据库服务器、Web 服务器、电子邮件服务器及电子商务服务器和客户端的 PC 等组成,所有这些服务器和 PC 都通过集线器或交换机相连。Web 服务器最主要的功能是为物流组织外的消费者提供物流信息访问界面;邮件服务器可以为物流组织提供电子邮件的发送和接收服务;电子商务服务器、数据库服务器及 Web 服务器结合起来为物流组织的内外部提供相应的电子商务处理功能;客户端的 PC 必须安装互联网浏览器,才可以访问物流组织的 Web 服务器。每种服务器的性能、数量等配置必须根据物流系统的实际需要来确定。

(2)使物流组织的内部网和互联网相连,是实现 B2C 电子商务的必备条件,在连接时必须采取一些安全措施或采用具有安全功能的设备,如防火墙。为了进一步提高安全性,物流组织可以在防火墙外设置独立的 Web 服务器和邮件服务器,供物流组织外部访问;在防火墙与互联网之间,配置一台代理服务器,可以屏蔽物流组织内部网中的服务器或 PC,也可以保存经常访问的网络信息,起到缓冲的作用,提高其服务性能,节省费用。

（3）物流组织的电子商务应用系统体现为一套应用软件，通常在物流组织的内部网上运行。其主要分为两部分：完成物流组织内部的业务处理（如采购、仓储、配送等），并向物流组织的外部消费者提供服务（如消费者可以通过互联网查看商品目录、商品资料，下订单等）；极其安全的电子支付系统，使消费者可以通过互联网完成在线购物、支付等，实现真正的电子商务。

任务 3　电子商务物流的运作模式

一、自营物流模式

（一）自营物流的概念

自营物流是指电子商务所涉及的全部物流任务均由电子商务企业自己来完成，即电子商务企业在各地的网民密集地区设置自己的物流配送网点，在获得消费者的购物信息后，由配送网点将消费者在网上所购的商品送到消费者手中。

（二）自营物流的优缺点

（1）自营物流的优点。可以准确把握企业的经营目标，对物流过程和物流成本进行有效的控制，提高客户服务水平，满足消费者"即购即得"的购物需求。

（2）自营物流的缺点。电子商务企业需要在物流配送方面投入大量的人力、物力和财力，而且投资风险大，规模效益不高，需要较大规模的配送需求来支撑。

> **知识链接**
>
> 规模效益是指随着配送数量的增加，平均成本不断降低的现象。配送货物在一定的数量范围内，可以认为固定成本变化不大，那么新增的货物就可以分担更多的固定成本，从而使分摊在每件货物上的成本下降。

（三）自营物流的适用范围

（1）资金实力雄厚且业务规模较大的电子商务企业。在第三方物流不能满足其成本控制目标和客户服务水平要求的情况下，这些电子商务企业可自行建立适应业务需要的物流系统，可向其他物流服务需求方（如其他的电子商务企业）提供综合物流服务，以充分利用物流资源，实现规模效益。

（2）传统的大型制造企业或批发企业经营的电子商务网站。这类企业在长期的传统业务中已经建立起初具规模的营销网络和物流配送体系，在开展电子商务时只需将其加以改进和完善，就可满足物流配送的要求。

二、物流外包模式

（一）物流外包的概念

物流外包又称第三方物流或合同物流，以签订合同的方式，在一定期限内将部分物流活动委托给专业物流企业来完成。

物流不是电子商务企业的核心业务，电子商务企业通常将物流业务外包给第三方物流企业，而把资源和精力集中在自身的核心业务上，可以获得最大投资回报。

（二）物流外包的优缺点

（1）物流外包的优点。可以借助第三方物流企业在专业方面的优势，高效、快速地完成物流任务，降低物流成本，为客户提供专业化、多功能和全方位的优质服务，还可避免电子商务企业在物流配送方面花费太多的时间和精力。

（2）物流外包的缺点。如果电子商务企业与第三方物流企业之间沟通不畅，就会导致生产的盲目和运力的浪费或不足，以及库存结构不合理等问题；电子商务企业过分依赖第三方物流企业，容易受制于人，在供应链关系中处于被动地位；对电子商务企业而言，将业务外包给其他企业可能导致信息泄露，增加经营风险。

（三）物流外包的适用范围

物流外包模式适用于那些规模较小、业务量少、实力较弱，没有完整的物流系统的电子商务企业。

三、自营与外包相结合的配送模式

（一）自营与外包相结合的概念

自营与外包相结合是指电子商务企业将自身不擅长或成本较高的物流活动外包给第三方物流企业来完成，自己则承担能够胜任的或成本较低的物流活动。

（二）自营与外包相结合的特点

在这种模式下，电子商务企业拥有自己的仓库和区域配送中心，通过信息化平台和网络技术实现与第三物流公司的合作，将其最后环节的配送交由专业的物流公司来完成，共同实现对消费者的物流配送。这要求电子商务企业和第三方物流企业能实现双向信息对接，彼此之间能共享数据。

采用自营与外包相结合的配送模式，既可以使企业实现资源利用的合理化和最优化，又能保证服务，充分节约成本。

（三）自营与外包相结合的适用范围

自营与外包相结合的配送模式适用于拥有自己的物流系统，但物流设施和网络不完善的电子商务企业。

四、物流一体化模式

（一）物流一体化的概念

物流一体化是指以物流系统为核心，由生产企业、物流企业、销售企业和消费者组成的供应链整体化和系统化的物流模式。

物流一体化要求专业化的物流管理人员和技术人员充分利用专业化物流设备设施，发挥专业化物流运作的管理经验，以求取得整体最优效果。物流一体化是物流产业化发展的形式，必须以第三方物流的充分发育和完善为基础。

（二）物流一体化的特点

（1）具有大量化、共同化、信息化的特点。

（2）要对所有供应链企业的物流体系实行统一的信息管理和调度。

（3）通过加强供应链的整体化和系统化，提高物流效率，降低物流成本，达到整体最优化的效果。

（三）物流一体化的形式

（1）垂直一体化是指以电子商务企业为供应链上的核心企业，将供应商、物流企业、用户纳入管理范围，利用企业的自身条件建立和发展与供应商、物流公司和用户的合作关系，保证物流在各个环节畅通。垂直一体化是目前应用最为广泛的物流一体化形式。

（2）水平一体化是指通过同行业中多个企业在物流方面的合作而获得规模效益，提高物流效率。

（3）物流网络是指某个物流一体化系统的某个环节同时又是其他物流一体化系统的组成部分，这种形式是垂直一体化和水平一体化的综合体。

项目实训

实训一　调查电子商务的典型模式

[实训目标]

（1）通过浏览电子商务的典型模式，增强对电子商务的感性认识。
（2）了解电子商务网站的页面设置与功能结构。
（3）了解3种典型模式电子商务网站的区别。
（4）培养协作与交流的意识与能力，进一步认知掌握电子商务的重要性，为培养相关技能奠定基础。

[实训要求]

（1）访问3种典型模式电子商务网站。
（2）了解3种典型模式电子商务网站的区别。

[实训考核]

请参考实训材料，访问3种典型模式电子商务网站，并将3种典型模式电子商务网站的功能与特征填入表5-1。

表5-1　3种典型模式电子商务网站的特性对比分析表

模式类别	功　　能	特　　征	评　　分
B2B			
B2C			
B2G			

实训二　电子商务购物体验和网上支付

[实训目标]

（1）登录购物网站进行购物操作。
（2）进行网上支付，要求能够进行日常交易和转账汇款。

[实训要求]

（1）能够体验电子商务购物的便捷性。
（2）掌握网上支付的相关操作。
（3）进行手机支付和查询等操作，体验电子商务的乐趣。

[实训考核]

考核要素	评价标准	分值/分	评分/分			
			自评（10%）	小组（10%）	教师（80%）	小计（100%）
电子商务购物	掌握电子商务购物的相关操作	50				
电子支付和移动支付	掌握电子支付和移动支付的操作	40				
总结和分析	操作过程中的体会	10				
合　计						
评　语（主要是建议）						

实训参考

典型电子商务网站举例

（1）访问环球资源网（https://www.hqziyuan.com），了解典型的 B2B 模式。

（2）访问真快乐-综合网购商城（https://www.gome.com.cn），了解典型的 B2C 模式。

课后练习

[参考答案]

一、单项选择题

（1）B2B 是指（　　）。
A. 企业对企业的电子商务　　B. 企业对消费者的电子商务
C. 企业对政府的电子商务　　D. 消费者对消费者的电子商务

（2）B2C 是指（　　）。
A. 企业对企业的电子商务　　B. 企业对消费者的电子商务
C. 企业对政府的电子商务　　D. 消费者对消费者的电子商务

（3）下列关于电子商务与传统电子商务的描述正确的是（　　）。
A. 传统商务受到地域的限制，通常其贸易伙伴是固定的；而电子商务充分利用互联网，其贸易伙伴不受地域限制，选择范围很大
B. 随着计算机网络技术的发展，电子商务将完全取代传统商务
C. 客户服务只能采用传统的服务方式，电子商务在这一方面还无能为力
D. 用户购买的任何产品都只能通过人工送达，网络用户无法收到其购买的产品

（4）两个企业内部网通过物理连接形成的网络称为（　　）。
A. 专用网　　　　　　　　　B. 公共网
C. 虚拟公用网　　　　　　　D. 虚拟专用网

（5）上网时需要大量的网络信息通常是通过（　　）获得的。
A. 新闻组　　　　　　　　　B. BBS
C. QQ　　　　　　　　　　　D. 搜索引擎

（6）HTTP 是指（　　）。
A. hyper link text transfer protocol　　B. hyper text transfer protocol
C. hyper link text to post　　　　　　　D. hot text to protocol

（7）在企业网络安全方面给企业造成较大的经济损失的安全问题是（　　）。

A. 黑客 B. 自然灾害
C. 商业问题 D. 病毒

二、多项选择题

（1）网络安全主要涉及的领域有（   ）。
A. 电子商务领域 B. 社会经济领域
C. 技术领域 D. 国防教育领域
（2）可以作为电子支付工具使用的有（   ）。
A. 电子现金 B. 电子钱包
C. 电子支票 D. 电子信用卡
（3）电子商务与传统的商务活动方式相比，具有的特点是（   ）。
A. 虚拟性 B. 全球性
C. 安全性 D. 经济性
（4）电子商务的任何一批交易都包含（   ）这些基本的"流"。
A. 信息流 B. 物流
C. 资金流 D. 商流

三、填空题

（1）传统商务活动的4个主要参与者是消费者、企业、政府和_____。
（2）传统商务活动的3个主体是消费者、企业、_____。
（3）按照电子商务活动对象的类型分类，电子商务可分为企业对消费者的电子商务、企业对企业的电子商务、企业对政府的电子商务、消费者对消费者的电子商务、_____。
（4）_____是受法律承认的权威机构，负责发放和管理电子证书，使网上交易的各方都能互相确认身份。
（5）按照电子商务活动运作方式的不同，电子商务可分为完全电子商务和_____电子商务。

四、名词解释

（1）电子商务
（2）数字签名

五、判断题

（1）直接电子商务是指有形货物的电子订货，但仍然需要利用传统渠道如邮政服务和商业快递车送货。（   ）
（2）与传统的支付方式相比，电子支付具有方便、快捷、高效、经济、安全的优势。（   ）
（3）出于安全考虑，网上银行卡支付系统必须在Internet与专用金融网之间安装支付网关系统。（   ）
（4）主页是用户使用WWW浏览器访问Intranet时服务器所看到的第一个页面。（   ）
（5）数字签名就是对报文的内容加密。（   ）
（6）电子商务的交易过程与传统商务一样，也可分为交易前、交易中、交易后。（   ）

六、简答题

（1）什么是电子商务？它有哪些特点？
（2）什么是电子商务的概念模型？电子商务由哪些要素构成？
（3）电子商务的功能有哪些？
（4）结合实际举例说明电子商务的实际应用。

七、案例分析题

在传染性非典型肺炎（简称"非典"）流行期间，电子商务凸显其独有的优势。"非典"导致实体市场的萧条，引起了虚拟市场的火爆，人们真正体验到电子商务带来的安全、便利与快捷。

当时，某市企业调查队公布对该市八大行业113家企业电子商务使用调查情况，有43%的企业建立了对外的企业网站，21%的企业正在筹建，26%的企业开展了电子商务活动。其中，交易量占贸易总额10%以上的占47%。

调查显示，为防治"非典"，人们自觉减少了面对面的接触，企业改变了以往在宾馆、酒楼洽谈生意的传统方法，而重视网络技术对扩大企业影响，增强与外界的联系，拓宽企业生存、发展空间的作用。有82%的企业认为有必要开展电子商务活动，在未建网站或未开展电子商务的企业中有73%的企业正在考虑筹建网站或开展电子商务活动。调查还表明，"非典"时期促进了电子银行业务的增长，更多的人选择电话、网络方式进行沟通联系、办理业务。

分析：

（1）"非典"对电子商务产生了哪些影响？

（2）电子商务在"非典"时期发挥了什么作用？

（3）有人说"非典"的流行是电子商务发展的一个良机，你对此有何看法？

项目 6
地理信息系统

【学习目标】

知识目标	技能目标	素质目标
（1）熟练掌握 GIS 的概念和特点。 （2）掌握 GIS 的硬件和软件。 （3）熟悉 GIS 的分类和工作流程。 （4）了解 GIS 在物流中的具体应用	（1）培养学生在具体物流操作中表示 GIS 空间数据的能力。 （2）培养学生利用 GIS 对物流信息进行处理的能力	培养学生的爱国主义精神

【案例导入】

林为干是我国著名的微波理论专家，公认的我国微波学的奠基人之一。1949年，林为干在美国获得博士学位后，婉言谢绝了导师温纳里让其留校的邀请，毅然冲破阻力回到祖国。1956年，林为干服从组织安排，举家西迁成都，参与组建成都电讯工程学院（今电子科技大学），并将一生奉献给了这所高校。1980年，林为干当选为中国科学院院士，此后的七八年时间里，他发表了130余篇学术论文，并解开了电磁学界的"哥德巴赫猜想"，微波学界为此欢呼不已。鉴于林为干在微波理论研究而取得的巨大成就，他被称为"中国微波之父"。电子科技大学之所以设立"林为干"班，旨在传承林先生"做一辈子研究生"的学术精神和崇高的爱国主义精神。

资料来源：马芳.林为干——解开电磁学的"哥德巴赫猜想"[EB/OL].（2012-11-19）[2022-02-23］.https://news.12371.cn/2012/11/19/ARTI1353271250634516.shtml?from=groupmessage&isappinstalled=0. 有改动.

【思维导图】

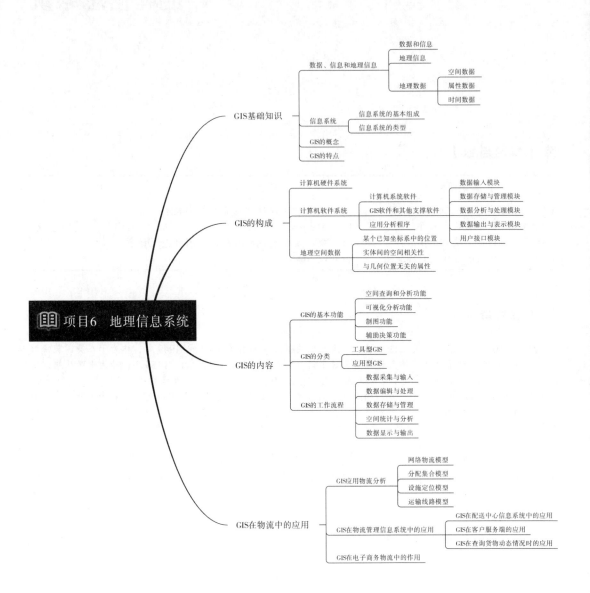

任务 1　GIS 基础知识

一、数据、信息和地理信息

（一）数据和信息

数据是一种未经加工的原始资料，是对客观事物的符号表示，包括数字、文字、符号、图形、图像等形式。

信息是用文字、数字、符号、语言、图像等介质来表示事件、事物、现象等的内容、数量或特征，从而向人们（或系统）提供关于现实世界新的事实和知识，作为生产、建设、经营、管理、分析和决策的依据。信息具有客观性、适用性、可传输性和共享性等特征。

信息源于数据，是经过加工后的数据。数据是信息的符号表示，是信息的载体；信息是数据的内涵，是数据的语义解释。例如，从实地或社会调查数据中可获取各种专门的信息；从测量数据中可以抽取地面目标或物体的形状、大小和位置等信息；从遥感图像数据中可以提取各种地物的图形大小和专题信息。

（二）地理信息

地理信息（geographic information）是指与空间地理分布有关的信息，是对地球表面位置相关的地理现象和过程的客观表示。地理信息属于空间信息。

地理数据是各种地理特征和现象间关系的符号化表示，包括空间位置、属性特征和时域特征 3 个部分。空间位置数据描述地物所在位置，这种位置既可以根据大地参照系定义，如大地经纬度坐标，又可以定义为地物间的相对位置关系，如空间上的相邻、包含等。属性特征简称属性，主要描述特征的定性或定量指标。时域特征是指地理数据采集或地理现象发生的时刻/时段。时间数据对环境模拟分析非常重要，越来越受到地理信息系统学界的重视。空间位置、属性及时间是地理空间分析的三大基本要素。

地理信息除了具有信息的一般特性，还具有以下特性。

（1）地域性。地理信息属于空间信息，这是地理信息系统区别其他类型信息最显著的标志，即空间分布特性。地理信息具有空间定位的特点，先定位后定性，在区域上表现出分布式特点，属性表现为多层次海量的信息。

（2）多维性。具体是指在二维空间的基础上，实现多个专题的信息结构，即在一个坐标位置上具有多个专题和属性信息。这为多元信息的复合研究和探索地理现象间的内在规律奠定了基础。

（3）动态性。主要是指地理信息的动态变化特征，即时序特征。可以按照时间尺度将地球信息划分为超短期的（如台风、地震）、短期的（如江河洪水、秋季低温）、中期的（如土地利用、作物估产）、长期的（如城市化、水土流失）、超长期的（如地壳变动、气候变化）信息等，从而将地理信息以时间尺度划分成不同时间段信息。这就要求及时采集和更新地理信息，根据多时相区域性指定特定的区域得到的数据和信息来寻找时间分布规律，进而对未来做出预测和预报。

（三）地理数据

地理数据是用来描述地球表面所有要素或物质（地理实体）的数量、质量、分布特征、联系和规律信息的数字、文字、图像、图形和声音等符号的总称。一种完整的地理数据通常包括 3 类数据：空间数据、属性数据和时间数据。

1. 空间数据

空间数据又称位置数据，主要表明地理事物和地理现象。例如，在紧急救援活动中，救护人员需要知道被救援对象的准确位置，才能有效地进行施救。通常空间数据都是采用地理坐标进行标识的。地理坐标采用经纬度来表示地面点位置的球面坐标。

因此，空间数据具有定位的性质，其表示方法可以用地物间的相对位置关系，如空间的距离、邻接、重叠、包含等来描述，也可以根据大地参照系定义，如大地经纬度坐标来描述。

2. 属性数据

属性数据又称非空间数据，用来描述地表事物和现象的特征。一个地物可以采用多个属性数据来描述其所具有的不同特征。例如，某市的市区面积、居住人口、绿化率等，GPS 导航过程中的指示路标、道路名称、道路长度、河流与山脉等，都是由属性数据提供的。

因此，属性数据具有定性或定量的性质，常用自然现象、物体的质量和数据特征的数据来描述。

3. 时间数据

时间数据用来反映要素的时态特征，它对环境模拟分析非常重要，越来越受到人们的重视。

二、信息系统

（一）信息系统的基本组成

信息系统是具有采集、管理、分析和表达数据能力的系统。在计算机时代，信息系统部分或全部由计算机系统支持，并由计算机硬件、计算机软件、数据和用户四大要素组成。另外，智能化的信息系统还包括知识。

计算机硬件包括各类计算机处理及终端设备；计算机软件是支持数据信息的采集、存储加工、再现和回答用户问题的计算机程序系统；数据则是系统分析与处理的对象，构成系统的应用基础；用户是信息系统所服务的对象。

（二）信息系统的类型

根据系统所执行的任务，信息系统可分为事务处理系统（transaction process system）和决策支持系统（decision support system）。事务处理系统强调的是数据的记录和操作，民航订票系统是其典型示例之一。决策支持系统是用以获得辅助决策方案的交互式计算机系统，一般是由语言系统、知识系统和问题处理系统共同构成。

三、GIS 的概念

地理信息系统（GIS）是以地理数据库为基础，在计算机的硬、软件系统支持下，对整个或部分地球表层（包括大气层）空间中的有关地理分布数据进行采集、储存、管理、运算、分析、显示和描述，并采用地理模型分析方法，实时提供多种空间和动态的地理数据，为地理研究和地理决策服务而建立起来的计算机技术系统。

随着信息技术的发展和 GIS 理论、集成技术的进步，GIS 应用已渗透到人类生活的许多方面。只要研究对象或多或少与三维空间有关，就可以利用 GIS 去解决相关问题。如位置分析、查询分析、趋势研究、模式研究、模拟分析等。

GIS 按研究的范围大小可分为全球性的、区域性的和局部性的；按研究内容的不同可分为综合性的与专题性的。同级的各种专业应用系统集中起来，可以构成相应地域同级的区域综合系统。在规划、建立应用系统时，应统一规划这两种系统的发展，以减小重复浪费，提高数据共享程度和实用性。

四、GIS 的特点

（1）数据的空间定位特征。在地理数据的三要素中，除属性和时间外，空间位置特征是地理空间数据有别于其他数据的本质特征。一般信息系统仅包括属性和时间特征，而只有空间位置特征是地理数据所特有的，没有位置数据就不能称为地理数据。GIS 要具有对空间数据管理、操纵和表示的能力。

（2）空间关系处理的复杂性。地理信息的属性数据或属性信息，是除空间位置及关系外的所有的描述地理对象或人文属性的定性或定量的数据信息，相当于一般信息系统所处理的数据和信息；或者说，GIS 中的属性信息处理相当于一个普通的事务性信息处理系统。由此可看出，GIS 除要完成一般信息系统的工作外，还要处理与之对应的空间位置和空间关系，以及与属性数据一一对应处理。图形操作本身就是一个比较复杂的问题，何况在处理空间问题的同时还要处理属性数据。因此，GIS 中的空间数据处理的复杂性是一般信息系统中前所未有的技术难题。

空间关系处理的复杂性的另一技术难点是数据的管理。一般事务性数据都是定长数据，而空间数据是不定长的，如一个多边形，少则几个顶点，多则成百上千个顶点。而且，新的空间数据及其关系在空间分析过程中不断地产生。存储和管理这些空间数据是 GIS 数据库设计必须面对的问题。

（3）海量数据管理能力。GIS 海量数据特征来自两个方面：一方面是地理数据，地理数据是 GIS 的管理对象，其本身就是海量数据；另一方面则来自空间分析，GIS 在执行空间分析的过程中，不断地产生新的空间数据，这些数据也具备海量特征。GIS 的海量数据，带来的是系统运转、数据组织、网络传输等一系列的技术难题，这也是 GIS 比其他信息系统复杂的另一个原因。

任务 2　GIS 的构成

完整的 GIS 主要由 4 个部分构成，即计算机硬件系统、计算机软件系统、地理空间数据、系统管理操作人员和用户。其核心部分是计算机软、硬件系统，地理空间数据反映了 GIS 的地理内容，而系统管理操作人员和用户则决定系统的工作方式和信息表示方式。GIS 的组成示意如图 6.1 所示。

一、计算机硬件系统

计算机硬件是计算机系统中的实际物理装置的总称，可以是电子的、电的、磁的、机械的、光的元件或装置，是 GIS 的物理外壳。GIS 的规模、精度、速度、功能、形式、使用方法甚至软件都与硬件有极大的关系，受硬件指标的支持或制约。GIS 由于其任务的复杂性和特殊性，必须由计算机设备支持，其配置一般包括以下 4 个部分。

（1）计算机主机。

（2）数据输入设备。包括数字化仪、图像扫描仪、手写笔、光笔、键盘、通信端口等。

（3）数据存储设备。包括光盘刻录机、磁带机、光盘塔、活动硬盘、磁盘阵列等。

（4）数据输出设备。包括笔式绘图仪、喷墨绘图仪（打印机）、激光打印机等。

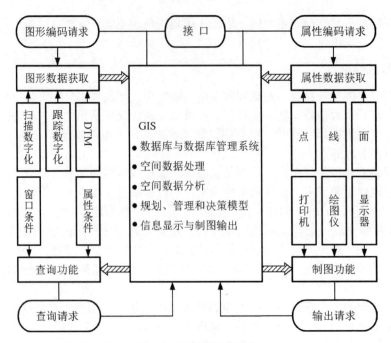

图 6.1 GIS 的组成示意

随着分布式计算技术、面向对象的组件技术、网络技术的迅速发展,以及 Internet 在社会生活中的日益普及,出现了与 WWW 相结合的 Web GIS,并迅速成为目前 GIS 发展的重要方向。GIS 硬件配置除原有的计算机、输入与输出设备、存储设备外,还包括计算机网络通信设备。

二、计算机软件系统

计算机软件系统是指 GIS 运行所必需的各种程序。GIS 应用软件层次的结构如图 6.2 所示。

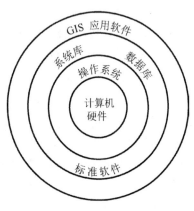

图 6.2 GIS 应用软件层次的结构

（一）计算机系统软件

计算机系统软件是由计算机厂家提供的、为用户开发和使用计算机提供方便的程序系统,通常包括操作系统、汇编程序、编译程序、诊断程序、库程序及各种维护使用手册、程序说明等,是 GIS 日常工作所必需的。

（二）GIS 软件和其他支撑软件

GIS 软件和其他支撑软件可以是通用的 GIS 软件,也包括数据库管理软件、计算机图形软件包、CAD、图像处理软件等。GIS 软件按功能可分为以下 5 类。

1. 数据输入模块

将系统外部的原始数据（多种来源、多种形式的信息）传输给系统内部,并将这些数据由外部格式转换为便于系统处理的内部格式的过程。例如,将各种已存在的地图、遥感图像数字化,或者通过通信或读磁盘、磁带的方式录入遥感数据和其他系统已存在的数据,还包括以适当的方式录入各种统计数据、野外调查数据和仪器记录的数据。

数据输入方式与使用的设备密切相关，一般有3种形式：一是手扶跟踪数字化仪的矢量跟踪数字化，通过人工选点或跟踪线段进行数字化，主要输入有关图形点、线、面的位置坐标；二是扫描数字化仪的光栅扫描数字化，主要输入有关图像的网格数据；三是键盘输入，主要输入有关图像、图形的属性数据（即代码、符号），在属性数据输入之前，必须对其进行编码。

2. 数据存储与管理模块

数据存储和库管理涉及地理元素（表示地表物体的点、线、面）的位置、连接关系及属性数据如何构造和组织等。用于组织数据库的计算机系统称为数据库管理系统（DBMS）。空间数据库的操作包括数据格式的选择和转换、数据的连接、查询、提取等。

3. 数据分析与处理模块

数据分析与处理是指对单幅或多幅图件及其属性数据进行分析运算和指标量测。在这种操作中，对一幅或多幅图进行输入，而分析计算结果则以一幅或多幅新生成的图件表示，在空间定位上仍与输入的图件一致，故可称为函数转换。空间函数转换可分为基于点或象元的空间函数，如基于象元的算术运算、逻辑运算或繁类分析等；基于区域、图斑或图例单位的空间函数，如叠加分类、区域形状量测等；基于邻域的空间函数，如象元连通性、扩散、最短路径搜索等。量测包括对面积、长度、体积、空间方位、空间变化等指标的计算。函数转换还包括错误改正、格式变性和预处理。

4. 数据输出与表示模块

数据输出与表示是指将GIS内的原始数据或经过系统分析、转换、重新组织的数据以某种用户可以理解的方式提交给用户，如以地图、表格、数字或曲线的形式表示在某种介质上，或采用CRT（cathode ray tub）显示器、点阵打印机、笔式绘图仪等输出，也可以将结果数据记录于磁存储介质设备或通过通信线路传输到用户的其他计算机系统。

5. 用户接口模块

用户接口模块用于接收用户的指令、程序或数据，是用户和系统交互的工具，主要包括用户界面、程序接口与数据接口。系统通过菜单方式或解释命令方式接收用户的输入。由于GIS功能复杂，且用户又往往为非计算机专业人员，故用户界面是GIS应用的重要组成部分，它通过菜单技术、用户询问语言的设置，还可采用AI的自然语言处理与图形界面等技术，提供多窗口和菜单选择等控制功能，为用户发出操作指令提供方便。该模块还随时向用户提供系统运行信息和系统操作帮助信息，使得GIS成为人机交互的开放式系统。

（三）应用分析程序

应用分析程序是系统开发人员或用户根据地理专题或区域分析模型编制的用于某种特定应用任务的程序，是系统功能的扩充与延伸。在GIS工具的支持下，应用程序的开发应是透明的和动态的，与系统的物理存储结构无关，而随着系统应用水平的不断优化和扩充，应用程序作用于地理专题数据或区域数据，构成GIS的具体内容，这是用户最为关心的真正用于地理分析的部分，也是从空间数据中提取地理信息的关键。用户进行系统开发的大部分工作是开发应用程序，而应用程序的水平在很大程度上决定系统的实用性、优劣和成败。

三、地理空间数据

地理空间数据是指以地球表面空间位置为参照的自然、社会和人文景观数据，可以是图形、图像、文字、表格和数字等，由系统的建立者通过数字化仪、扫描仪、键盘、磁带机或其他通信系统输入 GIS，是系统程序作用的对象，是 GIS 所表达的现实世界经过模型抽象的实质性内容。对于不同用途的 GIS，其地理空间数据的种类、精度都是不同的，但基本上都包括 3 种互相联系的数据类型。

（一）某个已知坐标系中的位置

几何坐标标识地理实体在某个已知坐标系（如大地坐标系、直角坐标系、极坐标系、自定义坐标系）中的空间位置，可以是经纬度、平面直角坐标、极坐标，也可以是矩阵的行、列数等。

（二）实体间的空间相关性

拓扑关系表示点、线、面实体之间的空间联系，如网络节点与网络线之间的枢纽关系、边界线与面实体间的构成关系、面实体与点或内部点的包含关系等。空间拓扑关系对于地理空间数据的编码、录入、格式转换、存储管理、查询检索和模型分析等都有重要意义，是 GIS 的特色之一。

（三）与几何位置无关的属性

这就是常说的非几何属性，简称属性，是与地理实体相联系的地理变量或地理意义。属性分为定性和定量的两种，前者包括名称、类型、特性等，后者包括数量和等级、定性描述的属性（如岩石类型、土壤种类、土地利用类型、行政区划等）、定量的属性（如面积、长度、土地等级、人口数量、降雨量、河流长度、水土流失量等）。非几何属性一般是经过抽象的概念，通过分类、命名、量算、统计得到。任何地理实体至少有一个属性，而 GIS 的分析、检索和表示主要是通过属性的操作运算实现的，因此，属性的分类系统、量算指标对系统的功能有较大的影响。

GIS 特殊的空间数据模型决定了 GIS 特殊的空间数据结构和特殊的数据编码，也决定了 GIS 具有特色的空间数据管理方法和系统空间数据分析功能，成为地理学研究和资源管理的重要工具。

除此以外，人员也是 GIS 中的重要构成因素。GIS 从设计、建立、运行到维护的整个生命周期，都离不开人的作用。仅有系统软、硬件和数据还构不成完整的 GIS，需要人员进行系统组织、管理、维护和数据更新、系统扩充完善、应用程序开发，并灵活采用地理分析模型提取多种信息，为研究和决策服务。

> **知识链接**
>
> 5S 技术是全球定位系统（GPS）、数字摄影测量系统（DPS）、遥感技术（RS）、地理信息系统（GIS）和专家系统（ES）的综合。
>
> 5S 技术是高度自动化、实时化和智能化的 GIS 系统，不仅具有自动、实时采集、处理和更新数据的能力，而且能够智能分析和运用数据，为各种应用提供科学的决策参考。

任务 3　GIS 的内容

一、GIS 的基本功能

空间查询的基本功能是将表格类数据（无论来自数据库、电子表格文件还是直接在程序中输入）转换为地理图形显示出来，然后对显示的结果进行浏览、操作和分析。GIS 的基本功能如下所述。

（一）空间查询和分析功能

空间信息的查询和分析是 GIS 的基本功能。GIS 不仅提供静态的查询和检索，而且可以进行动态的分析，如空间信息量测与分析、地形分析、网络分析、叠置分析等。

（二）可视化分析功能

GIS 通过对跨地域的资源数据进行处理、分析，揭示其中隐含的模式，发现其内在的规律和发展趋势，而这些在统计资料和图表中并不是直观地表示出来的。GIS 把空间和信息结合起来，实现了数据的可视化。对于许多类型的地理信息操作，最好的形式是以地图或图形显示出来，GIS 把数据显示集成在三维动画、图像或多媒体形式中输出，使用户能在短时间内对资源数据有一个直观、全面的了解。

（三）制图功能

制图功能是 GIS 最重要的一种功能。GIS 的综合制图功能包括专题地图的制作，在地图上显示出地理要素，并反映赋予数值范围，同时可以放大和缩小以表明不同的细节层次。GIS 不仅可以为用户输出全要素图，而且可以根据用户需要分层输出各种专题地图，以显示不同要素、活动位置或有关属性内容。

（四）辅助决策功能

GIS 技术已用于辅助决策完成一些任务。地理数据都可以用地图的形式简洁而清晰地显示出来，或出现在相关报告中，使决策者快速获得分析数据，高效地评估并做出决策。

二、GIS 的分类

（一）工具型 GIS

工具型 GIS 也称 GIS 开发平台或外壳，是具有 GIS 的基本功能、供其他系统调用或用户进行二次开发的操作平台。GIS 是一个复杂庞大的软件系统，而用 GIS 解决实际问题尚需用户进行一定程度的二次开发，如用户重复开发将会造成人力、物力和时间的浪费。

工具型 GIS 为 GIS 用户提供一种技术支持，使用户能借助 GIS 并加上专题应用模型完成相应的任务。目前，比较流行的工具型 GIS 软件有 ArcGIS、MapInfo、GeoStar、MapGIS 等。工具型 GIS 具有图形图像数字化、数据管理、查询检索、分析运算和制图输出等 GIS 的基本功能，通常能适应不同的硬件条件。

（二）应用型 GIS

应用型 GIS 是根据用户的需求和应用目的而设计的一类或多类专门型 GIS，一般是在工具型 GIS 的平台上通过二次开发完成的。应用型 GIS 除具备 GIS 的基本功能外，还具有解决与专业相关的模型的构建和求解的功能。

应用型 GIS 按研究对象性质和能力，又分为专题 GIS 和区域 GIS 两种类型。

（1）专题 GIS。专题 GIS 是为特定专业服务的、具有很强专业特点的 GIS，如交通 GIS、水资源 GIS、城市管网 GIS、土地利用 GIS 等。

（2）区域 GIS。区域 GIS 主要以区域综合研究和全面信息服务为目标，按区域大小可以分为国家级、地区、省级、市级等不同行政区域的 GIS，如湖南省 GIS；也可以按照自然分区或流域分为单位的区域 GIS，如长沙地区 GIS。

注意： 许多实际的 GIS 是介于专题 GIS 和区域 GIS 之间的区域性专题信息系统，如长沙市国土评价信息系统、湖南省环保管理信息系统、湖南省森林管理信息系统等。

三、GIS 的工作流程

GIS 的工作流程如图 6.3 所示，一般来说，需要完成数据采集与输入、数据编辑与处理、数据存储与管理、空间统计与分析、数据显示与输出 5 个过程。

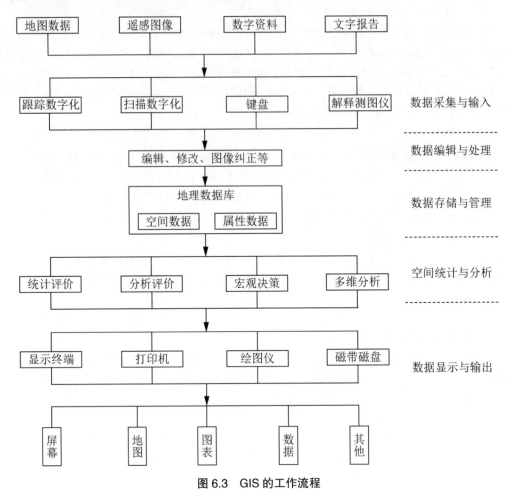

图 6.3　GIS 的工作流程

（一）数据采集与输入

数据采集与输入是指将系统外部的原始数据（多种来源、多种形式的信息）传输给系统内部，将这些数据从外部格式转换为便于系统处理的内部格式的过程。例如，将各种已经存在的地图、遥感图像数字化，或通过通信或读磁盘、磁带的方式录入遥感数据和其他已存在的数据，还包括以适当的方式输入各种统计数据、野外调查数据和仪器记录的数据，如图 6.4 所示。

数据输入方式与使用的设备密切相关，常有以下 3 种形式。

（1）手扶跟踪数字化仪的矢量跟踪数字化。主要通过人工选点或跟踪线段进行数字化，输入有关图形的点、线、面的位置坐标。

（2）扫描数字化仪的光栅扫描数字化。主要输入有关图像的网格数据。

（3）键盘输入。主要输入有关图像、图形的属性数据（代码、符号），在属性数据输入之前对其进行编码。

项目 6　地理信息系统

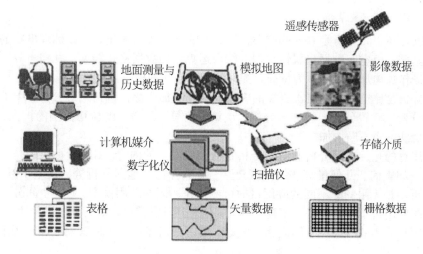

图 6.4　数据采集与输入示意

（二）数据编辑与处理

通过数据采集获取的数据称为原始数据，原始数据不可避免地存在误差。为保证数据在内容、逻辑、数值上的一致性和完整性，需要对数据进行编辑、格式转换、拼接等一系列的处理工作。也就是说，GIS 应该提供强大的、交互式的编辑功能，包括图形编辑、数据变换、数据重构、拓扑建立、数据压缩、图形数据与属性数据的关联等。

（三）数据存储与管理

计算机的数据只有按照一定的结构进行组织和管理，才能高效地再现真实环境和进行各种分析。由于空间数据本身的特点，一般信息系统中的数据结构和数据库管理系统并不适合管理空间数据，GIS 必须发展自己特有的数据存储、组织和管理的功能。目前，常用的 GIS 数据结构主要有矢量数据结构和栅格数据结构两种，而数据的组织和管理则有文件与关系数据库混合管理模拟模式、全关系型数据管理模式、面向对象数据管理模式等，如图 6.5 所示。

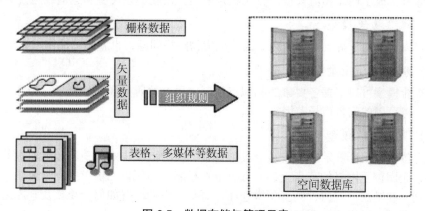

图 6.5　数据存储与管理示意

（四）空间统计与分析

空间统计与空间分析是 GIS 的核心，也是 GIS 最重要的功能。它以地理事物的空间和形态特征为基础，以空间数据与属性数据的综合运算（如数据格式转换、几何量算、缓冲区建立、叠置操作、地形分析等）为特征，提取与产生空间的信息。

空间分析是比空间查询层次更深的应用，内容更加广泛，包括地形分析、土地适应性分析、网络分析、叠置分析、缓冲区分析、决策分析等。随着 GIS 应用范围的扩大，GIS 软件的空间分析功能将不断增加。

需要注意的是，空间分析和应用分析是两个层面上的内容。GIS 所提供的是常用的空间分析工具，如查询、几何量算、缓冲区建立、叠置操作、地形分析等，这些工具是有限的，而应用分析却是无限的，不同的应用目的可能构建不同的应用模型。GIS 空间分析为建立和解决复杂的应用模型提供了基本工具，因此，GIS 空间分析和应用分析是"零件"和"机器"的关系，用户应用 GIS 解决实际问题的关键，就是如何将这些零件搭配成能够用来解决问题的"机器"。

（五）数据显示与输出

通过图形、表格和统计图表显示空间数据及分析结果是 GIS 项目的功能。作为可视化工具，无论是强调空间数据的位置还是分布模式乃至分析结果的表达，图形是传递空间数据信息最有效的工具。GIS 脱胎于计算机制图，因而 GIS 的一个主要功能就是计算机地图制图，包括地图符号的设计、配置与符号化、地图注记、图幅整饰、统计图表制作、图例与布局等。此外，对属性数据也要设计报表输出，而且这些输出结果需要在显示器、打印机、绘图仪上以数据文件输出，GIS 软件也应具有驱动这些设备的能力。

任务 4　GIS 在物流中的应用

一、GIS 应用物流分析

GIS 应用物流分析是指利用 GIS 强大的地理数据功能来完善物流分析技术。完整的 GIS 物流分析软件集成了网络物流模型、分配集合模型、设施定位模型和运输线路模型等。

（一）网络物流模型

网络物流模型用于解决寻求最有效的分配货物路径问题，也就是物流网点布局的问题。

（二）分配集合模型

分配集合模型可以根据各要素的相似点把同一层上的所有或部分要素分为几个组，用以解决确定服务范围的销售市场范围等问题。

（三）设施定位模型

设施定位模型用于确定一个或多个设施位置。在物流系统中，仓库和运输线共同组成了物流网络，仓库位于网络的节点上，节点决定着线路，如何根据供求的实际需要并结合经济效益等原则，在既定区域内设立多少个仓库，每个仓库的位置如何、规模及仓库之间的物流关系如何等问题，运用该模型都能得到有效的解决。

（四）运输线路模型

运输线路模型用于解决一个起始点、多个终点的货物运输中如何降低物流作业成本并保证服务质量的问题，包括决定使用什么运输工具、每种运输工具的行驶路线等。

二、GIS 在物流管理信息系统中的应用

（一）GIS 在配送中心信息系统中的应用

通过客户邮编和详细地址，自动确定客户的地理位置（经纬度）和客户所在的区站、分站和投递段。通过基于 GIS 的查询、地图表现的辅助决策，实现对投递路线的合理调度和客户投递的合理排序。

（二）GIS 在客户服务端的应用

客户通过物流信息系统调用数据库查询，查询结果能够可视化，如通过地图或图表显示；还可实现分析功能，如计算两地间的距离。

（三）GIS 在查询货物动态情况时的应用

物流企业或客户利用 GPS 或射频标签通过对物流业务系统进行调用，随时查询在途货物的动态情况。

三、GIS 在电子商务物流中的应用

针对客户地理信息方面的需求，以业务数据图形化管理和业务机构、业务对象图形化编辑为核心，从客户、产品、业务结构 3 个管理层面实现业务的全面图形化管理。通过客户邮编和详细地址，自动确定客户的地理位置（经纬度）和客户所在的区站、分站和投递段。通过基于 GIS 的查询和辅助决策，实现对投递路线的合理编辑（如创建、删除、修改）和客户投递排序。用特定的地图符号在地图上表示客户的地理位置，对不同类型的客户（普通客户和会员客户、单位客户和个人客户等）采用不同的代号表示。通过 GIS 的查询功能或在地图上单击地图客户符号，显示客户符号的属性信息，并可以编辑属性。通过业务系统调用 GIS，以图形的方式显示业务系统的各种相关操作结果的数值信息。

> **知识链接**
>
> 3S 技术是全球定位系统（GPS）、地理信息系统（GIS）和遥感技术（RS）的统称。在 3S 技术中，GPS 用于实时、快速地提供目标的空间位置；GIS 主要针对各种来源的时空数据进行综合处理、动态存储、集成管理、分析加工，并为智能化数据采集提供地学知识；RS 则主要用于实时更新 GIS 的空间数据。

项目实训

实训一　3 种 GIS 软件特性对比分析表

[实训目标]

（1）了解 GIS 的功能和构成。
（2）了解几种主要的 GIS 软件的特点（简单分类、工作原理、帮助系统等）。
（3）培养协作与交流的意识与能力。

[实训要求]

（1）GIS 软件的特点。
（2）GIS 软件的使用。

[实训考核]

参考实训材料，就 ArcGIS、MapInfo、SuperMap 这 3 种 GIS 软件进行信息搜索，收集并整理这 3 种 GIS 软件的功能、特点及使用方法，并将结论填入表 6-1。

表 6-1　3 种 GIS 软件对比分析表

软件种类	开发公司	主要特点	主要技术	评　分
ArcGIS				
MapInfo				
SuperMap				

实训二　电子地图的使用

[实训目标]

（1）了解电子地图的使用。
（2）通过电子地图的使用，加深对 GIS 的基本概念和基本功能的理解。

[实训要求]

（1）了解电子地图的浏览、放大、缩小、漫游等功能。
（2）了解电子地图的搜索、公交站点、公交线路、公交换乘等功能的使用。
（3）了解某线路优化查询、距离测算等功能的使用。

[实训考核]

考核要素	评价标准	分值/分	评分/分			
			自评（10%）	小组（10%）	教师（80%）	小计（100%）
电子地图基本功能的使用	电子地图的浏览、放大、缩小等功能	30				
线路查询	公交站点、公交线路的查询和换乘	30				
线路优化	优化线路，能进行线路距离的测算	40				
合　计						
评　语（主要是建议）						

实训参考

Google Earth 软件应用

一、查找位置和路线

1. 查找特定位置
查找特定位置，在前往的输入框中输入地名，出现如图 6.6 所示的界面。
2. 查找商家
查找商家，选择查找的商家选项，输入需查找的商家名称，出现如图 6.7 所示的界面。
3. 查找路线
查找路线，选择"路线"选项，分别输入起点站和终点站名称，出现如图 6.8 所示的界面。

项目 6　地理信息系统

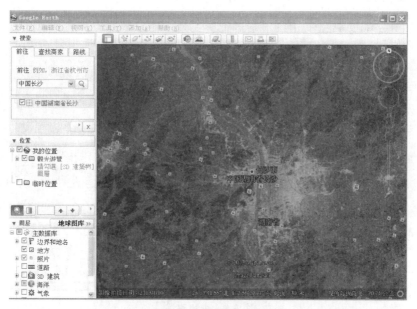

图 6.6　查找特定位置

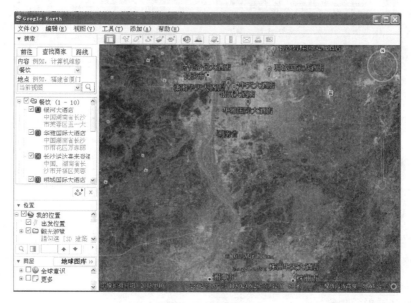

图 6.7　查找商家

二、添加图层

添加图层，选择"视图"选项，勾选的为添加的图层，如图 6.9 所示。

三、添加地标

添加地标，选择"添加"选项，如图 6.10 所示。

四、图像的漫游与旋转

选择 图标进行漫游，选择 图标上、下、左、右进行地球的旋转。

153

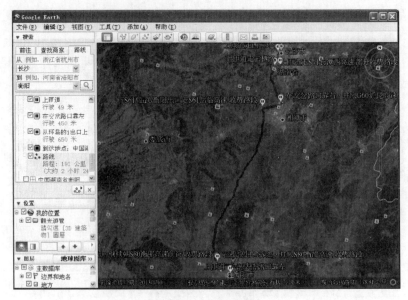

图 6.8 　查找路线

图 6.9 　添加图层

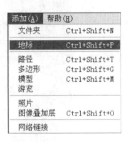

图 6.10 　添加地标

五、图像的放大与缩小

可选择 进行图像的放大与缩小操作。

六、线路和面积的测量

可选择"工具"中"标尺"进行线路和面积的测量。

课后练习

一、单项选择题

（1）电子地图的生成一般要经过的步骤有（　　）。
A. 数据采集、数据处理和符号化　　　　B. 数据采集、空间分析和符号化
C. 数据采集、数据处理和空间分析　　　D. 地图数字化、地图编辑和地图分析

【参考答案】

（2）下列能用于输出地图的设备是（　　）。
A. 喷墨绘图机　　　　B. 激光打印机　　　　C. 彩色显示器　　　　D. 以上三者都是
（3）GIS 整个研制工作的核心是（　　）。
A. 系统分析　　　　　B. 系统设计　　　　　C. 系统实施　　　　　D. 系统维护
（4）信息系统的四大基本功能是数据采集、管理、分析和（　　）。
A. 计算　　　　　　　B. 表达　　　　　　　C. 制图　　　　　　　D. 存储
（5）地理信息除了具有一般信息的特性外，还具有空间分布性、数据量大和（　　）等特性。
A. 抽象性　　　　　　B. 模糊性　　　　　　C. 多样性　　　　　　D. 信息载体的多样性
（6）GIS 数据输入通常有 3 种形式，即手扶跟踪数字化仪的矢量跟踪数字化、扫描数字化仪的光栅扫描数字化和（　　）。
A. 键盘输入　　　　　B. 数据导入　　　　　C. 数据拷贝　　　　　D. 软件输出
（7）GIS 硬件配置一般包括 4 个部分，即计算机主机、数据输入设备、数据存储设备和（　　）。
A. 键盘　　　　　　　B. 鼠标　　　　　　　C. 数据输出设备　　　D. 数据野外采集设备
（8）GIS 的功能丰富多彩，能回答和解决 5 个方面的问题，即位置、条件、趋势、模式和（　　）。
A. 模型和模拟　　　　B. 数据表达　　　　　C. 预测　　　　　　　D. 数据采集
（9）GIS 软件系统包括计算机系统软件、地理信息系统软件和其他支撑软件及（　　）。
A. 数据库　　　　　　B. 系统库　　　　　　C. 办公软件　　　　　D. 应用分析程序
（10）不同用途的 GIS 中基本上都包含 3 种互相联系的数据类型，即某个已知坐标系中的位置数据、与几何位置相关的属性数据和（　　）。
A. 时间数据　　　　　　　　　　　　　　　B. 实体间的空间相关性
C. 实体间的包含关系　　　　　　　　　　　D. 实体的属性
（11）（　　）地理信息系统也称为地理信息系统开发平台或外壳。
A. 工具型　　　　　　B. 应用型　　　　　　C. 平台型　　　　　　D. 综合型
（12）GIS 数据的（　　）是一种非常耗时、耗精力的交互处理工作。
A. 编辑　　　　　　　B. 输入　　　　　　　C. 输出　　　　　　　D. 采集

二、多项选择题

（1）GIS 最简单也最常用的分析是（　　）。
A. 查询　　　　　　　B. 定位　　　　　　　C. 分类　　　　　　　D. 绘图
（2）图形数据输入包括（　　）。
A. 数字化仪输入　　　B. 扫描仪输入　　　　C. 键盘输入　　　　　D. 手工输入
（3）GIS 是多学科交叉的产物，综合了（　　）等技术。
A. 数据库　　　　　　　　　　　　　　　　B. 计算机图形学
C. 地理学　　　　　　　　　　　　　　　　D. 电工学
（4）GIS 中最常用的数据组织方式是（　　）。
A. 网格模型　　　　　B. 矢量模型　　　　　C. 变量模型　　　　　D. 栅格模型

三、填空题

（1）计算机描述空间实体的两种最基本的方式是栅格数据结构和_____。
（2）GIS 整个研制工作的核心是_____。
（3）要保证 GIS 中数据的现势性必须实时进行_____。
（4）世界上第一个 GIS 产生于_____。

四、名词解释

（1）空间拓扑关系
（2）栅格数据

五、简答题

（1）简述 GIS 的基本功能。
（2）简述地理信息数据结构的类型。
（3）简述 GIS 的发展及趋势。
（4）结合所学内容，论述 GIS 应用的关键技术问题。

六、案例分析题

在历次大型自然灾害中，GIS 都发挥了重要的辅助作用。在汶川地震发生后的救援过程中，多个政府部门均利用 GIS 技术，为抗震救灾提供了大量的辅助决策信息。

GIS 技术是为灾情评估提供辅助决策的有效工具，可以把震灾位置信息、追踪路径、传感器、视频，以及其他与 GIS 数据相关的动态数据（影像、高程、街道、重点基础设施等）与交通、医院、气象结合起来，通过空间可视化的方式为决策者提供有力的支持。当危机出现时，GIS 会为应急行动计划的制订、毁坏情况的评估及灾害信息的共享提供相关信息和帮助。GIS 支持应急管理的所有阶段，包括灾情缓解、预防和准备、快速反应及恢复重建。

在此次抗震救灾过程中，中国地震局承担起一个非常重要的角色。其中，中国数字地震台网基于 ArcGIS 的地震监测系统，主要从监测预报、震灾预防和紧急救援 3 个方面提高国家的防震减灾能力。这个数字地震台网覆盖全国各地的测震台，每天汇集和处理近 1000 个测震台的实时数据，原始观测数据量近 40GB。

这次地震发生后，四川地震局台网在 3min 内就将地震的位置上报到地震局内部的 EQIM 地震速报网上，青海等一批四川周边的地震台网也在数分钟后将地震参数传到网上，之后全国各地的台网都在参与地震速报。随后，中国地震局立即启动了地震应急指挥技术系统，开始对这次地震的灾害进行快速评估，提供评估结果。这次地震灾害评估结果显示灾害严重，同时启动了辅助决策系统，5min 后提出应急响应的级别，建议启动 I 级响应。之后，工作人员立即按照地震应急预案的 I 级响应要求，启动国务院抗震救灾指挥大厅的视频通信系统，与四川、陕西、甘肃、内蒙古和浙江等指挥部连通。

此外，中国地震局还启动了防震减灾公益号"12322"地震信息平台，搜集地震灾害信息，并快速上报政府相关部门。其中，应急指挥系统的作用主要有两方面：一方面，根据地震三要素和基础信息对震灾做出判断，进行灾害快速评估，确定灾害级别；另一方面，提供震区的基础地理信息，如周围的水库和道路分布情况、山体滑坡和泥石流方面的判定和提醒，为救灾提供参考性信息。

基础地理数据是 GIS 应用的源头保障。地震发生后不久，国家测绘局立即组织国家基础地理信息中心、中国测绘科学研究院及中国地图出版社通宵达旦地工作，赶在 5 月 13 日早上给国务院应急办及减灾委的指挥部门送去急需的地图。从 5 月 12 日地震发生到 5 月 20 日为止，国家测绘局已经给近 40 个部门提供了包括数据、地图和影像在内的各种图表共一万多幅。

国家基础地理信息中心在近 10 天的时间里，利用 ArcSDE 技术建立的国家基础地理数据库，为国务院应急办公室等 30 个部门和单位提供了超过 700GB 的影像资料。此外，国家减灾委利用遥感和 GIS 技术，制作了大量的灾情地图，并向相关机构和公众公布，包括道路损毁、房屋倒塌、居民安置、堰塞湖、山体滑坡、灾民安置等，对抢险救灾起到了重要的指导作用。

分析：

GIS 在汶川地震中如何提供实时的地理信息？

项目 7
全球卫星导航系统

【学习目标】

知识目标	技能目标	素质目标
（1）了解 GNSS、BDS、GPS 的基本概念。 （2）掌握 BDS、GPS 和网络 GPS 的特点。 （3）了解 BDS 和 GPS 的工作原理。 （4）了解 BDS 和 GPS 的区别	（1）培养学生应用 BDS 和 GPS 解决现实中物流跟踪与定位的能力。 （2）培养学生应用不同定位系统解决问题的能力	独立自主之路，大国重器、彰显国力；培养学生奋发图强的精神

【案例导入】

2020 年 6 月，北斗三号全球卫星导航系统完成全球组网并正式开通，从此以后北斗就是真正意义上的全球卫星导航系统了。这预示着中国国家能力的跃升，也说明了世界上一切先进的技术不是只有西方才搞得成，中国也可以。这还意味着中国完全摆脱了对 GPS 的依赖，拥有了自己的导航系统。在新冠肺炎疫情阻击战中，北斗的贡献有目共睹，曾用于武汉火神山、雷神山医院建设的高精度定位与快速精确测量，为迅速施工争取了宝贵时间。在全国各地，数十万台北斗终端进入物流行业，通过北斗的精准定位，人们对相关位置信息一目了然，一些物流企业还通过机器人向部分隔离社区提供物资运输配送。

资料来源：北斗卫星导航系统．北斗三号全球卫星导航系统建成开通新闻发布会［EB/OL］．（2020-08-03）［2022-02-23］．http://www.beidou.gov.cn/zt/xwfbh/jjcktqkxwfbh/．有改动．

【思维导图】

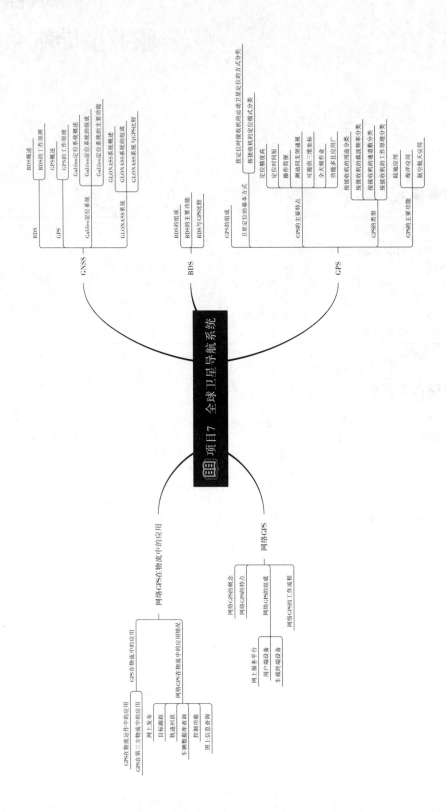

任务 1　GNSS

全球卫星导航系统（global navigation satellite system，GNSS）目前包含美国的全球定位系统（global positioning system，GPS）、俄罗斯的 GLONASS 系统、中国的北斗卫星导航系统（BeiDou navigation satellite system，BDS）、欧盟的 Galileo 定位系统（Galileo positioning system）。除了上述四大全球系统外，还包括区域系统和增强系统，其中区域系统有日本的 QZSS 和印度的 IRNSS。增强系统有美国的 WAAS、日本的 MSAS、欧盟的 EGNOS、印度的 GAGAN 及尼日利亚的 NIG-GOMSAT-1 等。未来几年，GNSS 将进入一个全新的阶段，用户将面临四大全球系统近百颗导航卫星并存且相互兼容的局面。丰富的导航信息可以提高卫星导航用户的可用性、精确性、完备性及可靠性，但与此同时，也将面对频率资源竞争、卫星导航市场竞争、时间频率主导权竞争、兼容和互操作争论等问题。

一、BDS

（一）BDS 概述

BDS 是中国自行研制的全球卫星导航系统。系统建设目标是：建成独立自主、开放兼容、技术先进、稳定可靠的覆盖全球的 BDS，促进卫星导航产业链形成，形成完善的国家卫星导航应用产业支撑、推广和保障体系，推动卫星导航在国民经济各行业的广泛应用。中国将持续推进北斗应用与产业化发展，服务国家现代化建设和百姓日常生活，为全球科技、经济和社会发展做出贡献。

1. 试验系统阶段

1994 年，我国正式开始北斗卫星导航试验系统（北斗一号）的研制工作，并于 2000 年发射了 2 颗静止轨道卫星，区域性的导航功能得以实现；2003 年，又发射了一颗备份卫星，完成了北斗卫星导航试验系统的组成。

【中国人如何寻找正确的方向？】

2. 正式系统阶段

2004 年，我国启动了具有全球导航能力的 BDS 的建设（北斗一号），于 2007 年发射了一颗中圆地球轨道卫星，并进行了大量试验。2009 年起，后续卫星持续发射，同时也开始了北斗三号工程。BDS 2011 年开始对我国和周边地区提供测试服务，2012 年完成了对亚太大部分地区的覆盖并正式提供卫星导航服务。特别是 2015—2016 年，我国成功发射 5 颗新一代导航卫星，完成了地轨验证。

2015 年 7 月 25 日，我国成功发射两颗北斗导航卫星，使 BDS 的卫星总数增加到 19 颗。2018 年前后，我国发射了 18 颗北斗三号组网卫星，覆盖了"一带一路"沿线国家。

2020 年 6 月 23 日，我国在西昌卫星发射中心成功发射了第 55 颗北斗卫星。自此，BDS 建设先后经历了北斗一号系统、北斗二号系统、北斗三号系统 3 个阶段。目前，北斗一号 4 颗试验卫星已全部退役，从北斗二号首颗星算起，我国已发射 55 颗北斗导航卫星。随着第 55 颗北斗导航卫星顺利入轨，我国提前半年完成了北斗三号全球卫星导航系统星座部署目标。北斗三号系统由 24 颗中圆地球轨道卫星、3 颗地球静止轨道卫星和 3 颗倾斜地球同步轨道卫星，共 30 颗卫星组成。2020 年 7 月 31 日，北斗三号全球卫星导航系统正式开通。

3. BDS 卫星组网

随着 BDS 第 55 颗导航卫星的成功发射，北斗卫星导航系统已经具备了服务全球的能力。BDS 在国民经济、国防建设、物流管理等领域的应用逐步深入，核心技术取得了突破，整体应用已进入产业化、规模化、大众化、国际化的新阶段，早在 2018 年就率先覆盖"一带一路"沿线国家，2020 年正式覆盖全球。

（二）BDS 的工作原理

北斗一号卫星导航的工作过程是：首先由中心控制系统向卫星Ⅰ和卫星Ⅱ同时发送询问信号，经卫星转发器向服务区内的用户广播。用户响应其中一颗卫星的询问信号，并同时向两颗卫星发送响应信号，经卫星转发回中心控制系统。中心控制系统接收并解调用户发来的信号，然后根据用户的申请服务内容进行相应的数据处理。对于定位申请，中心控制系统测出两个时间延迟：一是从中心控制系统发出询问信号，经某一颗卫星转发到达用户，用户发出定位响应信号，经同一颗卫星转发回中心控制系统的延迟；二是从中心控制系统发出询问信号，经上述同一卫星到达用户，用户发出响应信号，经另一颗卫星转发回中心控制系统的延迟。由于中心控制系统和两颗卫星的位置都是已知的，所以由上面两个延迟量可以计算出用户到第一颗卫星的距离及用户到两颗卫星距离之和，从而知道用户处于一个以第一颗卫星为球心的一个球面和以两颗卫星为焦点的椭球面之间的交线上。另外，中心控制系统从存储在计算机内的数字化地形图查询到用户高程值，又可知道用户处于某一与地球基准椭球面平行的椭球面上。中心控制系统可最终计算出用户所在点的三维坐标，这个坐标经加密由出站信号发送给用户。BDS 的工作原理示意如图 7.1 所示。

【北斗星路历程：涉过星河 筑梦苍穹】

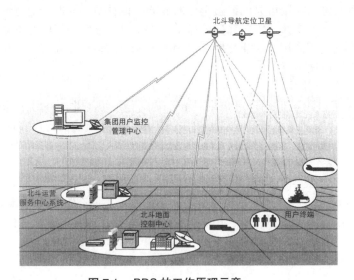

图 7.1　BDS 的工作原理示意

二、GPS

（一）GPS 概述

GPS 是利用空间卫星星座（通信卫星）、地面控制部分及信号接收机对地球上任何地方的用户都能进行全方位导航和定位的系统。

GPS 最早由美国军方开发，用于定时、定位及导航。从 1978 年第一颗 GPS 卫星升空，到 1994 年全面建成，GPS 是具有在海、陆、空进行全方位实时三维导航与定位能力的新一代卫星导航与定位系统。GPS 以全天候、高精度、自动化、高效益等显著特点，赢得广大测绘工作者的信赖，并成功地应用于大地测量、工程测量、航空摄影测量、运载工具导航和管制、地壳运动监测、工程变形监测、资源勘察、地球动力学等学科，从而给测绘领域带来一场深刻的技术革命。

目前，全球有两个公开的 GPS 可以利用，NAVSTAR 系统由美国研制，归美国国防部管理和操作，而 GLONASS 系统（详见本项目任务 6 中介绍）则为俄罗斯所拥有。其中，NAVSTAR 系统提供了 P 码（精码）和 C/A 码（粗码）两种定位服务，P 码为军方服务，定位精度可达 3m，C/A 码对社会开放，定位精度可达 14m。

（二）GPS 的工作原理

GPS 的基本原理是测量出已知位置的卫星到用户接收机之间的距离，然后综合多颗卫星的数据就可知道接收机的具体位置。要达到这一目的，卫星的位置可以根据星载时钟所记录的时间在卫星星历中查出。而用户到卫星的距离则通过记录卫星信号传播到用户所经历的时间，再将其乘以光速得到［由于大气电离层的干扰，这一距离并不是用户与卫星之间的真实距离，而是伪距（PR）］。当 GPS 卫星正常工作时，会不断地用 1 和 0 二进制码元组成的伪随机码（简称伪码）发射导航电文。

GPS 使用的伪码有两种，分别是民用的 C/A 码和军用的 P（Y）码。C/A 码频率 1.023MHz，重复周期 1ms，码间距 1μs，相当于 300m；P 码频率 10.23MHz，重复周期 266.4d，码间距 0.1μs，相当于 30m。而 Y 码是在 P 码的基础上形成的，保密性能更佳。

由卫星的位置精确可知，在 GPS 观测中，可得到卫星到接收机的距离，利用三维坐标中的距离公式和 3 颗卫星，就可以组成 3 个方程式，解出观测点的位置（X，Y，Z）。考虑到卫星的时钟与接收机时钟之间的误差，实际上有 4 个未知数，X、Y、Z 和钟差，因而需要引入第 4 颗卫星，形成 4 个方程式进行求解，从而得到观测点的经纬度和高程。事实上，接收机往往可以锁住 4 颗以上的卫星，这时，接收机可按卫星的星座分布分成若干组，每组 4 颗，然后通过算法挑选出误差最小的一组用作定位，从而提高精度。由于卫星运行轨道、卫星时钟存在误差，大气对流层、电离层对信号的影响，以及人为的 SA 保护政策，使得民用 GPS 的定位精度只有 100m。为提高定位精度，普遍采用差分 GPS（DGPS）技术，建立基准站（差分台）进行 GPS 观测，利用已知的基准站精确坐标，与观测值进行比较，从而得出一修正数，并对外发布。接收机收到该修正数后，与自身的观测值进行比较，消去大部分误差，得到一个比较准确的位置。实验表明，利用 DGPS 技术，定位精度可提高到 5m。

GPS 接收机可接收到可用于授时的准确至纳秒级的时间信息；用于预报未来几个月内卫星所处概略位置的预报星历；用于计算定位时所需卫星坐标的广播星历，精度为几米甚至几十米（各个卫星不同，随时变化）；用于 GPS 信息，如卫星状况等。

GPS 接收机对码进行量测就可得到卫星到接收机的距离，其中含有接收机卫星钟的误差及大气传播误差，即伪距。对 0A 码测得的伪距称为 UA 码伪距，精度约为 20m；对 P 码测得的伪距称为 P 码伪距，精度约为 2m。

GPS 接收机对收到的卫星信号进行解码或采用其他技术，将调制在载波上的信息去掉后，就可以恢复载波。严格来说，载波相位应被称为载波拍频相位，它是收到的受多普勒频移影响的卫星信号载波相位与接收机本机振荡产生的信号相位之差。一般在接收机卫星钟确定的历元时刻量测，保持对卫星信号的跟踪，就可记录下相位的变化值，但开始观测时的接收机和卫星振荡器的相位初值是不知道的，起始历元的相位整数也是不知道的，即整周模糊度，只能在数据处理中作为参数解算。相位观测值的精度高至毫米，但前提是解出整周模糊度，因此，只有在相对定位并有一段连续观测值时，才能使用相位观测值，而要达到优于米级的定位精度则只能采用相位观测值。

在 GPS 量测中包含卫星和接收机的钟差、大气传播延迟、多路径效应等误差，在定位计算时还要受到卫星广播星历误差的影响，在进行相对定位时大部分公共误差被抵消或削弱,因此定位精度将极大地提高。双频接收机可以根据两个频率的观测量抵消大气中电离层误差的主要部分,在精度要求高、接收机间距离较远时(大气有明显差别),应选用双频接收机。

三、Galileo 定位系统

(一) Galileo 定位系统概述

Galileo 定位系统是欧盟建造的卫星定位系统,有"欧洲版 GPS"之称,也是继 GPS 及 GLONASS 系统之后,第三个可供民用的定位系统,于 2014 年开始运作,并在 2019 年完工。Galileo 定位系统为欧盟成员和与其合作国家的公路、铁路、空中和海洋运输甚至徒步旅行者提供精度为 1m 的定位导航服务,从而打破了美国独霸全球卫星导航系统的格局。

(二) Galileo 定位系统的组成

Galileo 定位系统由 30 颗中高度圆轨道卫星组成,其中 27 颗为工作卫星,3 颗为候补卫星,轨道高度为 23616km,位于 3 个倾角为 56°的轨道平面内。其最高精度小于 1m,主要为民用。

1. 空间段

看起来只在"老三段"上增加了一个环境段,实际上其内涵都在变,使系统变得更先进、更高效、更精密、更安全、更完善、更可靠。Galileo 定位系统的空间段由位于中高度(MEO)的 30 颗卫星组成,这些卫星分置于 3 个轨道面内。卫星绕地球旋转一周的时间约为 14h4min,卫星重量为 625kg,在轨寿命 15 年,功耗 1.5kW,发射频段为 4 个(包括 SAR 使用的频段),工作信道(基本信号)达 11 个。

2. 环境段

Galileo 定位系统的环境段是新增的部分,它们实际上在 GPS 和 GLONASS 系统中都是隐含的部分,但在 Galileo 定位系统中明确成为关键的组成部分,这是实用需求日益广泛和技术进步带来的结果,因为定位精度日益提高和可靠性分量加重的客观需求,以及使用中遇到的各种各样的问题,必然要把环境段放到重要位置上加以考虑。环境段主要研究电离层、对流层、电波干扰和多径效应,以及它们的缓解技术和对策。

3. 地面段

Galileo 定位系统的地面段主要由 Galileo 控制中心(2 个)、C 波段任务上行站(5 个)、Galileo 上行站(5 个,TT&C-S 波段和 ULS-C 波段)、Galileo 传感器站(29 个)、Delta 完好性处理装置和任务管理办公室组成,它们之间由 Galileo 数据链路和 Galileo 通信网络进行连接,外面相关的部门还包括搜索救援(SAR)中心、EGNOS 和世界协调时部门。Galileo 控制中心分为四大系统:完好性处理系统、精密定时系统、轨道同步和定时系统、Galileo 资源控制系统(包括服务产品部、卫星控制部和任务控制部)。

4. 用户段

Galileo 定位系统的用户段涉及海陆空天各种应用领域,由于其提供的服务及水平要比 GPS 高得多,所以对用户接收机的要求就更高,而且兼顾与 GPS 的兼容互动。值得注意的是,随着卫星导航系统的应用逐步深入人心,其与各种电子设备的融合趋势日益明显,尤其是在汽车电子领域和个人通信领域前景更为广阔。

(三) Galileo 定位系统的主要功能

(1)开放服务(open service)。在 1164~1214MHz 及 1563~1591 MHz 两个频带上提供给任何人自由使用。

（2）商业服务（commercial service）。
（3）公共规范服务（public regulated service）。
（4）生命安全服务（safety of life service）。

四、GLONASS 系统

（一）GLONASS 系统概述

GLONASS 系统最早开发于苏联时期，后由俄罗斯继承开发，俄罗斯 1993 年开始独自建立本国的全球卫星导航系统。按计划，该系统于 2007 年年底之前开始运营，届时只开放俄罗斯境内卫星定位及导航服务；到 2009 年年底前，其服务范围拓展到全球。该系统主要服务内容包括确定陆海空目标的坐标及运动速度信息等。

（二）GLONASS 系统的组成

1. GLONASS 星座

GLONASS 星座由 21 颗工作星和 3 颗备份星组成并分布在相隔 120° 的 3 个近圆形的轨道平面上，每个轨道面均匀分布有 8 颗卫星，轨道高度 2.36 万千米（MEO），轨道倾角 64.8°。

2. 地面支持系统

地面支持系统由系统控制中心、中央同步处理器、遥测遥控站（含激光跟踪站）和外场导航控制设备组成。地面支持系统的功能由当时苏联境内的许多地面场地来承载。GLONASS 系统由俄罗斯航天局管理后，地面支持段已经缩减到只有俄罗斯境内的场地了，系统控制中心和中央同步处理器位于莫斯科，遥测遥控站位于圣彼得堡、捷尔诺波尔、埃尼谢斯克和共青城。

3. 用户设备

用户设备（即接收机）能接收卫星发射的导航信号，测量其伪距和伪距变化率，同时从卫星信号中提取并处理导航电文。接收机处理器对上述数据进行处理并计算出用户所在的位置、速度和时间信息。GLONASS 系统提供军用和民用两种服务，绝对定位精度水平方向为 16m，垂直方向为 25m。目前，GLONASS 系统的主要用途是导航定位，当然与 GPS 一样，它也可以广泛应用于各种等级和种类的定位、导航和时频领域等。

（三）GLONASS 系统与 GPS 比较

（1）卫星发射频率不同。GPS 的卫星信号采用码分多址体制，每颗卫星信号频率和调制方式相同，不同卫星的信号靠不同的伪码区分。而 GLONASS 系统采用频分多址体制，卫星靠频率不同来区分，每组频率的伪随机码相同。基于这个原因，GLONASS 系统可以防止整个卫星导航系统同时被敌方异物干扰，因而具有更强的抗干扰能力。

（2）坐标系不同。GPS 使用世界大地坐标系（WGS-84），而 GLONASS 系统使用苏联地心坐标（PZ-90）。

（3）时间标准不同。GPS 使用世界协调时相关联，而 GLONASS 系统则与莫斯科标准时相关联。

此外，由于 GLONASS 系统没有施加 SA 干扰，所以它的民用精度优于 GPS。但是，GLONASS 系统的应用普及度不及 GPS，这主要是由于俄罗斯长期以来不够重视开发民用市场。不过，目前已有数款智能手机中使用 GLONASS 系统和 GPS 双定位系统。

任务2 BDS

BDS 是中国自行研制的全球卫星导航系统，是继 GPS、GLONASS 系统之后第三个成熟的卫星导航系统。

【北斗：心中的灯塔　指引前路】

一、BDS 的组成

（1）空间段。BDS 空间段由 5 颗静止轨道卫星和 24 颗非静止轨道卫星、3 颗倾斜同步轨道卫星组成。

（2）地面段。BDS 地面段包括主控站、时间同步／注入站和监测站等若干个地面站，以及星间链路运行管理设施。

（3）用户段。BDS 用户段包括北斗及兼容其他卫星导航系统的芯片、模块、天线等基础产品，以及终端设备、应用系统与应用服务等。

二、BDS 的主要功能

（1）短报文通信。BDS 用户终端具有双向报文通信功能，用户可以一次传送 40～60 个汉字的短报文信息，最高一次传送可达 120 个汉字的短报文信息，在远洋航行中有重要的应用价值。

（2）精密授时。BDS 具有精密授时功能，可向用户提供 20～100ns 时间同步精度。

（3）定位精度。水平精度 100m（1σ），设立标校站之后为 20m（类似差分状态）。工作频率为 2491.75MHz。

（4）系统容纳的最大用户数。最大用户数为 540000 户／小时。

三、BDS 与 GPS 比较

（1）定位原理。BDS 采用"三球交汇"原理，导航卫星发射测距信号和导航电文，导航电文中含有卫星的位置信息。用户接收机在某一时刻同时接收 3 颗以上卫星信号，测量出用户接收机至 3 颗卫星的距离，通过卫星星历解算出来的卫星空间坐标，利用距离交汇法就可以解算出用户接收机的位置。目前，国际上四大全球卫星导航系统均是采用这种"三球交汇"的几何原理实现定位。

（2）服务体制。BDS 是全球第一个提供三频信号服务的卫星系统，而 GPS 使用的是双频信号，所以这是 BDS 的后发优势。使用双频信号可以减弱电离层延迟的影响，而使用三频信号可以构建更复杂的模型，以消除电离层延迟的高阶误差。同时，使用三频信号可以提高载波相位模糊度的解算效率，理论上还可以提高载波收敛效率。

（3）定位精度。BDS 三维定位精度为几十米，授时精度约为 100ns。GPS 三维定位精度 P 码目前为 6m，C/A 码目前为 12m，授时精度目前约为 20ns。

（4）用户容量。BDS 由于是主动双向测距的询问—应答系统，用户设备与地球同步卫星之间不仅要接收地面中心控制系统的询问信号，而且要求用户设备向同步卫星发射应答信号。这样，系统的用户容量取决于用户允许的信道阻塞率、询问信号速率和用户的响应频率，BDS 的用户设备容量是有限的。GPS 是单向测距系统，用户设备只要接收导航卫星发出的电文即可进行测距定位，因此，其用户设备容量是无限的。

【点亮北斗走向世界】

（5）实时性。BDS 用户的定位申请要送回中心控制系统，中心控制系统解算出用户的三维位置数据之后再发回用户，其间要经过地球静止卫星走一个来回，再加上卫星转发和中心控制系统的处理，延迟时间就更长了。对于高速运动体来说，其定位误差将加大。BDS 还有一些其他特点，如其具备的短信通信功能就是 GPS 所缺少的。需要说明的是，BDS 和上述三大导航系统的建设是不完全一样的，BDS 的最大特色就是有源定位和短报文特色的星级服务，彻底解决了我国有卫星但无导航系统的问题。

BDS 2020 年建成覆盖全球的卫星导航系统，成为一个生命线工程，用户的范围越来越广，形成了完整的产业链，逐步应用到国民经济和社会发展的各个领域。随着互联网、大数据、云计算、物联网、区块链等技术的发展，BDS 基础产品的嵌入式、融合性应用逐步加强，并产生了显著的融合效益。

任务 3　GPS

一、GPS 的组成

GPS 是美国第二代卫星导航系统，是在子午仪卫星导航系统的基础上发展起来的，采纳了子午仪卫星导航系统的成功经验。和子午仪卫星导航系统一样，GPS 由空间部分（GPS 卫星星座）、地面控制部分（地面监控系统）、用户设备部分（GPS 信号接收机）三大部分组成，如图 7.2 所示。

1. GPS 卫星星座

按目前的方案，GPS 的空间部分使用 24 颗（包括 21 颗工作卫星和 3 颗在轨备用卫星）高度约 2.02×10^4 km 的卫星组成卫星星座。24 颗卫星均为近圆形轨道，分布在 6 个轨道面上（每个轨道面 4 颗），轨道倾角为 55°，轨道平面间距 60°，在每一轨道平面上，各卫星的间隔为 90°，如图 7.3 所示。

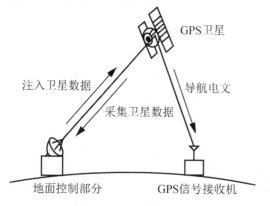

图 7.2　GPS 组成示意

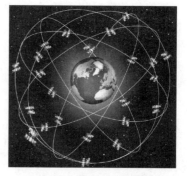

图 7.3　卫星星座示意

【卫星星座示意】

卫星的分布使得在全球任何地方、任何时间都可观测到 4 颗以上的卫星（最多时可见到 11 颗卫星），并能保持良好定位解算精度的几何图形，从而提供全球范围从地面到 2×10^4 km 高空之间任一载体高精度的三维位置、三维速度和系统时间信息，因此能提供在时间上连续的全球导航能力。

2. 地面监控系统

GPS 工作卫星的地面监控部分包括 1 个主控站、5 个监控站和 3 个数据注入站。主控站位于美国科罗拉多州的斯平士联合空间执行中心（CSOC）；3 个数据注入站分别设在大西洋、印度洋和太平洋的 3 个美国军事基地上，即大西洋的阿松桑岛、印度洋的狄哥·伽西亚和太平洋的卡瓦加兰；5个监控站设在主控站和3个数据注入站及夏威夷岛。

主控站是整个系统的核心，功能是为全系统提供时间基准，监视和控制卫星的轨道，处理监控站送来的各种数据，编制各卫星的星历，计算和修正时钟误差及电离层对电波传播造成的偏差；当运行卫星失效时及时调用备用卫星等；此外，主控站还有监控站的功能。

监控站的主要任务是接收信号，监测卫星的工作状态，并向主控站提供观测数据。监控站设有GPS用户接收机、原子钟、收集当地气象数据的传感器和进行数据初步处理的计算机，对每颗卫星进行连续不断的跟踪和观测，每 6s 进行一次伪距和积分多普勒的观测，气象要素、卫星时钟和工作状态等数据的采集。

数据注入站的作用是将主控站计算出的卫星年历、卫星轨道和卫星钟修正数等注入卫星中，还能自动地向主控站发射信号，每分钟报告一次自己的工作状态。数据注入站对每颗GPS卫星每天注入一次数据，并在卫星离开数据注入站作用范围之前进行最后的注入。如果某地面站发生故障，那么在卫星中预存的导航信息还可用一段时间，但导航精度会逐渐降低。

主控站将编辑的卫星电文传送到位于三大洋的3个数据注入站，而数据注入站通过S波段微波链路定时地将有关信息注入各个卫星，然后由GPS卫星发送给广大用户，这就是所谓的广播星历。

3. GPS信号接收机

GPS信号接收机主要由接收机硬件和处理软件组成，用于接收GPS卫星发射信号，经信号处理获取用户位置、速度等信息，再通过数据处理完成导航和定位。GPS接收机硬件一般由主机、天线和电源组成，处理软件主要是机内监控程序、导航与定位数据的后处理软件包。

GPS信号接收机的任务是：捕获按一定卫星高度截止角所选择的待测卫星的信号，并跟踪这些卫星的运行，对所接收到的GPS信号进行变换、放大和处理，以便测量出GPS信号从卫星到接收机天线的传播时间，解译出GPS卫星所发送的导航电文，实时地计算出监测站的三维位置、速度甚至三维速度和时间。

GPS接收机种类虽然很多，但结构基本一致，分为天线单元和接收单元两部分，如图7.4所示。天线单元由接收天线和前置放大器组成。常用的天线形式有定向天线、偶极子天线、微带天线、线螺旋天线、圆螺旋天线等。前置放大器直接影响接收信号的信噪比，要求噪声系数小、增益高和动态范围大，现在一般都采用FET放大器。接收单元包括信号通道、存储、计算与显示控制及电源等部件。信号通道的主要功能是接收来自天线的信号，经过变频、放大、滤波等一系列处理，实现对GPS信号的跟踪、锁定、解调、检出导航有关信息。根据需要，可设计成1～12个通道，以便接收多个卫星信号。其他几个部件的作用主要是根据收到的卫星星历、伪距观测数据，计算出三维坐标和速度；进行人机对话、输入各种指令、控制屏幕显示等。

静态定位时，GPS接收机在捕获和跟踪GPS卫星的过程中固定不变，接收机高精度地测量GPS信号的传播时间，利用GPS卫星在轨的已知位置，解算出接收机天线所在位置的三维坐标。而动态定位则是用GPS接收机测定一个运动物体的运行轨迹。GPS信号接收机所位于的运动物体称为载体（如航行的船舰、飞行的飞机、运行的车辆等）。载体上的GPS接收机天线在跟踪GPS卫星的过程中相对地球而运动，接收机用GPS信号实时地测得运动载体的状态参数（瞬间三维位置和三维速度）。

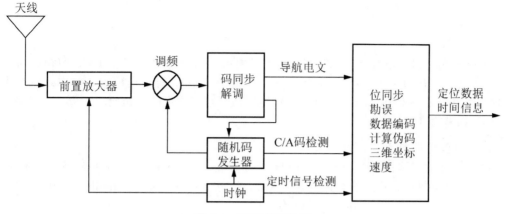

图 7.4　GPS 原理框图

GPS 接收机一般使用蓄电池做电源，同时采用机内机外两种直流电源。设置机内电池的目的在于更换外电池时不中断连续观测。在使用机外电池的过程中，机内电池自动充电。关机后，机内电池为 RAM 存储器供电，以防止丢失数据。近些年来，国内引进了多种类型的 GPS 测地型接收机。各种类型的 GPS 测地型接收机用于精密相对定位时，其双频接收机精度可达 5mm+1ppm·D，单频接收机在一定距离内精度可达 10mm+2ppm·D；用于差分定位时，其精度可达亚米级至厘米级。目前，各种类型的 GPS 接收机体积越来越小，重量越来越轻，便于野外观测。

二、卫星定位的基本方式

卫星定位按定位时接收机的运动卫星定位的方式分为静态定位和动态定位两种，按接收机定位模式分为绝对定位方式和相对定位方式两种。

（一）按定位时接收机的运动卫星定位的方式分类

（1）静态定位。接收机在定位过程中位置固定不变，接收机高精度地测量 GPS 信号的传播时间，利用 GPS 卫星在轨道上已知位置，解算出本机天线所在位置的三维坐标。

（2）动态定位。接收机在定位过程中位置是变换的，载体的 GPS 接收机天线在跟踪 GPS 卫星的过程中相对地球而运动，并实时地测得运动载体的状态参数（瞬间三维位置和三维速度）。

（二）按接收机的定位模式分类

（1）绝对定位（单点定位）。绝对定位是直接确定观测点相对坐标系原点（地球质心）绝对坐标的一种定位方式。绝对定位的特点是作业方式简单，可以单机作业，一般用于导航和精确度要求不高的应用中。

（2）相对定位（差分定位）。相对定位是指在两个或若干个测量站上设置接收机，同步跟踪观测相同的 GPS 卫星，从而测算出它们之间的相对位置。相对定位可以有效地消除或减弱，如卫星时钟的误差、卫星星历的误差、卫星信号在大气中的传播延迟误差等，从而获得很高的相对定位精度。相对定位广泛用于高精度的大地控制网、精密工程测量、地球动力学、地震监测网等方面的测量。

三、GPS 的主要特点

（一）定位精度高

实践证明，GPS 相对定位精度在 50km 以内可达百万分之一，在 100～500km 可达千万分之一，在 1000km 可达十亿万分之一。在 300～1500m 的工程精密定位中，1h 以上观测的平面位置误差小于 1mm，与 ME-5000 电磁波测距仪测定的边长比较，边长较差最大为 0.5mm，误差为 0.3mm。

（二）定位时间短

随着 GPS 的不断完善、软件的不断更新，目前，20km 以内的相对静态定位仅需 15～20min；如果进行快速静态相对定位测量，当每个流动站与基准站相距在 15km 以内时，流动站观测时间只需 1～2min，然后可随时定位，每站观测只需几秒钟。

（三）操作简便

随着 GPS 接收机的不断改进，其自动化程度越来越高，有的已达"傻瓜化"的程度。接收机的体积越来越小，重量越来越轻，极大地减轻了测量工作者的劳动强度。

（四）测站间无须通视

GPS 测量不要求测站之间互相通视，只需测站上有开阔空间即可，可节省大量的造标费用。由于无须点间通视，点位位置根据需要可稀可密，因此选点工作较为灵活，也可省去经典大地网中的传算点、过渡点的测量工作。

（五）可提供三维坐标

在对经典大地进行测量时，需要对平面与高程分别采用不同的方法施测，GPS 可同时精确测定测站点的三维坐标。目前，GPS 可满足四等水准测量的精度。

（六）全天候作业

目前，GPS 观测可在一天内的任何时间进行，不受阴天、起雾、刮风、下雨、下雪等天气的影响。

（七）功能多且应用广

GPS 不仅可用于测量、导航，而且可用于测速、测时。其测速的精度可达 0.1m/s，测时的精度可达几十毫微秒，而且应用领域不断扩大。最初，设计 GPS 的主要目的是导航、收集情报等，但后来的应用开发表明，GPS 不仅能够满足上述目的，而且用 GPS 卫星发来的导航定位信号能够进行厘米级甚至毫米级精度的静态相对定位、米级至亚米级精度的动态定位、亚米级至厘米级精度的速度测量、毫微秒级精度的时间测量。

四、GPS 的类型

（一）按接收机的用途分类

1. 导航型接收机

导航型接收机主要用于运动载体的导航，可以实时给出载体的位置和速度。这类接收机一般采用 C/A 码伪距测量，单点实时定位精度较低，一般为 ±10m，有 SA 影响时为 ±100m。这类接收机价格低，应用广泛。根据应用领域的不同，这类接收机还可以进一步分为以下 4 种。

（1）车载型接收机，用于车辆导航定位。

（2）航海型接收机，用于船舶导航定位。

（3）航空型接收机，用于飞机导航定位。由于飞机运行速度快，所以在航空上应用的接收机要求能适应高速运动。

（4）星载型接收机，用于卫星的导航定位。由于卫星的速度高达7km/s，所以对接收机的要求更高。

2. 测地型接收机

测地型接收机主要用于精密大地测量和精密工程测量，主要采用载波相位观测值进行相对定位，定位精度高，但结构复杂，价格较高。

3. 授时型接收机

授时型接收机主要利用GPS卫星提供的高精度时间标准进行授时，常用于天文台及无线电通信中时间同步。

（二）按接收机的载波频率分类

1. 单频接收机

单频接收机只能接收L1载波信号，测定载波相位观测值进行定位，但由于不能有效消除电离层延迟影响，所以只适用于短基线（小于15km）的精密定位。

2. 双频接收机

双频接收机可以同时接收L1、L2载波信号，利用双频对电离层的延迟不一样，能消除电离层对电磁波信号的延迟的影响，可以用于长达几千千米的精密定位。

（三）按接收机的通道数分类

GPS接收机能同时接收多颗GPS卫星的信号，为了分离接收到的不同卫星的信号，以实现对卫星信号的跟踪、处理和量测，具有这种功能的器件称为天线信号通道。按接收机所具有的通道种类，接收机可分为多通道接收机、序贯通道接收机和多路多用通道接收机。

（四）按接收机的工作原理分类

1. 码相关型接收机

码相关型接收机利用码相关技术来测定到伪距观测值。

2. 平方型接收机

平方型接收机利用载波信号的平方技术去掉调制信号来恢复完整的载波信号，通过相位计测定接收机内产生的载波信号与接收到的载波信号之间的相位差来测定伪距观测值。

3. 混合型接收机

混合型接收机综合了上述两种接收机的优点，既可以测定码相位伪距，又可以测定载波相位观测值。

4. 干涉型接收机

干涉型接收机将GPS卫星作为射电源，采用干涉测量方法，测定两个测站间距离。

五、GPS的主要功能

GPS是军民两用的系统，应用范围极其广泛。在军事上，GPS已成为自动化指挥系统、先进武器系统及新的战役战术理论的一项关键性基本保障技术，被广泛应用于各军兵种；在民用上，GPS应用于车辆和船舶导航、大地测量、机场着陆、开采精确定位等。总体来说，GPS的功能主要体现在以下3个方面。

（一）陆地应用

陆地应用包括车辆导航、应急反应、大气物理观测、地球物理资源勘探、工程测量、变形监测、地壳运动监测、市政规划控制等。

（二）海洋应用

海洋应用包括远洋船最佳航程航线测定、船只实时调度与导航、海洋救援、海洋探宝、水文地质测量、海洋平台定位、海平面升降监测等。

（三）航空航天应用

航空航天应用包括飞机导航、航空遥感姿态控制、低轨卫星定轨、导弹制导、航空救援、载人航天器防护探测等。

任务 4　网络 GPS

一、网络 GPS 的概念

网络 GPS 是将互联网与 GPS 技术相结合，在互联网界面上显示 GPS 动态跟踪信息，以实现实时监控动态调度的功能。它克服了 GPS 无法克服的障碍：首先，可降低投资费用，免除了物流运输公司自身设置监控中心的费用，既包括各种硬件配置，又包括各种管理软件；其次，一方面利用互联网实现无地域限制的跟踪信息显示，另一方面通过设置不同权限做到信息的保密。网络 GPS 综合了互联网与 GPS 的优势与特色，取长补短，在很大程度上帮助物流运输企业提高了车辆调度水准、物流服务方面的质量。

二、网络 GPS 的特点

（1）功能多，精度高，覆盖面广，在任何地方都可以进行车辆的位置监控工作，充分保证所有用户的要求都能得到满足。

（2）定位速度快，使物流运输企业能够在业务运作上提高反应速度，降低车辆空驶率，降低运作成本，满足客户需要。

（3）信息传输采用 GSM 公用数字移动通信网，具有保密性高、系统容量大、抗干扰能力强、漫游性能好、移动业务数据可靠等优点。

（4）构筑国际互联网公共平台，具有开放度高、资源共享程度高等优点。

三、网络 GPS 的组成

（一）网上服务平台

网上服务平台由提供定位服务的运营商负责运营管理。

（二）用户端设备

用户需要配备一台可以与互联网接驳的计算机，接收服务时通过互联网浏览器使用授权的用户名和密码就可进入服务系统用户界面，用户可以通过服务系统用户界面对所希望监控的移动体编组进行监控和调度。

（三）车载终端设备

车载终端设备主要由 GPS 定位信号接收模块、GSDI 通信模块（或其他通信模块）组成，用来实现监控中心对移动体的跟踪定位与通信。

四、网络 GPS 的工作流程

车载终端设备接收到 GPS 卫星定位数据后,自动计算出自身所处地理位置的坐标,经 GSM 通信机发送到 GSM 公用数字移动通信网,并通过与物流信息系统连接的 DDN 专线将数据传送到物流信息系统监控平台上。中心处理器根据接收到的坐标数据和其他还原后的数据,与 GIS 的电子地图进行比对,在电子地图上直观地显示车辆实时坐标的准确位置。网络 GPS 用户可以用自己的权限在网上进行车辆信息的收发、查询等管理工作,在电子地图上掌握车辆和货物的动态信息(位置、状态、行驶速度等),还可以在车辆出现意外时进行紧急救援。

任务 5　网络 GPS 在物流中的应用

一、GPS 在物流中的应用

(一) GPS 在物流运作中的应用

GPS 技术已发展成多领域(陆地、海洋、航空航天等)、多模式(GPS、DGPS、LADGPS、WADGPS 等)、多用途(在途导航、精密定位、精确定时、卫星定轨、灾害监测、资源调查、工程建设、市政规划、海洋开发、交通管制等)、多机型(测地型、定时型、手持型、集成型、车载式、船载式、机载式、星载式、弹载式等)的国际性高新技术产业,目前在物流中主要实现了以下功能。

1. 车辆跟踪

利用 GPS 和电子地图可以实时显示出车辆的实际位置,并可任意放大、缩小、还原、换图;可以随目标移动,使目标始终保持在屏幕上;还可实现多窗口、多车辆、多屏幕同时跟踪;利用该功能可对重要车辆和货物进行运输跟踪。

2. 提供出行路线规划和导航

提供出行路线规划是汽车导航系统的一项重要的辅助功能,包括自动线路规划和人工线路设计。自动线路规划由驾驶者确定起点和目的地,由计算机软件按要求自动设计最佳行驶路线,包括最快的路线、最简单的路线、通过高速公路路段次数最少的路线的计算。人工线路设计由驾驶员根据自己的目的地设计起点、终点和途经点等,自动建立路线库,线路规划完毕后,显示器能在电子地图上显示设计路线,并同时显示汽车运行路径和运行方法。

3. 信息查询

为用户提供主要物标,如旅游景点、宾馆、医院等数据库,用户能够在电子地图上显示其位置。同时,监测中心可以利用监测控制台对区域内的任意目标所在位置进行查询,车辆信息将以数字形式在控制中心的电子地图上显示出来。

4. 话务指挥

指挥中心可以监测区域内车辆运行状况,对被监控车辆进行合理调度;也可以随时与被跟踪目标通话,实行管理。

5. 紧急援助

通过 GPS 定位和监控管理系统可以对遇有险情或发生事故的车辆进行紧急援助。监控台的电子地图显示求助信息和报警目标,规划最优援助方案,并以报警声光提醒值班人员进行应急处理。

（二）GPS 在第三方物流中的应用

GPS 在物流中普及后，通过互联网实现信息共享，从而在第三方物流中广泛应用，即车辆使用方、运输公司、接货方对物流中的车货位置、运行情况等都能及时掌握，有利于第三方协调商务关系，从而获得最佳的物流流程方案、获得最大的经济效益。

1. 车辆使用方

运输公司将自己的车辆信息指定开放给合作客户，客户能够实时查看车与货的相关信息，直观地查看车辆分布和运行情况，以便寻找适合自己使用的车辆，从而省去不必要的环节，加快车辆的使用频率，缩短运输配货的时间，减少工作量。在货物发出后，发货方可通过互联网或手机查询车辆在运输途中的运输情况和所到达的位置，实时掌握货物在途的信息，确保运输效率。

2. 运输公司

运输公司通过互联网实现对车辆的动态监控式管理和货物的及时合理配载，以便加强对车辆的管理，减少资源浪费，降低费用开销。同时，将有关车辆的信息开放客户后，既方便了客户的使用，又减少了不必要的环节、提高了公司的知名度与可信度、拓展了公司的业务，从而提高公司的经济效益和社会效益。

3. 接货方

接货方只需通过发货方所提供的相关资料与权限，就可在互联网实时查看货物信息，掌握货物在途的情况和大概的运输时间，据此来提前安排货物的接收、停放及销售等环节，使货物的销售链提前完成。

二、网络 GPS 在物流中的应用情况

（一）网上发布

通过互联网发布运输车辆的位置信息和运行轨迹；货主可以访问监控中心站点，经过身份验证后，根据运单号、货号等查询车辆的位置信息；根据权限上网下载车辆运行轨迹和对车辆发送短消息；下载带有车辆位置的地图图片，给货主发 E-mail。

（二）目标跟踪

可随时查找运输车辆的当前位置，获得车辆的定位数据和状态信息；实施跟踪一个或多个指定的运输车辆，使其落在电子地图的窗口内；可设定跟踪优先级和时间间隔对目标进行跟踪。

（三）轨迹回放

可对车辆跟踪形成直观的运行轨迹；监控中心将收到的定位信息存入数据库，操作员可随时调出数据库中选定车辆，选定时间段内的定位信息进行回放。

（四）车辆数据库查询

查询车辆属性，如车辆内部编号、车牌号、车辆型号、司机姓名、车载电话号码、车辆所属部门、吨位、容积、报警情况等信息。

（五）控制功能

监控中心接收并显示车辆发回的消息，同时对车辆发送控制消息；可设置车辆定位数据发送的时间间隔；设置车辆允许呼叫的电话号码；修改和增减车辆回发的短消息内容。

（六）图上信息查询

查找某一目标，即用户可以使用模糊查询功能查找地图上的任意目标；查询图上某一点周边的地图信息，如最近的加油站的位置等。

项目实训

实训一 使用 VK1612U8M3 开发板接收 GPS 的数据

[实训目标]

（1）了解 GPS 的基本原理、功能和构成。
（2）体验 GPS 的工作过程。

[实训要求]

（1）通过网络搜索常见 GPS 的型号、规格和使用场合。
（2）具备 GPS 选型的能力和辨别产品真伪的能力。
（3）将 VK1612U8M3 开发板与 USB 转接板进行连线。
（4）利用 SIRFDemo 测试软件进行搜星，接收 GPS 数据。

[实训考核]

（1）查验 VK1612U8M3 开发板与 USB 转接板进行连线是否正确并进行评分。
（2）利用 GPS 和软件接收 GPS 数据。

实训二 Google GPS Maps 5.6 绿色便携版应用

[实训目标]

（1）了解 Google GPS Maps 5.6 绿色便携版软件的应用，培养软件应用能力。
（2）利用 GPS 进行导航设置。

[实训要求]

（1）进行 Google GPS Maps 5.6 绿色便携版软件的应用，了解 GIS 地图与 GPS 测定数据的关系。
（2）了解 GIS 地图与 GPS 测定数据的关系。
（3）了解 GPS 后处理软件的类型和应用场景。

[实训考核]

考核要素	评价标准	分值/分	评分/分			
			自评（10%）	小组（10%）	教师（80%）	小计（100%）
资料的收集	相关资料的完整性和新颖性，成员的分工	30				
GPS 应用 PPT 制作	GPS 技术在选学领域中的应用过程的 PPT 制作	30				
小组汇报和展示	以小组为单位进行 GPS 具体应用的汇报和讲解	30				
分析总结		10				
合　计						
评　语（主要是建议）						

实训参考

参考一 使用 VK1612U8M3 开发板接收 GPS 的数据

一、硬件连接

VK1612U8M3 开发板硬件如图 7.5 所示。

USB 连线如图 7.6 所示。

开发板与 USB 转接板连线如图 7.7 所示。

图 7.5　VK1612U8M3 开发板硬件

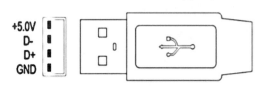

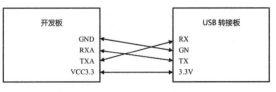

图 7.6　USB 连线　　　　　　图 7.7　开发板与 USB 转接连线

二、测试

（1）确认开发板和 USB 转接板连线正确后，将开发板的烧录开关打向 OFF 端（用 USB 转接板测试时，不需要外接电源，直接由 USB 供电），将 USB 插入计算机的 USB 接口，即可启动模块。此时，VCC 灯常亮，

PPS 灯常亮，TX 指示灯一秒一闪，如图 7.8 所示。如果烧录开关打向 ON 端（即烧录状态），VCC 灯常亮，BOOT 灯常亮，TX 灯不亮。

（2）安装 CP2102 驱动后，在计算机设备管理器中显示如图 7.9 所示。
（3）打开 SIRFDemo 测试软件，选择对应的 COM 口和波特率（默认为 9600bps），如图 7.10 所示。
（4）选好之后，单击【OK】按钮，显示如图 7.11 所示。
（5）搜星定位成功，如图 7.12 所示。

图 7.8　开发板连线

图 7.9　开发板驱动安装

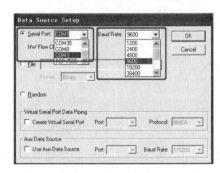

图 7.10　数据设置

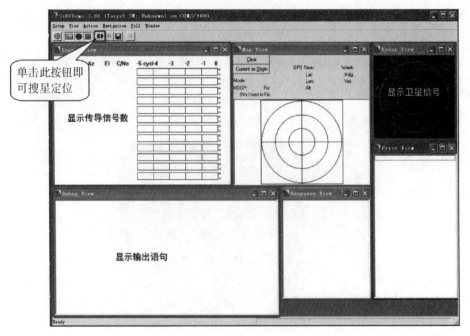

图 7.11　启动 GPS 搜星

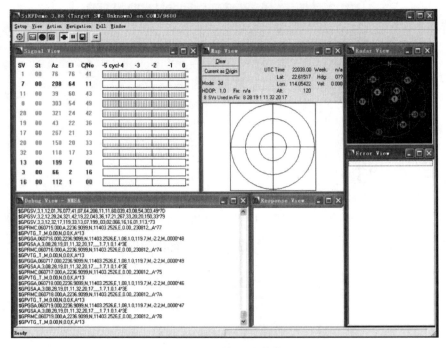

图 7.12　接收 GPS 数据

参考二　Google GPS Maps 5.6 绿色便携版的使用

Google GPS Maps 是由 Whudee 开发的一个免费的增强版 Google Maps 浏览、下载工具，能够将任意尺寸的地图保存为图片文件，它可以加载 Google Maps（国际版）卫星图、Google Maps（中国版）的卫星图、地形图和道路图，如图 7.13 所示。

由于官方的特别要求，Google Maps 在一些地区有明显的漂移问题，造成位置错误。为了解决 GPS 坐标偏移的问题，Google GPS Maps 内置了自动纠偏算法和纠偏数据，控制地标偏差在 10m 以内，实际使用时最好先到设置选项中更新地图版本，以保证获取最新版地图数据。更新地图操作如图 7.14 所示。

图 7.13　地图选择示意　　　　　图 7.14　更新地图版本操作示意

使用 Google GPS Maps 保存地图很简单，直接用右键选择区域即可，图片输出为 150dpi，保存的地图文件可以设置是否加上精确的 GPS 坐标（经纬度）。这一点比 Google Map Saver 要好。

对于便携版，直接运行 GoogleGPSMapsPortable.exe 即可，当前版本为 Google GPS Maps 5.6 绿色便携版，增加了简单的 GPS 导航功能，可接入 GPS 设备进行导航。GPS 坐标选择如图 7.15 所示，GPS 导航设置如图 7.16 所示。

注意：Windows XP 用户必须要安装 NET Framework 3.5 后才能运行。

图 7.15　GPS 坐标设置　　　　　图 7.16　GPS 导航设置

课后练习

一、单项选择题

（1）GPS 是由（　　）开发的。
A. 美国　　　　　　B. 欧盟　　　　　　C. 俄罗斯　　　　　　D. 英国
（2）GPS 由地面站、用户终端、（　　）构成。
A. 空间星座　　　　B. 监测站和注入站　C. 主控站和检测站　　D. 主控站和注入站
（3）GPS 主控站、监测站、注入站的数量分别是（　　）。
A. 1、3、3　　　　B. 1、2、5　　　　C. 1、3、5　　　　D. 1、2、3
（4）GPS 空间星座由（　　）颗定位卫星组成。
A. 6　　　　　　　B. 12　　　　　　　C. 24　　　　　　　D. 22
（5）NAVSTAR 系统提供了 P 码（精码）和 C/A 码（粗码）两种定位服务，两者的定位精度分别为（　　）。
A. 3m、14m　　　B. 14m、3m　　　　C. 10m、5m　　　　D. 15m、5m
（6）GPS 卫星一般都配有（　　）钟，其精度很高，误差可忽略。
A. 原子　　　　　　B. 分子　　　　　　C. 石英　　　　　　D. 机械

（7）GPS 用户并不需要给卫星发射任何信号，卫星也不会理会 GPS 用户的存在，故系统中用户数量（　　）。
A. 受到限制　　　　　　　　　　　　B. 没有限制
C. 在某些领域受到限制　　　　　　　D. 仅仅在物流领域不受限制

（8）由于 GPS 卫星数目（共有 24 颗）较多且分布合理，所以在地球上任何地点均可连续同步观测到至少（　　）颗卫星，从而保障了全球、全天候连续实时导航与定位的需要。
A. 1　　　　　B. 2　　　　　C. 4　　　　　D. 8

（9）北斗卫星导航系统由（　　）颗卫星组成。
A. 35　　　　　B. 30　　　　　C. 24　　　　　D. 5

二、多项选择题

（1）GPS 卫星的地面监控部分目前主要由分布在全球的若干个跟踪站所组成的监控系统构成。根据作用的不同，这些跟踪站又分为（　　）。
A. 主控站　　　　B. 次控站　　　　C. 监控站
D. 注入站　　　　E. 输出站

（2）GPS 系统是由（　　）构成的。
A. 地面站　　　　B. 用户终端　　　　C. 空间星座　　　　D. 主控站和注入站

（3）全球主流的卫星导航定位系统有（　　）。
A. 中国的 BDS　　　　　　　　　　B. 欧盟的 Galileo 定位系统
C. 俄罗斯的 GLONASS 系统　　　　D. 美国现有的 GPS

三、填空题

（1）全球导航卫星系统目前包含 GPS、_____、_____ 和 _____。
（2）北斗卫星导航系统由 _____、_____ 和 _____ 3 个部分组成。
（3）在 GPS 定位测量中，观测值都是以接收机的相位中心位置为准的，所以天线的相位中心应该与其 _____ 中心保持一致。
（4）从误差来源分析，GPS 测量误差大体上可分为 3 类：_____、_____ 和 _____。
（5）GPS 定位的实质就是根据高速运动的卫星瞬间位置作为已知的起算数据，采取 _____ 的方法，确定待定点的空间位置。

四、名词解释

（1）BDS
（2）GPS
（3）网络 GPS

五、判断题

（1）20 世纪 50 年代末期，美国开始研制多普勒卫星定位技术进行测速、定位的卫星导航系统，称为子午卫星导航系统。（　　）

（2）当利用两台或多台接收机对同一组卫星的同步观测求差时，可以有效地减弱电离层折射的影响，即使不对电离层折射进行改正，对基线成果的影响一般也不会超过 1ppm，所以在短基线上用单频接收机也能获得较好的定位结果。（　　）

（3）图形强度因子是一个直接影响定位精度但又独立于观测值和其他误差之外的一个量，其值恒大于 1，最大值可达 100，大小随时间和测站位置的变化而变化。（　　）

（4）子午卫星导航系统采用 12 颗卫星，都通过地球的南北极运行。（　　）

（5）GPS 定位精度同卫星与测站构成的图形强度有关，与能同步跟踪的卫星数和接收机使用的通道数无关。（　　）

（6）由于 GPS 网的平差及精度评定，主要是由不同时段观测的基线组成异步闭合环的多少及闭合差大小所决定的，与基线边长度和其间所夹角度有关，所以异步网的网形结构与多余观测密切相关。（　　）

（7）对于 GPS 网的精度要求，主要取决于网的用途和定位技术所能达到的精度。（　　）

（8）C/A 码的码长较短，易于捕获，但码元宽度较大，测距精度较低，所以 C/A 码又称为捕获码或粗码。（　　）

（9）开普勒第一定律告诉我们：卫星的地心向径，在相等的时间内所扫过的面积相等。（　　）

（10）在接收机和卫星间求二次差，可消去两测站接收机的相对钟差改正。（　　）

（11）在应用 GPS 信号导航定位时，为了计算 GPS 用户的三维坐标，必须观测 4 颗 GPS 卫星的位置。（　　）

（12）GPS 只能对动态对象进行动态空间信息的获取，空间信息反馈快速、精度均匀，不受天气和时间的限制。（　　）

（13）GPS 应用于车辆运行管理中，可对运输的车辆和货物进行实时定位、跟踪和监控，但在车辆调度、车辆报警等功能方面还存在不足。（　　）

六、简答题

（1）简述 GPS 的工作原理。

（2）简述 GPS 的主要应用。

（3）结合所学知识，论述 GPS 在 GIS 中的应用。

七、案例分析题

黑龙江省文物保护部门应用 GPS 技术对三江平原地区古遗址进行全面勘测，在集贤县完成了 60 多处古遗址的勘测。

黑龙江省三江平原地区汉魏遗址较多，是我国东北地区满族先祖的聚居址。这里的城址、祭坛址、瞭望台址等均保存较好，遗址中的半地穴式房址等遗迹清晰可见。而以往的遗址勘测通常只进行遗址平面图的测绘，测绘误差较大、精度较低，难以准确反映遗址的全貌。黑龙江省文物保护部门利用 GPS 技术，接收卫星信号，精确定位遗址位置，并用全站仪将遗址地形匹配信息、数据参数输入计算机，形成遗址群的彩色平面图系。整个测量过程不受气候等因素影响，既节省了人力、物力，又使测量数据更加准确可靠。

分析：

（1）如何利用 GPS 技术实现古遗址的测量？

（2）以黑龙江省为例，阐述 GPS 测量坐标与 GIS 地图坐标的转换关系。

项目 8
物流管理信息系统

》【学习目标】

知识目标	技能目标	素质目标
（1）熟练掌握 LMIS 的内容及特点。 （2）掌握 LMIS 的开发方法。 （3）熟悉 LMIS 的开发过程。 （4）了解物流信息的安全技术	（1）培养学生应用 LMIS 解决物流供应链中具体问题的能力。 （2）培养学生应用 LMIS 的开发技术和计算机辅助软件工程技术进行物流管理	引导学生以家国情怀为引领，树立正确的世界观

》【案例导入】

2020 年 6 月 19 日，德国北莱茵 – 威斯特法伦州一处肉制品厂发生聚集性感染，截至次日确诊人数已经过千。除了工厂员工，还有 3 名在附近城市就读的员工子女也被确诊，病毒有可能在周边社区内继续蔓延。自全球疫情暴发以来，肉制品厂成为"热点"已不鲜见，也引发了人们对动物和肉制品传播病毒的怀疑和忧虑。

随着物流和消费渠道的打通，近些年，海外农产品纷纷走上中国消费者的餐桌，澳大利亚谷饲牛肉、新西兰羔羊肉、德国纯肉香肠……不一而足。"吃货"们的青睐，直接促使海外农产品进口量攀升。目前，中国主要从欧盟、北美洲和南美洲进口猪肉，主要从巴西、阿根廷、澳大利亚和新西兰进口牛羊肉。便捷的冷链物流将生鲜肉食品运送上门，但会不会同步携带病毒？

纵观以往的各类食品安全事件，都会发现同一个问题：监管部门在事件发生后总不能及时、准确地查明和找到问题食品原料的来源。因此，从食品原料开始监管，无疑会对保障食品安全更加有效。如何建立放心肉"从原料到餐桌"的追溯链，覆盖肉类食品从原料到生产、流通、消费等各个环节的监管，守卫舌尖安全，成为当前亟待解决的难题。

资料来源：红星新闻. 全球肉制品厂频发疫情，食品传播新冠？问题还是在人［EB/OL］.（2020-06-20）［2022-02-23］. https://baijiahao.baidu.com/s?id=1669989065479666521&wfr=spider&for=pc. 有改动.

项目8　物流管理信息系统

>> 【思维导图】

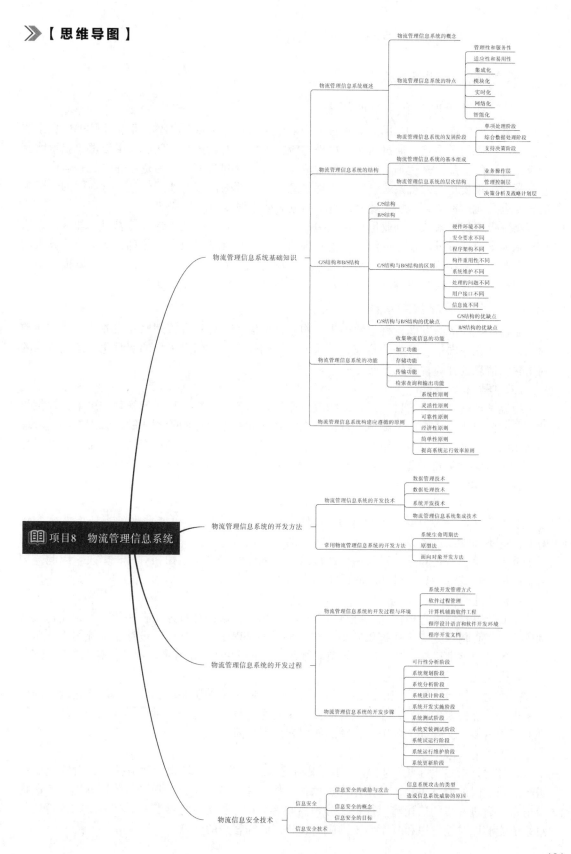

任务 1　物流管理信息系统基础知识

一、物流管理信息系统概述

（一）物流管理信息系统的概念

物流管理信息系统（logistic management information system，LMIS）是企业管理信息系统中的一个重要的子系统，通过对系统内外物流相关信息的收集、存储、加工处理，获得物流管理中有用的信息，来达到对物流、资金流的有效控制和管理，并为企业提供战略运作、信息分析和决策支持的人机系统。物流管理信息系统内部的衔接是通过信息进行沟通的，资源的调度也是通过资源共享来实现的，组织物流活动必须以信息为基础。

物流管理信息系统是企业信息系统中的一类，是企业按照现代管理的思想、理念，以信息技术为支撑所开发的信息系统。物流管理信息系统充分利用数据、信息、知识、计算机网络等资源，实施物流业务、控制物流业务、支持物流业务、实现物流信息共享，以提高物流业务的效率，提高决策的科学性，其最终目的是提高企业的核心竞争力。

（二）物流管理信息系统的特点

随着社会经济的发展、科学的进步，物流管理信息系统具有管理性和服务性、适应性和易用性，并正在向信息分类的集成化、系统功能的模块化、信息采集的实时化、信息传输的网络化及信息处理的智能化方向发展。

1. 管理性和服务性

物流管理信息系统的目的是辅助物流企业的管理者进行物流运作的管理和决策，提供与此相关的信息支持。因此，物流管理信息系统必须同物流企业的管理体制、管理方法、管理网络相结合，遵循管理与决策行为理论的一般规律。为了适应管理物流活动的需要，物流管理信息系统必须具备处理大量物流数据和信息的能力，具备各种分析物流数据的分析方法，拥有各种数学和管理工程模型。

2. 适应性和易用性

根据系统的一般理论，一个系统必须适应环境的变化，尽可能地做到当环境发生变化时，系统不需要经过太大的变化就能适应新的环境。这主要体现了系统的适应性，便于人们根据外界环境的变化对系统进行相应的修改，一般模块式系统结构相对易于修改。因此，物流管理信息系统也要具有对环境的适应性。

3. 集成化

集成化是指物流管理信息系统将业务逻辑上相互关联的部分连接在一起，为企业物流活动中的集成化信息处理工作提供基础。在系统开发过程中，数据库的设计、系统结构及功能的设计等都应该遵循统一的标准、规范和规程（即集成化），以避免出现"信息孤岛"现象。

4. 模块化

模块化是指将物流管理信息系统划分为各个功能模块的子系统，各子系统通过统一的标准来进行功能模块的开发，然后实现集成并组合起来使用，这样既满足了物流企业的不同管理部门的需要，又保证了各个子系统的使用和访问权限。

5. 实时化

实时化是指借助于编码技术、自动识别技术、GIS、GPS等现代物流技术，对物流活动进行准确实时的信息采集，并采用先进的计算机与通信技术，实时地进行数据处理和传送物流信息，通过网络的应用将供应商、分销商和客户按业务关系连接起来，使整个物流管理信息系统能够即时地掌握和分享属于供应商、分销商和客户的信息。

6. 网络化

网络化是指通过 Internet 等网络将分散在不同地理位置上的物流分支机构、供应商、客户等连接起来，形成一个复杂但有密切联系的信息网络，从而通过物流管理信息系统实时地了解各地业务的运作情况。物流信息中心将各节点传来的物流信息进行汇总、分类、综合分析，然后通过网络把结果反馈传达下来，从而起到指导、协调、控制物流业务的作用。

7. 智能化

智能化是物流管理信息系统未来的发展方向，如在物流企业决策支持系统中的知识子系统，负责对决策过程中所需要的物流领域知识、专家的决策知识和经验知识进行收集、存储和智能化处理。

（三）物流管理信息系统的发展阶段

物流管理信息系统在企业中早已存在，当时信息的收集、存储、加工、传输和输出操作依靠手动完成，而作为以计算机为信息处理工具的物流管理信息系统是在计算机出现以后才产生的。

我国在全国范围内将计算机应用于管理领域是从 20 世纪 70 年代末开始的，虽然起步较晚，但发展却较快。微型计算机的出现和普及为信息处理提供了便捷的手段，对于推动我国物流信息处理的现代化起了重要的作用。

我国物流管理信息系统的发展主要分为单项处理阶段、综合数据处理阶段和支持决策阶段。

1. 单项处理阶段

单项处理阶段也称为电子阶段处理（electronic data processing，EDP），而 EDPS（electronic data processing system）就是电子数据处理系统，处理的业务问题主要是单项的计算或数据统计，用它来进行统计等方面的计算工作，部分代替人们的手工劳动。随着计算机软、硬件系统发展，计算机信息处理的能力提高了，计算机的使用也逐步过渡到分时系统多用户终端方式。这一阶段的特点是业务在计算机上是按项目分别进行的，不同项目之间在计算机上没有联系，因此这一阶段又称为单项信息处理阶段。

2. 综合数据处理阶段

随着计算机软、硬件的高速发展，计算机进行数据处理的能力有了很大的提高，出现了从企业的整体目标出发，系统地、综合地处理各项管理信息，包括物流信息，为管理决策者提供准确、及时的信息，有效地驾驭整个企业的经营活动的信息系统。物流管理信息系统是作为企业的管理信息系统（management information system，MIS）的子系统来开发的。这一阶段的特点是：物流管理信息系统强调信息处理的系统性、综合性，不仅要求在事务处理上的高效率，而且更强调对各级管理的全面有效支持。这一阶段的物流管理信息系统开始与其他管理信息系统整合，物流管理融入企业，进而融入全行业的管理中。在生产制造型企业中，物流管理信息系统先后融入物料需求计划（material requirement planning，MRP）、制造资源计划（Manufacturing Resources Planning，MRP Ⅱ）、企业资源计划（enterprises resources planning，ERP）等系统中。在商业流通中，物流管理信息系统包含 POS、电子订货系统（electronic order system，EOS）等。这一阶段的物流管理信息系统发展较快，也确实给企业与社会带来了巨大的收益。

3. 支持决策阶段

随着计算机性价比的不断提高、软件功能的不断完善，物流管理信息系统发展到了一个新的阶段，具有决策支持、智能专家功能的管理信息系统出现了，它们被称为决策支持系统（decision support system，DSS）。战略信息系统（strategic information system，SIS）、主管信息系统（executive information system，EIS）都是以支持决策为主要任务的管理信息系统。

总之，EDPS、MIS、DSS 和综合集成分别代表了信息系统发展过程中的某一阶段，它们是相互联系、相互补充的，但仍各自不断地发展着，在不同的水平上应用着，而不是后者代替了前者。EDPS 是面向业务的信息系统，MIS 是面向管理的信息系统，DSS 是面向决策的信息系统。

随着信息技术和管理技术的飞速发展，物流管理信息系统也在不断地发展。DSS 与人工智能、人工神经网络、计算机网络技术等结合，形成了智能决策支持系统和群体决策支持系统，开始研究具有一定智能的物流管理信息系统。DSS 和 Web 技术结合应用，已发展成为电子商贸系统，即集订货、发货、运输、报关、保险、商检和银行结算于一体的新型商贸业务类型。

二、物流管理信息系统的结构

（一）物流管理信息系统的基本组成

物流管理信息系统有信息源、信息处理器、信息使用者和信息管理者 4 个基本组成部分，其基本组成部分及关系如图 8.1 所示。

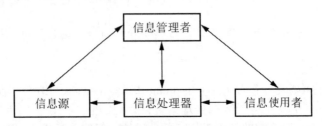

图 8.1　物流管理信息系统的基本组成部分及关系

信息源是指原始数据的产生及来源地。信息处理器利用计算机软硬件对原始数据即信息源进行收集、加工、整理和存储，把它转化为有用的信息，再将这些有用的信息传输给信息使用者。信息使用者是信息的用户，不同的信息使用者依据收到的信息进行决策。信息管理者负责管理信息系统的设计和维护工作，在物流管理信息系统实现以后，还要负责协调信息系统的各个组成部分，保证信息系统的正常运行和使用。信息系统越复杂，信息管理者的作用就越重要。

由于各个企业具有不同的组织形式和信息处理规律，所以结构也不尽相同，但是最终都可以归并为如图 8.2 所示的基本结构模型。

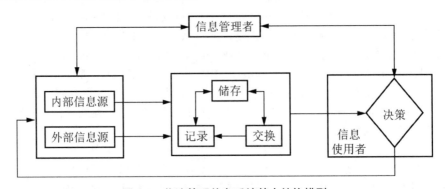

图 8.2　物流管理信息系统基本结构模型

（二）物流管理信息系统的层次结构

在物流管理信息系统的实际应用中，根据信息处理的内容及决策的层次一般把管理活动分为 3 个不同的层次：业务操作层、管理控制层和决策分析及战略计划。一般来说，下层系统的处理量比较大，上层系统的处理量相对小一些，所以就形成了一个金字塔式的结构。不同的管理层次需要不同的信息服务，为它们提供服务的信息系统就可以按这些管理层次来相应地进行划分，为不同管理层次所设计的信息系统在数据来源和所提供的信息方面都是完全不同的。

1. 业务操作层

业务操作层是以用于启动和记录个别物流活动的最基本的层次，它的任务是有效利用现有资源展开各项活动，按照管理层所制订的计划与进度表，具体组织人力和物力去完成上级指定的任务，如物品订货管理、订货处理、运输管理、仓储管理、配送管理等具体的物流活动。因此，业务操作层的信息系统处理过程都是比较稳定的，可以按预先设计好的程序和规则进行相应的信息处理。

在这一层次上的信息系统一般是由事务处理、报告处理和查询处理 3 种处理方式组成的。这 3 种处理方式的工作过程十分相似，先将处理请求输入处理系统中，系统自动从文件中搜寻相关的信息并进行分析处理，再输出处理结果或报告。业务操作层所面对的信息通常是确定性的，决策过程是程序化的，决策问题多数是结构化的。

2. 管理控制层

管理控制层的主要任务是根据高层管理者所确定的总目标，对组织内所拥有的各种资源制订出分配计划及实施进度表，并组织基层单位来实现总目标。这是面向各个部门负责人的，是为他们提供所需要的信息服务，以支持他们在管理控制活动中能正确地制订各项计划和了解计划的完成情况。管理控制层所需要的信息和数据来源主要有两个渠道：一个是控制企业活动的预算、标准、计划等；另一个是作业活动所提供的信息，主要包括决策所需要的模型、对各部门的工作计划和预测、对计划执行情况的定期作不定期的偏差报告、对问题的分析评价、对各项查询的响应等。管理控制层一般处理的决策问题多数是半结构化的。

3. 决策分析及战略计划层

决策分析及战略计划层的任务是确定企业的总体目标和长远发展规划，为决策分析及战略计划层服务的物流管理信息系统需要比较广泛的数据来源。其中除了内部数据，主要包括相当数量的外部数据。例如，当前社会的政治形势、经济发展趋势和国家的政策，企业自身在国内外市场上所处位置和竞争能力等。此外，战略层信息系统所提供的信息是为企业制订战略计划服务的，所以要具有高度的概括性和综合性。又如，对企业当前能力的评价和对未来能力的预测，对市场需求和竞争对手的分析等。这些信息对企业制订战略计划都有很大的参考价值，由于外部信息的不确定性，要解决的决策问题多数是非难结构化的。

三、C/S 结构和 B/S 结构

（一）C/S 结构

客户机/服务器模式（Client/Server，C/S）结构软件分为客户机和服务器两层。客户机不是毫无运算能力的输入、输出设备，而是具有一定的数据处理和存储能力。通过把应用软件的计算和数据合理地分配在客户机和服务器的两端，可以有效地降低网络通信量和服务器运算量。该结构可能充分利用两端硬件环境的优势，将任务合理地分配在客户机和服务器上来实现，降低了系统的通信开销。

对于用户的请求，如果客户机能够满足就直接给出了结果；反之，则需要交给服务器来处理。例如，调用存放在服务器上的公用数据，服务器对这些数据进行一些客户看不见的处理后还给客户。因此，该模式可以合理均衡事务的处理，充分保证数据的完整性和一致性。

（二）B/S 结构

浏览器/服务器模式（Browser/Server，B/S）结构是随着 Internet 技术的兴起而对 C/S 结构进行改进后的结构。在这种结构下，用户工作界面通过浏览器来实现，极少部分事务逻辑在前端浏览器实现，主要事务逻辑在服务器实现，形成了 3 层结构。这样极大地简化了客户端负荷，减轻了系统维护与升级的成本和工作量，降低了用户的总体成本。

B/S 结构由浏览器、Web 服务器、数据库服务器 3 个层次组成。该结构的核心部分是 Web 服务器，先负责接受远程的 HTTP 查询请求，再根据查询的条件到数据库服务器获取相关数据，然后将结果翻译成 HTML 和各种页面描述语言，传送回提出查询请求的浏览器。同样，浏览器也会将更改、删除、新增数据记录描述语言的请求申请至 Web 服务器，由后者与数据库联系完成这些工作。

（三）C/S 结构与 B/S 结构的区别

客户机/服务器模式是建立在局域网基础上的，浏览器/服务器则是建立在广域网基础上的。

1. 硬件环境不同

C/S 一般建立在专用网络上或小范围里的网络环境中，局域网之间再通过专门服务器提供连接和数据交换服务；B/S 一般建立在广域网之上，不必是专门的网络硬件环境，比 C/S 有更广阔的适用范围，一般只要有操作系统和浏览器即可。

2. 安全要求不同

C/S 一般面向相对固定的用户群，对信息安全的控制能力很强，一般高度机密的信息系统采用 C/S 较为合适，而通过 B/S 发布部分可公开信息；B/S 建立在广域网之上，对安全的控制能力相对较弱，面向的是不可知的用户群。

3. 程序架构不同

C/S 更加注重流程，可以对权限进行多层次校验，对系统运行速度可以较少考虑；B/S 对安全以及访问速度的多重考虑，建立在需要更加优化的基础之上，比 C/S 有更高的要求，但 B/S 结构的程序架构是发展趋势。

4. 构件重用性不同

C/S 程序可以整体性考虑，构件的重用性达不到 B/S 结构的要求；B/S 要求构件具有相对独立的功能，能够相对较好地重用这些构件。

5. 系统维护不同

C/S 程序由于整体性要求，必须整体考察以处理出现的问题和系统升级，所以升级较难，有可能需要再做一个全新的系统；B/S 构件的组成方便更换，可以实现系统的无缝升级，使系统维护开销减少到最小，用户从网上下载安装就可以实现升级。

6. 处理的问题不同

C/S 程序处理用户界面是固定的，在相同区域安全要求高，需求与操作系统相关，都是相同的系统；B/S 建立在广域网上，面向不同的用户群，地域分散，与操作系统的关系最小。

7. 用户接口不同

C/S 程序多建立在 Windows 平台上，表现方法有限，对程序员普遍要求较高；而 B/S 程序建立在浏览器上，有更加丰富和生动的表现方式与用户交流，大部分难度降低，开发成本也较低。

8. 信息流不同

C/S 结构一般是典型的中央集权的机械式处理，交互性相对较差；而 B/S 结构的信息流向是可变的，如 B-B、B-C、B-G 等信息流向。

（四）C/S 结构与 B/S 结构的优缺点

1. C/S 结构的优缺点

（1）应用服务器运行数据负荷较轻。当需要对数据库中的数据进行操作时，客户机程序就自动地寻找服务器程序，并向其发出请求；服务器程序根据预定的规则做出应答，送回结果，应用服务器运行数据负荷较轻。

（2）数据的储存管理功能较为透明。在数据库应用中，数据的储存管理功能，是由服务器程序和客户机程序分别独立进行的，对于工作在前台程序上的最终用户是"透明"的，它们无须过问背后的过程，就可以完成自己的一切工作，并没有将所有的事情都交给服务器和网络。在 C/S 结构下，数据库不能真正成为公共、专业化的仓库，它受到独立的专门管理。

（3）C/S 结构的缺点是维护成本高昂且投资较大。采用 C/S 结构，要选择适当的数据库平台来实现数据库数据的真正"统一"，使分布于两地的数据同步完全交由数据库系统去管理，但逻辑上两地的操作者要直接访问同一个数据库才能有效实现。这就要求在两地间建立实时的通信连接，保持两地的数据库服务器在线运行，网络管理工作人员既要对服务器进行维护和管理，又要对客户端进行维护和管理，这需要高昂的投资和复杂的技术支持，维护成本很高，任务量大。

2. B/S 结构的优缺点

（1）操作使用简单。B/S 结构最大的优点就是可以在任何地方进行操作而不用安装任何软件。只要有一台能上网的计算机就能使用，客户端零维护。系统的扩展非常容易，只要能上网，再由系统管理员分配一个用户名和密码，就可以使用了。甚至可以在线申请，通过公司内部的安全认证（如 CA 认证）后，不需要人参与，系统可以自动分配给用户一个账号进入系统。

（2）维护和升级方式简单。目前，软件系统的改进和升级越来越频繁，B/S 结构的产品明显体现着更为方便的特性。对于较大规模的单位来说，系统管理人员只需要管理服务器就行了，所有的客户端只是浏览器，根本不需要做任何的维护，所有的操作只需要针对服务器进行。如果是异地，只需要把服务器连接专网即可，实现远程维护、升级和共享。

（3）成本降低，选择更多。目前，在 PC 上 Windows 操作系统几乎一统天下，浏览器成为标准配置，但在服务器上，Windows 操作系统则没有这种优势了。凡使用 B/S 结构的应用管理软件，大多数可以安装在 Linux 操作系统的服务器上使用，而且安全性高。所以服务器操作系统的选择是很多的，不管选用哪种操作系统，都可以让 PC 使用 Windows 作为操作系统，这就使得最流行且免费的 Linux 操作系统快速发展起来。

（4）应用服务器运行数据负荷较重。由于 B/S 结构管理软件只安装在服务器端（Server），网络管理人员只需要管理服务器。用户界面主要事务逻辑在服务器端（Server）完全通过浏览器实现，极少部分事务逻辑在浏览器端（Browser）实现，所有的客户端只有浏览器，网络管理人员只需要做服务器端的硬件维护。但应用服务器运行数据负荷较重，一旦发生服务器"崩溃"等问题，后果不堪设想。因此，许多单位都备有数据库存储器，以防万一。

四、物流管理信息系统的功能

物流管理信息系统实现对物流服务全过程的管理,系统以运输和仓储为主线管理取货、集货、包装、仓储、装卸、分货、配货、加工、信息服务、送货等物流服务的各个环节,控制物流服务的全过程。

具体来说,现代化物流管理信息管理系统必须具备以下 5 种功能。

(一)收集物流信息的功能

市场活动不断地更新物流的内容,同时物流环境也不可能一成不变,环境信息的变化对物流将会产生新的影响,物流管理信息系统必须能准确及时地收集信息。

(二)加工功能

由于收集到的信息来源和用途不同,所以需要通过物流管理信息系统对物流信息进行加工和处理。对原始信息进行分类整理,使其变成二次信息,再进行分析、整理和加工,形成更具有价值的信息,真正反映物流和市场活动的全过程,满足多元化的信息需求。

(三)存储功能

信息的有序存储有利于信息的进一步收集和加工,为日后的分析、预测、总结和研究工作提供了极大的方便。

(四)传输功能

传输功能不仅包括信息在企业内部的传输,而且包括物流信息在外部环境要素间的传递。物流管理信息系统是一个开放的系统。在物流过程中,由于作业场所的不断变更,必然产生传输信息的要求。运输途中的票据、凭证、通知书、报表、文件等的传递和交换,不同地区的物流企业的信息共享,这些都要求物流管理信息系统必须具有传输功能。

(五)检索查询和输出功能

物流过程中采集了大量的信息,物流管理信息系统应具有检索和查询功能。因此,物流管理信息系统必须具有多种检索方法和功能,同时必须具有输出功能,反映信息管理的最终结果,经过信息的收集、加工、存储等活动,最终以报表、文字、图形等形式提供给决策者或管理者。

五、物流管理信息系统构建应遵循的原则

(一)系统性原则

系统是作为统一整体而存在的。在系统设计时,应始终从总体目标出发,服从总体要求,系统的代码要统一,设计规范要标准,传递语言要尽可能一致,对系统的数据采集要做到数出一处,全局共享。

建立物流管理信息系统,不是单项数据处理的简单组合,必须有系统规划,这是一个范围广、协调性强、人机结合紧密的系统工程。它是系统开发的最重要的环节,有了好的规划,就可以按照数据处理系统的分析和设计,持续到实现系统。因此,物流信息管理要保证系统开发的完整性,制定出相应的管理规范,如开发文档的管理规范、数据格式规范、报表文件规范。

(二)灵活性原则

无论组织机构还是设备、管理制度或管理人员,在一定时间内只能是相对稳定的,而变化是经常的,所以要求系统具有很强的环境适应性。因此,系统应具有较好的开放性和结构的可变性。在系统设计中,应尽量采用模块化结构,以提高各模块的独立性,尽可能减少模

块间的数据偶合，使各系统间的数据依赖减至最低限度。这样既便于模块的修改，又便于增加新的内容，提高系统适应环境变化的能力。

为了提高使用率，有效地发挥 MIS 的作用，MIS 在开发过程中应注重不断发展和超前意识，即应当注意技术的发展和环境的变化。

（三）可靠性原则

可靠性是指系统硬件和软件在运行过程中抵抗异常情况的干扰及保证系统正常工作的能力。衡量系统可靠性的指标是平均无故障时间和平均维护时间；后者指平均每次所用的修复时间，反映可维护性的好坏。一个成功的物流管理信息系统必须具有较高的可靠性，如安全保密性、检错及纠错能力、抗病毒能力等。

一个可靠的物流管理信息系统要能在正常情况下达到系统设计的预期精度要求，不管输入的数据多么复杂，只要是在系统设计要求的范围内，都能输出可靠结果。非正常情况下的可靠性，指系统在软、硬件环境发生故障的情况下仍能部分使用和运行。一个优秀的系统在设计时必须针对一些紧急情况做出应对措施。因此，物流管理信息系统必须以处理异常情况为基础，依托系统来突出问题和机会，管理者通过信息系统能够集中精力关注最重要的情况，以便及时做出相应的危机公关决策。

（四）经济性原则

在满足需求的情况下，尽可能选择性能价格比高的、相对成熟的产品，不要贪大求新。一方面，在硬件投资上从实际出发以满足应用需要即可；另一方面，系统设计中各模块应尽量简单，以便缩短处理流程，减少处理费用。

（五）简单性原则

简单性要求在达到预定的目标、具备所需要的功能的前提下，系统应当尽量简单，这样可减少处理费用，提高系统效率，同时便于管理。

（六）提高系统运行效率原则

系统的运行效率指系统处理能力、速度、响应时间等与时间有关的指标，它取决于系统的硬件及其组织结构，人机接口的合理性，计算机处理过程的设计质量等。它主要包括：处理能力，即在单位时间内处理的事务个数；处理速度，即处理单个事务的平均时间；响应时间，即从发出处理要求到给出回答所需的时间。

任务 2　物流管理信息系统的开发方法

一、物流管理信息系统的开发技术

物流管理信息系统开发的主要技术包括数据管理技术、数据处理技术、系统开发技术和物流信息系统集成技术。其中，数据管理技术是物流管理信息系统的核心技术，因为信息资源的有效组织和管理是信息利用的前提和基础。

（一）数据管理技术

数据管理技术是指对数据进行描述、存储、维护和访问的相关技术。在信息系统中，数据一般以记录结构组织。常见的数据管理技术的比较见表 8-1。

表 8-1 常见的数据管理技术的比较

技 术	技术说明	优 点	缺 点	适用系统类型
文件	文件是计算机操作系统管理数据信息的基本方式,数据或程序指令的集合都可以用文件形式存放在外存储介质(如硬盘或光盘中)	信息组织灵活,系统对开发环境和运行环境要求很低	易造成数据冗余和数据的不一致性;程序和数据独立性差,系统维护困难	适用于信息结构简单、信息量小、集中式主机环境下的事务处理系统。系统一般由文件和应用程序组成
数据库	数据库将经过抽象的信息以周密的数据结构描述并集中管理	数据集中管理,保证数据的完整性;数据冗余小;程序和数据独立性高,系统易维护;支持安全的多用户数据共享	开发和运行需要专门的数据库管理软件——DBMS的支持	适用于独立主机和网络环境下的事务处理系统和管理信息系统。系统一般由数据库、DBMS和应用程序组成
数据仓库	数据仓库是面向主题的、集成的、稳定的、反映历史变化的数据集合,用以支持管理决策	支持海量数据,满足决策分析需要	需要来自其他数据源(事务型数据库或文件)的大量的历史数据	适用于决策支持系统。系统一般由数据源、数据仓库、OLAP服务器和前端工具组成

(二)数据处理技术

信息系统在信息集中管理的基础上,对信息进行处理和增值利用。根据数据处理技术,面向不同的系统目标,主要归类为联机事务处理、联机分析处理和数据挖掘。

1.联机事务处理

联机事务处理(online transaction processing,OLTP)是数据库系统的主要应用。它能及时处理业务过程产生的数据,主要是用来完成用户的事务处理,通常要进行大量的数据更新操作,同时要求实时性,对响应时间要求比较高,OLTP 技术主要应用于事务处理系统和管理信息系统中。

2.联机分析处理

联机分析处理(online analytical processing,OLAP)是数据仓库系统的主要应用。它主要通过多维的方式对用户当前及历史数据进行分析、查询和报表,支持复杂的分析操作,侧重决策支持,并且提供直观易懂的查询结果,主要是进行大量的查询操作,对时间的要求不太严格。OLAP 技术主要应用于决策支持系统中。

3.数据挖掘

数据挖掘(data mining,DM)是面向知识发现的数据处理技术。它是从数据库或数据仓库中提取隐含、未知的,但又具有潜在应用价值的信息和知识的过程,实现对数据的深层次加工利用。数据挖掘可以发现不同类别的知识,如广义知识、关联知识、分类知识、预测型知识、偏差型知识等。

(三)系统开发技术

信息系统的开发是一项复杂的系统工程,要以系统的工程化的方法为指导,采用成熟先进的软件开发技术,高效率、高质量地实现系统开发。常用系统开发技术包括软件工程方法和软件开发技术。

1.软件工程方法

软件工程以系统的、规范的、定量的方法用于软件开发、运营和维护。软件工程的理论、方法、技术建立在计算机科学的基础上,用管理学的原理和方法进行软件生产管理,用工程学的观点进行费用估算、制订进度和实施方案，用数学方法建立软件可靠模型及分析各种算法。

软件工程方法学包括 3 个要素：方法、工具和过程。这三者之间是相互联系的。方法是完成软件开发过程中各项任务的技术方法；工具是为运用方法而提供的自动或半自动的软件支撑环境；过程是为了获得高质量的软件所需完成的一系列任务的框架，它规定了完成各项任务的工作步骤。

2. 软件开发技术

软件开发技术是指信息系统应用程序的实现方法。在系统开发中，选择软件开发技术的原则是：尽可能采用先进的但比较成熟的技术，综合考虑系统的质量、开发效率和可维护性。

比较先进的软件开发技术有面向对象技术、软件构件技术、可视化技术等。

（四）物流管理信息系统集成技术

物流管理信息系统集成是指根据物流信息管理与应用需求，通过应用、数据、网络等方面的集成，实现信息系统间网络连接、数据交换和共享、功能调用的全过程。

应用集成实现新老系统或多个已有应用系统间功能服务的调用和相互操作，需要对一些应用程序的界面、功能和流程进行改造。

数据集成通过对数据进行必要的重新组织，或采用适用的交换技术实现系统间数据的交换和共享。

网络集成实现网络的互联互通，是实现物流管理信息系统集成的前提和基础，应遵从国家相关政策和标准，统一规划，采用标准协议实施建设。

安全集成涉及信息系统集成的各个层面，系统建设和集成项目实施时应遵循国家信息安全的相关标准。

二、常用物流管理信息系统的开发方法

软件工程中的常用系统开发方法有系统生命周期法、原型法和面向对象开发方法。它们采用不同的工作流程和方法实现系统开发。基于结构化方法的系统生命周期法能够较全面地支持整个系统开发过程，其他两种方法作为其在局部开发环节上的补充更为合适，尤其是在系统分析和设计阶段。在软件开发中，可以根据需要综合采用各种方法。

（一）系统生命周期法

系统生命周期是指一个软件系统从目标提出到系统设计、实现、应用直到最终完成系统使命的全过程。系统生命周期法是一种结构化解决问题的过程，运用系统工程的思想，自顶向下进行系统分析、设计和实施。它简单有效，是其他系统开发方法的基础。

1. 系统生命周期法的主要思想

系统生命周期法的基本思想是各阶段的任务相对独立，具有明确完成标志。通常生命周期可分为 3 个时期，包括 8 个阶段，系统定义期包括问题定义、可行性分析、需求分析阶段；系统开发期包括系统设计、详细设计、编程调试、测试运行阶段；系统维护期包括运行维护阶段。

2. 系统生命周期法各时期和阶段所完成的主要工作

定义期是系统开发的初期阶段，对系统开发至关重要。该阶段注意对问题的实事求是的分析和对系统需求的准确把握，需要系统分析员与用户密切沟通和协作。

开发期实现系统的详细设计和具体应用程序的开发。该阶段要注意设计和开发方法的规范及文档整理工作，需要系统设计人员和软件开发人员的大量工作；同时，用户必须有效参与系统设计过程。

维护期是系统生命周期的最后一个阶段，也是持续时间最长、付出代价最大的阶段。该

阶段的主要任务是保证软件、硬件系统的正常运行,并对系统进行完善以满足用户需求。该阶段应设立专门岗位负责制定系统维护的各项制度,实施各种安全技术措施等。

3. 系统测试和系统转换

系统测试和系统转换是系统开发期最后阶段的工作。测试是一项耗费时间的工作,但不可忽视。测试包括模块测试、系统测试和验收测试。

系统转换或称为系统实施,是指新系统替换手工工作或原有系统的过程。系统转换工作包括系统数据的建立或转换,人员、设备、组织机构及职能的调整,有关资料和使用说明书的移并等。可根据情况采用以下3种转换方法。

(1)直接转换。新系统直接替换原有系统。

(2)平行转换。新系统与原有系统同时运行一段时间。

(3)逐步转换。新系统一部分一部分地替换原有系统,最终全部替换原有系统。

(二)原型法

1. 原型法的主要思想

从一开始就凭借着系统开发人员对用户要求的理解,在强有力的软件环境支持下,给出一个系统原型,然后与用户反复协商,不断修改完善,最终形成实际系统。

原型法系统开发的工作流程主要包括识别基本需求、建立初始原型、用户评价、修订和提高原型4个阶段,第三阶段和第四阶段之间进行反复循环,直到用户对原型表示满意为止。

原型可分为操作原型和非操作型原型。操作型原型能够访问真实的数据文件,通过对其逐步完善可以完成实际系统。非操作型原型常常是一种演示模型,目的是对系统达成一致的理解,据此可建立起完善的运行系统。

2. 原型法的优缺点

(1)原型法的优点:简化了烦琐的设计分析;将模拟手段引入系统开发的初期阶段,鼓励用户与系统开发人员通力合作,参与系统开发的各个阶段;在帮助确定需求、证明系统技术可行性、系统推广等方面,系统原型可以发挥很好的作用。

(2)原型法的缺点:需要一些基本的软件支撑环境;对于一个大型的系统或有大量运算、逻辑较强的程序模块,原型法很难直接构造出模型来供用户评价;由于建立原型时很少考虑实际的系统运行环境,所建模型可能无法登录大量的用户、处理大量的事务、维护海量的数据。

(三)面向对象开发方法

面向对象开发方法在整个软件开发过程中采用面向对象方法,即从问题域到面向对象分析、面向对象设计,再到面向对象编程实现都是基于一致的表示方法,可以缩短开发周期。但它需要一定的面向对象分析、设计及实现的支持软件才可以应用,采用支持面向对象的环境进行设计,采用面向对象的程序设计语言编写程序,也可采用面向对象的数据库管理数据。

1. 面向对象的基本思想

面向对象方法认为,客观世界是由各种各样的对象组成的,每种对象都有各自的内部状态和运动规律,不同的对象之间的相互作用和联系就构成了各种不同的系统。当设计和实现一个客观系统时,如能在满足需求的条件下,将系统设计成一些不可变的(相对固定)部分组成的最小集合,那么这个设计就是最好的,而这些不可变的部分就是对象。

这种方法的思路是所有开发工作都围绕对象展开,在分析中抽象地确定出对象及其他相关属性,在设计中将对象严格地规范,在实现时严格按照对象的需要来研制软件工具,并由这个工具按设计的内容,直接地产生出应用软件系统。面向对象方法是一种基于问题对象的自底由上的开发方法论。

2. 面向对象的特点

（1）以独立对象为基础，整个系统是各个独立对象的有机结合。

（2）对象是一个被严格模块化了的实体，称为封装。这种封装了的对象满足软件工程的一切要求，而且可以直接被面向对象的程序设计语言所接受。

（3）解决了从电子数据处理系统到软件模块之间的多次映射的复杂过程。

（4）对象按其属性进行归类。类有一定的结构，类上可以有超类，类下可以有子类。这种对象或类之间层次结构靠继承关系维持。

（5）各种对象之间有统一、方便、动态的消息传递机制。而传递的方式是通过消息模式和方法所定义的操作过程来完成的。

3. 面向对象方法的优点

面向对象方法利用特定的软件工具直接完成从对象客体的描述到软件结构之间的转换。面向对象方法的应用解决了传统结构化开发方法中客观世界描述工具与软件结构的不一致性问题，缩短了开发周期，解决了从分析和设计到软件结构之间多次转换的繁杂过程，是一种很有发展前途的信息系统开发方法。

4. 面向对象的描述方法

统一建模语言（unified modeling language，UML）是用于建立面向对象系统模型的标准标记法，是面向对象系统分析和设计（object oriented analyse and design，OOA&D）的重要标准和工具，从而使面向对象系统分析和设计系统化及规范化。

统一建模语言 UML 主要由 5 种图来定义，见表 8-2。

表 8-2　UML 的图类

内　容	具体描述图	功　　能
原例图	类图	从用户角度描述系统功能，即指各功能的操作者描述系统中类的静态结构，不仅定义系统中的类，表示类之间的联系，如关系、依赖、聚合等，而且包括类的内部结构（类的属性和操作），描述的是一种静态关系，在系统的整个生命周期都是有效的
静态图	对象图	类图的实例，几乎使用与类图相同的标识，不同点在于对象图显示类的多个对象实例，而不是实际的类，一个对象图是类图的一个实例。由于对象存在生命周期，所以对象图只能在系统某一时间段出现
	包图	由包或类组成，表示包与包之间的关系，包图用于描述系统的分层结构
行为图	状态图	描述类的对象所有可能的状态及事件发生时状态的转移条件。通常，状态图是对类图的补充。在实用上并不需要为所有的类画状态图，仅为那些有多个状态其行为受外界环境的影响并且发生改变的类画状态图
	活动图	描述满足用户要求所有进行的活动及活动间的约束关系，有利于识别并行活动
交互图	时序图	强调时间和顺序，显示对象之间的动态合作关系，它强调对象之间消息发达的顺序，同时显示对象之间的交互
	合作图	强调上下级关系，描述对象间的协作关系，合作图跟时序图类似，显示对象间的动态合作关系
实现图	构件图	描述代码部件的物理结构及各部件之间的依赖关系。一个部件可以是一个资源代码部件、一个二进制部件或一个可执行部件，包含逻辑类或实现类的有关信息
	部件图	有助于分析和理解部件之间的相互影响程度
	配置图	定义系统中软硬件的物理体系结构，它可以显示实际的计算机和设备（用节点表示）及它们之间的连接关系，也可显示连接的类型及部件之间的依赖性。在节点内部，放置可执行部件的对象，以显示节点和可执行软件单元的对应关系

采用面向对象技术设计系统时，第一步要描述需求；第二步根据需求建立系统的静态模型，以构造系统的结构；第三步是描述系统的行为。其中，第一步和第二步中所建立的模型都是静态的，包括用例图、类图、对象图、组件图和配置图等，是统一建模语言的静态建模机制；第三步建立的模型可以执行，或表示执行时的时序状态或交互关系，包括状态图、活动图、时序图和合作图等，是统一建模语言的动态建模机制。在实际应用中，常选用例图、时序图、状态图、合作图和类图。

任务3　物流管理信息系统的开发过程

一、物流管理信息系统的开发过程与环境

（一）系统开发管理方式

组织在进行系统开发时，对具体负责系统开发的人员有3种选择：组织内部的信息技术专业人员、组织内的用户自身，以及委托给其他物流信息技术专业组织。选择不同的人员意味着不同的系统开发管理方式。系统开发管理方式要依据物流管理信息系统的核心模块的开放性、时间、经费投入、组织的信息技术力量和人力资源计划等综合因素来确定。资源内包、资源自包和资源外包这3种方法的比较见表8-3。

表8-3　系统开发管理方式的比较

系统开发管理方式	系统开发人员	特　　点	常用开发方法
资源内包	组织内部的信息技术人员	容易满足组织的物流管理信息系统需求，维护和更新也比较容易	系统生命周期法
资源自包	组织内的用户自身	系统实现效率高，但用户需具有信息系统开发能力	原型法
资源外包	委托给其他物流信息技术专业组织	利用其他物流信息技术专业组织的智力资源，系统维护和更新依赖外部	系统生命周期法

（二）软件过程管理

软件过程管理是指人们对生产软件产品的一系列活动实施的管理。国外相关研究机构提出了能力成熟度模型（capability maturity model，CMM），把过程成熟度分为由低到高的5级：自发、可重复、可定义、可管理和可优化。

（三）计算机辅助软件工程

1. CASE 的概念

计算机辅助软件工程（computer aided software engineering，CASE）是一种自动化或半自动化的方法，借助专门工具，可将物流管理信息系统开发的部分或全部阶段自动化。其主要功能包括两点：帮助建立模型并保存与特定系统相关的信息；帮助完成将信息转化为系统的开发任务。

2. CASE 方法的基本思路

CASE 方法的基本思路：在前面所介绍的任何一种系统开发方法中，如果自对象系统调查后，系统开发过程中的每一步都可以在一定程度上形成对应关系的话，那么就完全可以借助于专门研制的软件工具来实现上述一个个的系统的开发过程。这些系统开发过程中的对应

关系包括：生命周期法中的业务流程分析、数据流程分析、功能模块设计、程序实现；业务功能一览表，数据分析、指标体系—数据/过程分析→数据分布→数据分布和数据设计，数据库系统等；面向对象方法中的问题抽象→属性、结构和方法定义，对象分类，确定范式→程序实现等。

3. CASE 方法的特点

（1）解决了从客观世界对象到软件系统的直接映射问题，支持软件、信息系统开发的全过程。

（2）既支持自顶向下的结构化开发方法，又支持自底向上的面向对象和原型化开发方法。

（3）简化了软件的管理和维护，加速了系统的开发过程，使开发者从繁杂的分析设计图表和程序编写工作中解放出来。

（4）自动生成文档和程序代码，使系统产生了统一的标准化文档。

（5）着重于系统分析与设计，具有设计可重用性等。

4. CASE 方法的优缺点

尽管 CASE 工具在系统开发的一些方面提供了方便，它能够加快分析和设计的速度，利于重新设计，但它并不能做到系统设计的自动化，并且无法使业务上的需求自然而然地得到满足。系统分析和设计工作仍然要依赖分析与设计者的分析技能。

（四）程序设计语言和软件开发环境

物流管理信息系统应用程序一般采用高级语言开发，使用较普遍的有 VC、Java 等。

软件开发环境（software development environment，SDE）是指在基本硬件和宿主软件的基础上，为支持系统软件和应用软件的工程化开发和维护而使用的一组软件。例如，Windows.NET 就是一个常用开发环境，支持 ASP.NET、C#.NET 应用程序开发。

（五）程序开发文档

在物流管理信息系统的开发活动中，使用文档来记录和描述开发活动、需求、设计、报告、说明等信息。系统开发文档是系统开发和运行维护所依据的重要档案资料，是交付运行的系统必不可少的组成部分，是规范系统开发过程和保证系统开发质量的重要手段。

采用结构化的系统生命周期法开发系统，在各开发阶段都需要产生相应的文档。

二、物流管理信息系统的开发步骤

物流管理信息系统的开发应用系统的理论和方法，按照系统开发的生命周期可以将信息系统的开发过程大致分为 10 个阶段来进行。

（一）可行性分析阶段

可行性分析或者可行性研究是开发的第一个阶段，目的是避免盲目投资，减少不必要的损失。它按照各种有效的方法和工作程序，对拟建项目在技术上的先进性、可行性，经济上的合理性、营利性，以及项目实施等方面进行深入的分析，确定目标，提出问题，制定方案和项目评估，从而为决策提供科学的依据。这一阶段的总结性成果是可行性研究报告，报告中所阐述的可行性分析内容经过充分论证之后方可进行下一阶段的工作。

（二）系统规划阶段

系统规划指根据组织的战略目标和用户提出的需求，从用户的现状出发，经过调查，所要开发管理信息系统的技术方案、实施过程、阶段划分、开发组织和开发队伍、投资规模、资金来源及工作进度，用系统、科学、发展的观点进行规划。这一阶段的总结性成果是系统规划报告，该报告要在管理人员和系统开发人员的共同参与下进行论证。

（三）系统分析阶段

系统分析阶段的任务是按照总体规划的要求，逐一对系统规划中所确定的各组成部分进行详细的分析。其分析包含两个方面的内容，一方面要分析各个组成部分内部的信息需求，除了要分析内部对主题数据库的需求外，还要分析为完成用户（即管理人员）对该部分所要求的功能而必须建立的一些专用数据库，分析之后要定义出数据库的结构，建立数据字典；另一方面要进行功能分析，即详细分析各部分如何对各类信息进行加工处理，以实现用户所提的各类功能需求。在对系统的各个组成部分进行详尽的分析之后，要利用适当的工具将分析结果表达出来，包括用户需求说明书、组织结构分析报告、业务流程分析报告、数据流程分析报告等。与用户进行充分的交流和验证，检验正确后可进入下一阶段的工作。

（四）系统设计阶段

系统设计阶段的任务是根据系统分析的结果，结合计算机的具体实现，设计各个组成部分在计算机系统上的结构，即采用一定的标准和准则，考虑模块应该由哪些程序块组成、它们之间的联系如何，进行模块结构图设计。同时，要进行系统的编码设计、输入/输出设计、IPO 表制作等。

（五）系统开发实施阶段

系统开发实施阶段的任务有两个方面，一方面是应用软件的程序设计，另一方面是系统硬件设备的购置与安装。程序设计是根据系统设计阶段的成果，遵循一定的设计原则来进行的，其最终的阶段性成果是大量的程序清单（程序源代码）及系统使用说明书。

（六）系统测试阶段

系统测试是保证信息系统质量的重要手段。程序设计工作的完成并不标志着系统开发的结束。在程序设计结束后必须采用一定的系统测试方式进行测试。系统测试是从总体出发，测试系统应用软件的总体效益及系统各个组成部分的功能完成情况，测试系统的运行效率、系统的可靠性。从测试本身而言，可分为单元测试、组合测试、确认测试、用户验收测试等。

（七）系统安装调试阶段

系统测试工作的结束表明信息系统的开发已初具规模，这时必须投入大量的人力，以从事系统安装、数据加载等系统运行前的一些新旧系统的转换工作。一旦转换结束，便可对计算机硬件和软件系统进行系统的联合调试。

（八）系统试运行阶段

系统调试结束便可进入系统运行阶段。首先要完成数据的整理与录入，然后完成系统切换任务。一般来说，在系统正式运行之前要进行一段时间的试运行，因为信息系统是整个企业或组织的协调系统。如果不经过一段时间的实际检验就将系统投入运行状态，一旦出现问题，可能导致整个系统的瘫痪，进而造成严重的经济损失，所以最好的方法是将新开发出的系统与原来旧系统并行运行一段时间来进一步对系统进行各个方面的测试，这种方式称为并行式切换。这种做法可以降低系统的风险性，但由于两套系统的同时运行使投资加大，所以可以根据实际运行情况适当缩短试运行的时间。

（九）系统运行维护阶段

系统开发工作完成准备进入试运行阶段之前，除了要做好管理人员的培训工作外，还要制定一系列管理规则和制度。在这些规则和制度的约束下进行新系统的各项运行操作，如系统的备份、数据库的恢复、运行日志的建立、系统功能的修改与增加、数据库操作权限的更改等。这一阶段着重要做好人员的各项管理和系统的维护工作，以保证系统处于可用状态。同时，要定期对系统进行评审，经过评审后，一旦认为这个信息系统不能满足现代管理的需求，就应该考虑进入下一阶段。

（十）系统更新阶段

该阶段的主要任务就是要在上个阶段提出更机关报需求后，对信息系统进行充分的论证，提出信息系统的建设目标和功能需求，准备进入信息系统的一个崭新的开发周期。该阶段可能会包括软件和硬件系统的更新与升级。

任务 4　物流信息安全技术

一、信息安全

（一）信息安全的威胁与攻击

随着信息技术的快速发展，信息系统的应用越来越广，信息系统的安全性也逐渐成为信息系统管理的重要课题。一方面，由于社会对信息技术的依赖性越来越大，信息技术在社会各个领域中的作用日益突出；另一方面，由于数据本身的易消失性、数据的物理特性和信息系统自身的弱点被暴露得越来越多。认真研究信息系统的安全问题，研究和建立信息系统的安全策略，广泛使用信息系统安全技术是信息系统管理人员的重要任务。

由于信息系统是一个开放的系统，可以根据用户的需要在任何时间和任何地点向合法用户提供信息服务，用户可以共享信息系统的信息资源，但信息系统的开放性和信息资源的共享性使其面临多种威胁与攻击。

1. 信息系统攻击的类型

（1）对系统硬件的攻击。主要表现对计算机的硬件系统、计算机的外围设备、信息网络的线路等的攻击。

（2）对信息数据的攻击。主要表现在信息泄露和信息破坏上。信息泄露是指偶然地或故意地截取目标信息系统的信息数据。信息破坏是指由于偶然事故或人为破坏而使信息系统中的信息被修改、删除、添加、伪造或非法复制。信息破坏将导致信息系统的信息不真实、信息缺乏完整性及信息系统缺乏可用性。

（3）计算机犯罪。计算机犯罪是指针对和利用信息系统，通过非法操作或以其他手段进行破坏、窃取，危害国家、社会和他人利益的不法行为。

（4）计算机病毒。计算机病毒是通过运行来干扰或破坏信息系统正常工作的一段程序。

2. 造成信息系统威胁的原因

信息系统的不安全性和信息网络的不安全性主要是由以下 4 个方面造成的。

（1）黑客攻击。黑客分为政治性黑客、技术性黑客和牟利性黑客，无论哪一种黑客，其对信息系统的破坏都是不可忽视的。

（2）管理的欠缺。管理上的欠缺极易造成黑客的攻击。管理上的欠缺主要在于缺乏安全管理的观念，没有从管理制度、人员和技术上建立相应的安全防范机制。

（3）软硬件的"漏洞"和后门。计算机硬件设备或软件本身产品的不完善，入侵者利用软硬件的"漏洞"和后门能够随意访问信息数据。

（4）信息战。未来的战争是信息的竞争，未来的战争就是信息战。

（二）信息安全的概念

信息系统安全是指采取技术和非技术手段，通过对信息系统建设中安全设计和运行中的安全管理，使运行在计算机网络中的信息有保护、没在危险，即组成信息系统的硬件、软件和数据资源受到妥善的保护，不因自然和人为因素遭到破坏、更改或者泄露系统中的信息资源，信息系统能连续正常运行。

我国的《计算机信息系统安全保护条例》规定，计算机信息系统的安全保护应当保障计算机及其相关的和配套的设备、设施（含网络）安全，运行环境的安全，保障信息的安全，保障计算机功能的正常发挥，以维护计算机信息系统的安全运行。

（三）信息安全的目标

基于信息安全的威胁，信息安全应达到以下 3 个目标。

（1）保密性。防止系统内信息的非法泄露。

（2）完整性。防止系统内软件（程序）与数据被非法删改和破坏。

（3）有效性。要求信息和系统资源可以持续有效，而且授权用户可以随时随地以自己的格式存取信息资源。

一个安全的计算机信息系统能够保护它的计算机资源不被未授权访问、篡改和拒绝服务攻击。

二、信息安全技术

信息安全技术是一门综合的学科，涉及信息论、计算机科学和密码学等方面的知识，主要任务是研究计算机系统和通信网络内信息的保护方法及实现系统内信息的安全、保密、真实和完整。信息安全技术及应用技术非常多，主要包括以下内容。

（1）信息加密技术。信息安全的核心是密码技术。在计算机上实现的数据加密，其加密或解密变换是由密钥控制实现的。密钥由用户按照一种密码体制随机选取，它通常是一随机字符串，是控制明文和密文变换的唯一参数。密码技术除了提供信息的加密解密外，还提供对信息来源的鉴别、保证信息的完整和不可否认等功能，而这 3 种功能都是通过数字签名实现的。数字签名的原理是将要传送的明文通过一种函数运算（Hash）转换成报文摘要，报文摘要加密后与明文一起传送给接受方，接受方将接受的明文产生新的报文摘要与发送方的发来报文摘进行解密对比，比较结果一致表示明文未被改动，不一致则表示明文已被篡改。

（2）防火墙技术。防火墙技术是建立在现代通信网络技术和信息安全技术基础上的应用性安全技术，越来越多地应用于专用网络与公用网络的互联环境之中，尤其是接入互联网。防火墙技术是一种由计算机硬件和软件的组合技术，使互联网与内部网之间建立起一个安全网关，从而保护内部网免受非法用户的侵入，它就是一个把互联网与内部网（通常称局域网或城域网）隔开的屏障。它是不同网络或网络安全域之间信息的唯一出入口，能根据企业的安全政策控制（允许、拒绝、监测）出入网络的信息流，且本身具有较强的抗攻击能力。它是提供信息安全服务，实现网络和信息安全的基础设施。

（3）计算机病毒。计算机病毒是指编制或者在计算机程序中插入的破坏计算机功能或者毁坏数据，影响计算机使用，并能自我复制的一组计算机指令或者程序代码。计算机病毒一般具有传染性、寄生性、隐蔽性、触发性和破坏性。目前，病毒防护技术主要有主机防病毒和网关防病毒两种形式。主机防病毒主要是通过主机防病毒代理引擎，实时监测电脑的文件访问和网络交换，把文件与预存病毒特征码进行对比，发现病毒就通过删除病毒特征串实现解毒，或把文件隔离成非执行文件的方式，保护计算机主机不受侵害。网关防病毒是采用防御病毒于网门之外的原则，在网关位置对可能导致病毒进入的途径进行截留查杀，可以避免没有安装杀毒软件客户端或没有升级最新杀毒版本的计算机发生的中毒事故。但是网关防病毒主要是防范网关传播的病毒，对于网络内部通过U盘等移动存储介质、局域网文件共享等途径传播的病毒，是网关防病毒鞭长莫及的，必须通过主机防病毒才可以补充防范。

（4）物理隔离技术。物理隔离是一种确保组织信息网络系统内外网数据交换的有效方法。它主要是基于这样的思想：如果不存在与网络的物理连接，网络安全威胁便受到了真正的限制。因此，在构建网站时，必须实行网络的内外网划分，及实现内外网的物理隔离。对物流组织内外网进行物理隔离，既要实现内外网物理隔离，又要完成内外网之间的数据交换。

（5）虚拟专用络技术（virtual private network，VPN）。VPN是通过一个公用网络建立一个临时的、安全的连接，是一条穿过混乱的公用网络的安全、稳定的隧道。VPN是一种较新的网络应用技术，提供了一种通过公用网络也能安全地对组织的信息网络系统内部专用网络进行远程访问的连接方式。VPN通过公众IP网络建立了私有数据传输通道，将远程的分支办公室、商业伙伴、移动办公人员等连接起来，减轻了企业的远程访问费用负担，节省了电话费用开支，并且提供了安全的端到端的数据通信。

项目实训

东风商业POS管理软件应用

[实训目标]

（1）了解POS系统环境的组成和配置。
（2）学会使用POS系统。
（3）初步掌握POS软件的主要功能及其操作内容。

[实训要求]

（1）学习东风商业POS管理软件的应用。
（2）了解商品进、存、销的业务流程。

[实训考核]

考核要素	评价标准	分值/分	评分/分			
			自评（10%）	小组（10%）	教师（80%）	小计（100%）
东风商业POS管理软件的应用	熟练进行东风商业POS管理软件的应用，能够进行参数的设置	40				
了解商品进、存、销的业务流程并能进行相应的操作	掌握东风商业POS管理软件的主要功能及其操作内容	50				
分析总结		10				
合计						
评语（主要是建议）						

实训参考

东风商业 POS 管理软件应用

本软件为了操作的方便，在后台总账财务上特别设计了业务导航图（图 8.3），这也是系列产品最具特色的功能之一。导航图是根据企业管理的业务过程进行划分的，共包括"基础资料""销售管理""进货管理""仓库管理""会员管理""财务管理""报表中心""期末处理""系统维护"几个窗口，每个窗口都包含相应的功能模块。导航图左侧的导航条相当于一本书的目录，如想切换一个业务操作窗口，点击导航条即可。

图 8.3　业务导航图

（1）选择业务窗口。在导航图的左侧有 10 个导航条，只要点击相应的导航条即可进入相应的业务窗口。

（2）操作功能。在导航图上将鼠标指针移到某个功能图标上时，该图标下面的文字会以蓝色加下划线的方式显示（表示已选择），点击即可打开该业务模块，对其进行操作。

同理，导航图上"报表中心"区域，只要点击一下其中的报表，即可打开相应的报表。

课后练习

一、单项选择题

（1）目前，我国物流管理信息系统已进入（　　）阶段。
A. 单项处理阶段　　　　　　　　　　B. 综合数据处理阶段
C. 支持决策阶段　　　　　　　　　　D. 辅助决策阶段
（2）下列属于静态图的有（　　）。
A. 类图　　　　　　　　　　　　　　B. 对象图和包图
C. 部件图和配置图　　　　　　　　　D. 时序图和构件图
（3）软件工程方法学包括 3 个要素，即方法、工具和（　　）。
A. 过程　　　　　B. 对象　　　　　C. 部件图　　　　　D. 构件图
（4）统一建模语言的动态建模机制包括状态图、活动图、时序图和（　　）。
A. 合作图　　　　B. 配置图　　　　C. 部件图　　　　　D. 构件图
（5）（　　）是物流信息系统开发的关键环节。
A. 系统开发准备　B. 系统调查　　　C. 系统分析　　　　D. 计算机设计

【参考答案】

（6）制造企业和批发零售企业的物流信息系统一般采用 C/S 结构，下列并非 C/S 结构优点的是（　　）。
A. 维护成本和投资低　　　　　　　　B. 较强的事务处理能力
C. 操作界面漂亮、形式多样　　　　　D. 应用服务器运行数据负荷较轻，响应速度快
（7）第三方物流信息系统一般采用 B/S 结构，下列并非 B/S 结构优点的是（　　）。
A. 系统的可维护性提高
B. 具有无限的开放性和拓展能力
C. 具有分布性特点，可以随时随地进行查询、浏览等业务处理
D. 应用服务器运行数据负荷较轻，响应速度快

二、多项选择题

（1）物流管理信息系统的特点有（　　）。
A. 管理性和服务性　　B. 适应性和易用性　　C. 模块化　　　　D. 智能化
（2）统一建模语言主要包括（　　）。
A. 类图　　　　　　　B. 对象图　　　　　　C. 包图　　　　　D. 用例图
（3）根据数据处理技术，面向不同的系统目标，主要归类为（　　）。
A. 联机事务处理　　　　　　　　　　　B. 联机分析处理
C. 数据挖掘　　　　　　　　　　　　　D. 信息管理
（4）物流信息安全主要采用（　　）。
A. 认证技术　　　　　　　　　　　　　B. 信息加密技术
C. 防火墙技术　　　　　　　　　　　　D. 虚拟专用络技术
（5）系统维护的内容包括（　　）。
A. 程序维护　　　　　B. 数据维护　　　　　C. 代码维护　　　D. 硬件维护
（6）物流管理信息系统开发的基本原则主要有（　　）。
A. 坚持系统思想，运用系统方法　　　　B. 内部条件和外部环境相结合
C. 立足原系统，高于原系统　　　　　　D. 用户参与原则

三、填空题

（1）我国物流管理信息系统的发展主要分为单项处理阶段、综合数据处理阶段和_____。
（2）物流管理信息系统由信息源、信息处理器、信息使用者和_____组成。
（3）在物流管理信息系统的实际应用中，根据信息处理的内容及决策的层次一般把管理活动分为决策分析及战略计划层、_____和业务操作层。
（4）过程成熟度分为 5 级：自发、可重复、可定义、可管理和_____。

四、名词解释

（1）物流信息系统
（2）计算机辅助软件工程

五、简答题

（1）简述 C/S 结构与 B/S 结构的区别。
（2）简述物流管理信息系统的开发步骤。
（3）物流管理信息系统构建应遵循什么原则？

六、案例分析题

在大物流的格局之下，走向整合的现代物流需要良好的公共信息服务平台。为了进一步降低物流成本，整合地区物流业向更高端发展，广州物流协会曾组织多家信息服务企业对珠三角的 50 多家物流及生产流通企业进行了需求调研，发现企业对物流跟踪、物流资源交易、系统间的信息交互及金融服务等物流信息服务存在巨大的需求。鉴于这一需求，广州市政府决定，由广州物流协会联合有实力的信息服务企业开发建设广州物流公共信息平台，为广大的物流企业提供全面的信息化服务。

之后，广州物流公共信息平台在广州市经贸委立项，首先建立了兼容多家系统的 GPS 物流车辆监控调度平台，为该平台下一步的发展和更多功能平台的实施打下了基础。

在广州物流协会的努力之下，企业与行业密切合作，共同打造物流公共信息平台。广州物流公共信息

平台的会员企业宝供物流、南方物流等32家大型物流企业均先后参与该平台建设。此外，借助广州物流协会与全国各地物流协会的合作关系，该平台还与山东、江苏、四川及武汉、青岛、宁波等地的物流协会签订了战略合作协议，从而为广州物流公共信息平台建成后进一步推动全国物流公共信息平台的建设奠定了良好的基础。

物流信息化，标准须先行。广州物流协会还联合广州物流龙头企业共同制定了一套物流公共信息标准，该标准包括《物流行业应用定位设备与定位信息数据规范》《物流行业企业信息交换数据规范》《物流公共信息平台定位设备数据元标准》。这些标准的建立，保障了物流公共信息平台建设与不同企业业务系统的数据统一性、一致性、可交换性，从而使平台的信息服务更加贴近企业。

该平台还致力于打造电子商务物流"火车头"。电子商务是信息化、网络化的产物，电子商务中的任何一笔交易都包含几种基本的"流"，即信息流、商流、资金流和物流。广州物流公共信息平台建设围绕电子商务模式，提供了比简单物流信息发布更为深入的物流资源电子商务服务。其最终发展目标是，通过提供真实有效的物流交易信息，采用可靠的电子交易手段、完善的交易保证服务，使参与物流交易的各方优化资源配置，最大限度地提高物流资源的使用效率，减少物流时间，从而达到各方共赢的目的。基于物流电子商务架构，广州物流公共信息平台系统从物流资讯、运输资源、仓储资源3个角度，根据物流服务管理的交易、监控、评价、结算4个流程，提供相应的物流交易和增值信息服务。

一方面，该平台通过物流资讯门户向企业提供物流行业及相关信息服务，包括物流市场动态、行业新闻、相关政策法规，物流企业名录和基础资源信息，路况和气象信息的发布与查询，港口、航运、公路货运、航空、铁路等信息的查询，物流园区及仓储设施信息查询，多式联运信息查询，从而全方位满足企业对物流信息的需求。

运输是物流业的主体部分，而在运输资源相关服务方面，该平台主要通过运输资源交易管理子平台显示车辆提供方（运输公司）和运输需求方（货主）的信息发布与交易状态。该平台结合GIS技术、GPS监控，使货主通过运输资源交易管理平台，能够快捷地在广州范围内查找最合适的运输车辆资源进行货物的运输，且实时监控运输过程，保证货物的安全送达。同时，运输公司也可以根据货主发布的货物运输需求信息，推荐自己的运输车辆。这样可以使货主运输需求与运输公司运输资源优化匹配，方便货主货物运输和运输公司资源的充分利用，达到双方资源充分匹配的目的。

另一方面，仓储资源相关服务是通过建立仓库资源管理平台来体现的，并由一个仓储提供方（仓库）和仓储需求方（货主）的信息发布与交易平台组成。该平台结合GIS技术和视频监控技术，使货主可以通过仓库资源交易，方便在珠三角范围内查找最合适的仓库资源进行货物的存储。同时，仓储业主也可以根据货主的货物存储需求信息，推荐自己的仓库给货主进行选择。这样可以使货主存储需求（仓储需求）与仓库资源（仓储提供）互相优化匹配，方便货主最优存货和对仓库资源的充分利用，从而减少资源浪费。另外，该平台还通过GIS技术，以网络地图的方式将各种仓库资源的详细信息和货主存储需求信息展示在仓库资源管理平台的电子地图上，供需双方通过互相查找适合的匹配信息，从而选定最适合自己的资源进行交易。

支付及金融服务是发展电子商务交易的保障，作为第三方，广州物流公共信息平台为交易双方的订单执行和诚信提供安全可靠的保障。通过物流平台GPS车辆监控、货物跟踪和视频监控，使交易双方可以随时随地了解自己货物进出库、在途及存储安全状态。物流平台作为第三方，为交易双方提供支付和金融增值服务。为保证交易的顺利进行，该平台提供运费代收、代付服务，提供货物资金代收代付、货物抵押等服务。同时，平台还可为商户和货主提供银行业务代理、保险代办、货物担保等服务，以及其他配套增值服务，从而规避交易风险，保证物流电子商务的安全有序进行。

毫无疑问，通过搭建广州物流公共信息平台，推动物流电子商务化，为物流与供应链行业提供一个实时互动的信息交换平台，将在最大限度上整合社会资源，使物流成本降到最低。

分析：

（1）广州物流业公共信息化平台具体运用了哪些信息技术？

（2）广州物流业公共信息化平台给物流业带来了哪些好处？

项目 9
智能物流管理信息系统应用

》【学习目标】

知识目标	技能目标	素质目标
（1）掌握智能物流系统的基础知识。 （2）掌握公共信息平台的基础知识。 （3）熟悉物流决策支持子系统的构成及决策因素。 （4）了解智能运输子系统的基本组成、特点、主要内容及应用	培养学生应用 PLIP 解决物流中具体问题的能力	培养学生社会主义核心价值观

》【案例导入】

"公款追星"、虚假广告满天飞……近20多年来，西方极端主义思想蔓延，社会上道德失衡，损人利己、尔虞我诈的现象比较严重，公民道德建设急需加强。

道德的实践不仅要依靠理论教育，更有赖于习俗，以及社会氛围的形成。要达到"诚信友爱"的社会，必须大力树立这方面的正气。特别是宣传部门，不仅要把"诚信"当作标语口号来宣传，更要对"诚信"之风大树特树，对于弄虚作假的行为进行无情的揭露鞭挞。只有教育和赏罚双管齐下，才能收到应有的效果。

资料来源：简答题［EB/OL］.（2022-01-06）［2022-02-23］. https://www.jiandati.com/q/1K4yEQ. 节选有改动.

【思维导图】

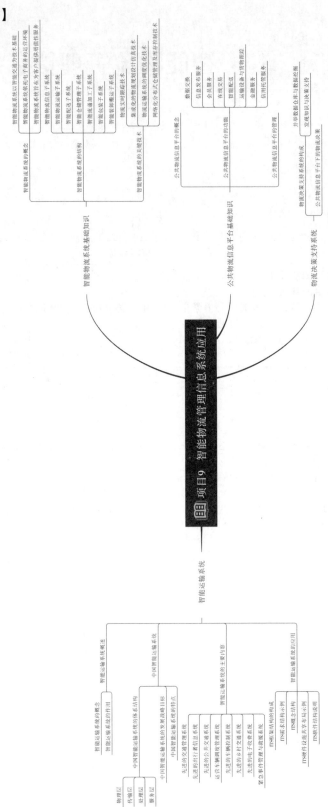

任务1 智能物流系统基础知识

物流已经成为支撑我国经济发展的重要产业之一。然而，我国大多数物流企业从传统运输、仓库企业转变而来，普遍存在成本偏高和网络水平低等问题。其实，我国物流单项运输成本并不高，但由于没有信息化的调度，造成物流时间过长、持有成本增加，使得物流成为近些年电子商务发展的瓶颈环节。

物联网技术和信息技术的发展使得智能物流日益成熟，信息化和综合化的物流管理、流程监控不仅为企业带来了物流效益提高、物流效益控制等，而且从整体上提高了企业及相关领域的信息化水平，从而带动整个产业链的发展。从传统物流向智能物流转变，促进物流"智能化、网络化、信息化"，俨然成为我国物流生存和发展的必要条件。

一、智能物流系统的概念

智能物流系统是一个在智能交通的基础上，电子商务化运作的物流服务体系。它通过智能交通系统解决物流作业的实时信息采集，对采集的信息进行分析和处理，通过在各个物流环节中的信息传输，为货主提供详尽的信息和咨询；在电子商务运营环境下，可为客户提供增值性的物流服务。

根据上述定义，智能物流系统具有以下几个方面的含义。

（一）智能物流系统以智能交通为技术基础

智能交通系统是将先进的信息技术、计算机技术、通信技术、感知技术、电子控制技术、自动控制理论、运筹学、人工智能等有效地综合运用于交通运输、服务控制和车辆制造，加强车辆、道路、使用者之间的联系，形成的一种定时、准确、高效的综合运输系统。

智能交通系统通过技术平台向物流企业管理提供的服务主要集中在物流配送管理和车货集中动态控制两个方面，如提供当前道路交通信息、线路诱导信息，为物流企业优化运输方案制定提供决策依据；通过对车辆位置状态的实时跟踪，向物流企业甚至客户提供车辆预计到达时间，为物流中心的配送计划、仓库存货战略的确定提供依据。如图9.1所示为智能运输与物流管理的关系。

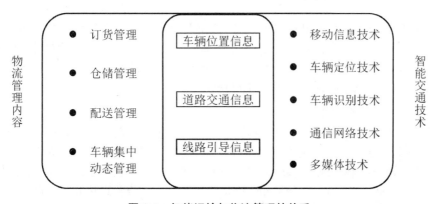

图9.1 智能运输与物流管理的关系

智能交通与物流都具有信息管理网络化、实时化的要求，将智能交通技术与物流管理有机结合起来，一方面智能交通为物流管理创造了一个快捷、可靠的运输网络，降低了物流成本；另一方面，物流管理也为智能运输产品与服务开辟了一个巨大的市场，可促进智能运输的发展。

（二）智能物流系统依托电子商务的运营环境

随着电子商务的日益成熟，便捷的信息化服务让分散在世界各地的顾客可以在数分钟内完成下单、付款，也因此对物流的效率和服务提出了更高的要求，物流的发展是电子商务面临的新一轮挑战。电子商务市场的需求成为物流朝着智能化的方向发展的强大动力，依托智能跟踪技术和智能决策技术，现代物流着力于实现仓储、加工、配送等环节的智能化，优化电子商务系统的配送中心及物流中心网络，设计适合电子商务的物流渠道，以简化物流过程，提高物流系统的快速反应能力。例如，顺丰、京东等开展了"当日达"服务，承诺上午取件（或下单）当晚即送到，满足了电子商务环境下顾客对物流速度的需求。智能物流与电子商务相结合已成为现代物流发展的趋势，它保证了电子商务的蓬勃发展，也为智能物流提供了技术支持和发展空间。

（三）智能物流系统旨在为客户提供增值性服务

为了减少物流环节，简化物流过程，提高系统快速反应能力，需要提供优化电子商务系统的配送中心及物流中心网络，重新设计适合电子商务物流渠道的增值服务，发展物流的延伸服务，使得物流服务可以向上延伸到市场调查与预测、采购及订单处理，向下延伸到配送、物流咨询、物流方案选择与规划、库存控制决策建议、贷款回收与结算物流系统设计与规划方案的制作。增值服务是智能物流的核心特征，能否提供此类增值服务已成为衡量一家企业是否具有竞争力的标准。

二、智能物流系统的结构

（一）智能物流信息子系统

智能物流信息子系统的功能贯穿于物流各个子系统业务活动，或者说是物流信息系统支持着各项业务活动的。它不仅将运输、储存、包装、配送等物流活动联系起来，而且能对所获取的信息和知识加以处理和利用，进行优化和决策。因此，智能物流信息系统不等同于一般的信息系统，它是整个大系统的具有智能意义的神经系统，决定着智能系统的成败。

智能物流信息子系统依靠RFID技术、条码技术等获得产业信息及物流各作业环节的信息，通过计算机网络完成信息传输及发布，运用专家系统、AI等处理信息并给出最佳实施方案；同时，利用产品追踪子系统对产品从生产到消费的全过程进行监控，从源头开始对供应链各个节点的信息进行控制，为供应链各环节信息的溯源提供服务。

（二）智能物流运输子系统

运输是物流的核心业务之一，也是物流系统的一个重要功能。运输服务是改变物品空间状态的主要手段，主要任务是将物品在物流节点间进行长距离的空间移动，从而为物流创造场所效用，通常有铁路运输、公路运输、航空运输、水路运输和管道运输5种运输服务方式。智能物流运输子系统的目标是降低货物运输成本，缩短货物送达时间；核心是集成各种运输方式，应用移动信息技术、车辆定位技术、车辆识别技术、通信与网络技术等高新技术，建立一个高效的运输系统。

智能物流运输子系统包括先进的交通信息服务子系统、先进的交通管理子系统、先进的公共交通子系统、先进的车辆控制子系统、货运管理子系统、电子收费子系统和紧急救援管理子系统等。智能运输子系统通过在运输工具和货物上安装追踪识别装置,依靠先进的交通信息系统,可以在此时采集车辆位置及货物状态,向客户提供车辆到达时间,为物流中心的配送计划、仓库存货战略提供依据,如图9.2所示。

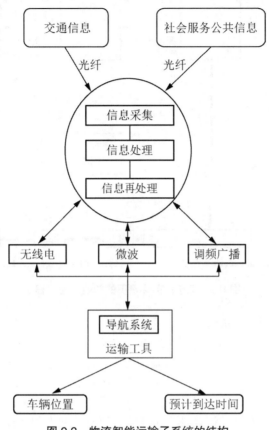

图 9.2　物流智能运输子系统的结构

(三) 智能配送子系统

配送服务是按照用户的订货要求和时间计划,在物流节点进行理货、配货工作,并将配备好的货物送交收货的物流服务活动。配送服务可以看作运输服务的延伸,但和运输服务不同,它是短距离、小批量、多品种、高频率的货物运输服务,是物流活动的最末端。

智能配送服务包括智能配送信息处理子系统、智能配载和送货路径规划子系统、配送车辆智能追踪子系统、智能客户管理子系统。配送处理子系统将"取货信息""送货信息""配送信息"等信息进行收集、整理后,分发到配载及路径规划子系统中;配载及规划子系统根据运送货物的地理位置分布、应用地理编码和路径规划技术,分析出每辆车的最佳行驶路线,根据行驶路线来规划货物配载;通过通用分组无线服务技术 GPRS 将移动的车辆信息纳入信息网,并将该系统与地面信息系统构成一个整体,及时收集路面信息、行驶信息,帮助配送规划系统根据路况随时优化车辆行驶中路线;本着"以顾客为中心"的原则,还应在配送后建立一个客户管理子系统,将客户信息及配送信息纳入数据库,并进行智能分析,为以后作业流程改进、提供顾客满意度和系统优化提供帮助。如图9.3所示为在电子商务环境下的智能配送流程。

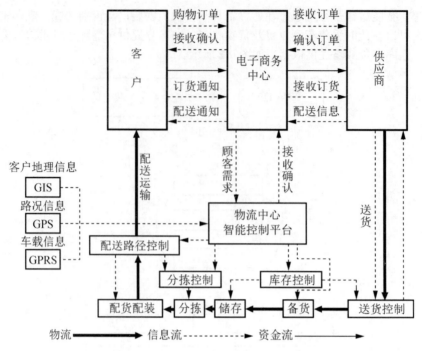

图9.3 电子商务环境下的智能配送流程

（四）智能仓储管理子系统

仓储包括对进入物流系统的货物进行堆存、管理、保管、保养、维护等一系列活动。随着经济的发展，物流由少品种、大批量物流进入多品种、小批量或多批次、小批次时代，如今的仓储作业已十分复杂化、多样化，如果采用传统仓储作业手工录入，不仅费时费力，而且容易出错；在智能仓储管理子系统中应用 RFID 等自动识别技术，实现商品登记、扫描与监控的自动化，可以增强作业的准确性、快捷性，节省劳动力和库存空间，显著减少由于商品误置、送错、偷窃、损害和库存记录错误所造成的损耗。

智能仓储管理子系统由智能物流仓储信息子系统、仓储管理子系统等组成。其中，仓储管理子系统包括进货管理、出货管理、库存管理和存储费用管理等功能模块。本系统可以实现自动精确地获得产品信息和仓储信息；自动形成并打印入库清单和出库清单；动态分配货位，实现随机存储；产品库存数量、库存位置、库存时间和货位信息查询、随机抽查盘点和综合盘点；汇总和统计各类库存信息，输出各类统计报表。智能仓储管理子系统的结构如图 9.4 所示。

（五）智能流通加工子系统

规模经济效应决定了企业趋向于"商品少、大批量、专业化"的大生产模式，而与消费者的个性化需求产生隔阂，流通加工正是弥补这种隔阂的有效手段。流通加工是在物品离开生产领域向消费领域流动的过程中，为了促进产品销售、维护产品质量和实现物流效率化，对物品进行加工处理，使物品发生物理或化学性变化的功能。流通加工的内容有装袋、定量化小包装、拴牌子、贴标签、配货、挑选、混装和刷标记等。

这种在流通过程中对商品进一步的辅助性加工，可以给批量化生产的同一产品装饰不同的包装，还可以根据市场特征进行组装（如为打印机组装符合不同电压标准的变压器），满足不同用户的需求，更好地衔接生产和需求环节，使流通过程更加合理化，是物流活动中的一项重要增值服务。

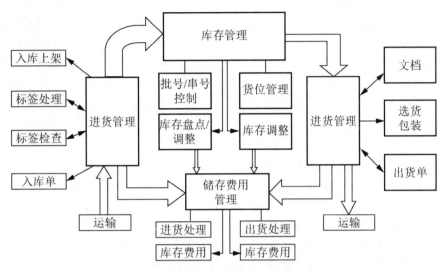

图 9.4　智能仓储管理子系统的结构

（六）智能包装子系统

包装服务是物品在装卸搬运、运输、配送及仓储等服务活动过程中，为保持一定的价值及状态而采用合适的材料或容器来保护物品所进行的工作总称，通常包括商业包装服务（销售包装、小包装）和工业包装服务（运输包装、大包装）两种。智能包装子系统主要应用信息型智能包装技术，通过在包装上加贴标签，如条码、RFID 标签等，一方面利用化学、微生物和动力学的方法，记录在仓储、运输、销售期间，商品因周围环境影响引起的质量改变，监督商品质量；另一方面可以管理被包装物的生产信息和销售分布信息，提高产品的可追溯性。这样顾客能够掌握商品的使用性能及其流动过程，而生产商可以根据销售信息掌握市场动态，及时调整生产、库存策略，缩短整个供应链周期，节约成本。

（七）智能装卸搬运子系统

装卸搬运系统是随运输和仓储而产生的必要物流活动，是对运输、仓储、包装、流通加工等物流活动进行衔接的中间环节，也包括在仓储作业中为进行检验、维护、保养所进行的装卸活动，如货物的装上卸下、移送、拣选、分类等。在物流活动中，装卸搬运是出现频率最高的一项活动，也是造成货物破损、散失、损耗的主要环节。智能装卸搬运子系统会将装卸货物、存储上架、拆垛补货、单件分拣、集成化物品等任务信息收集并传递到智能决策子系统。智能决策子系统将任务分解成人员、物品需求计划，合理选择与配置装卸搬运方式和装卸搬运机械设备，尽可能减少装卸搬运次数，以节约物流费用，获得较好的经济效益。根据系统功能要求，智能装卸搬运子系统主要由输送机、智能穿梭车、智能装卸搬运信息系统、通信系统、控制系统和计算机管理监控等部分组成。

三、智能物流系统的关键技术

（一）物流实时跟踪技术

物流实时跟踪技术是物流企业利用 GNSS、GIS、RFID 技术、条码技术、EDI 技术对物流过程所涉及的货物的运输、仓储、加工、装卸、配送、销售等环节进行监控及管理，及时获取货物在流通链中的信息，如数量、品种、在途情况、交货时间、发货地和到达地、货主、送货责任车辆和人员等，最大限度地提高物流速度和服务质量。

具体来说，就是物流企业工作人员在企业仓库向货主取货时、在包装物流中心重新集装运输时、车辆在途运输时、在向顾客配送交货时，利用 GNSS、GIS、RFID 等现代技术，通过公共通信线路、专用通信线路或卫星通信线路把获取的货物在各状态下的信息传送到总部的监控中心进行汇总整理，这样所有有关货物流通的信息都集中在中心数据库，从而使企业很容易获取采购、库存、生产、运输、销售等环节的信息，还有外部环境信息，如市场、供应、交通、通关等信息。这样一来，极大地增强了企业对信息的掌握度，为物流的科学管理奠定了基础。

（二）集成化的物流规划设计仿真技术

物流仿真借助计算机技术对物流系统进行真实模拟，通过仿真实验得到的各种动态活动及过程瞬间仿效记录，进而验证物流工程项目建设的有效性、合理性和优化效果。仿真是企业检验其物流系统及决策是否真的高效的唯一可用技术，在设计一个新的智能物流系统，以及对已知智能物流系统添加新设备或重新优化时，仿真都是非常有必要的。

目前采用的计算机仿真技术，在物流系统还未建立起来的情况下，可将系统规划转换成仿真模型，通过模拟系统运行后的性能和效果评价规划方案的优劣。这样在系统建成之前，就可以发现系统存在的问题，对不合理的设计和投资进行修正，从而避免了资金、人力和时间的浪费，还可以缩短开发周期、提高物流中心质量。

（三）物流运输系统的调度优化技术

随着经济全球化和电子商务的发展，用户在货物处理的内容上、时间上和服务水平上都提出了更高的要求，为了满足用户的要求，物流企业必须引进先进的分拣设施和配送设备，建立起集"集货、分货、加工、送货"功能于一体的物流配送中心。物流配送中心配载量的不断增大和工作复杂程度的不断提高，都要求对物流配送中心进行科学管理，因此，配送车辆的集货、货物配装和送货过程的调度优化技术是智能物流系统的重要组成部分。如图 9.5 所示，配送中心的智能管理体现在数据层、业务层、应用层和计划层 4 个层次上。

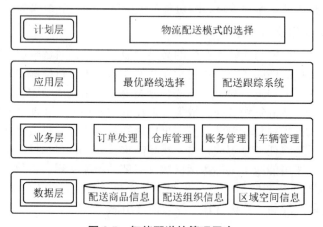

图 9.5 智能配送的管理层次

（1）数据层。将收集、加工的物流配送信息以数据库的形式加以存储。物流配送的数据既包括物流配送的商品信息，又包括配送企业自己或要求配送相关区域的空间信息。对于配送要求比较高的配送活动，如在需要控制配送的线路等情况下，配送区域的道路情况、车辆限制情况等都属于数据层中必须采集、加工的基本数据。数据层是整个物流配送系统能够工作的基础。

（2）业务层。对合同、票据、报表等业务表现方式进行日常处理，主要是基于数据层进行数据的收集、加工和维护的简单应用层，包括订单的接收处理、配送中心仓库管理、账务管理、车辆管理及其他配送基本活动的信息收集。

（3）应用层。既包括仓库作业计划、最优路线选择、控制与评价模型的建立，以及根据运行信息检测物流配送系统的状况，又包括配送中心的作业系统、配送最优路线的选择和物流配送的跟踪等子系统。

（4）计划层。建立各种物流配送系统分析模型，辅助高级人员制订物流配送战略计划，如物流配送的模式改变等。这种策略对整个企业的物流配送作业过程将产生巨大的影响，一旦改变企业的流程，物流配送系统的应用层必须在这种策略下随之改变，但数据层和业务层的改变相对较少。

对于如何进行物流系统的调度优化，很多专家提出了各种不同的数学方法，如启发式算法、遗传算法、蚁群优化算法等。相对于众多理论研究，理论结合实际地为物流企业解决实际问题的软件/硬件产品却很少，而一个成功的物流调度系统，可以极大地增强企业的竞争力。

（四）网络化分布式仓储管理及库存控制技术

分布式库存系统由一个协调中心和若干个仓库组成，协调中心起联合库存管理作用，各仓库在地理位置上可以分布在不同地点。各客户向协调中心发出订单，协调中心根据各客户的位置、交货期、需求量及各仓库的库存情况，指定相应的仓库为其供货。当总体库存下降到总订货点时，各仓库通过协调中心向供应商联合订货；当某个仓库库存下降到订货点，而总体库存没有下降到总订货点时，各仓库在协调中心的统一调度下互相调剂。仓储信息网络是一个通过互联网，利用自动识别技术和智能数据传输，对仓储信息进行收集、加工、存储、分析和交换的人机综合系统。

在分布式库存系统中，各个仓库为系统的终端，主要负责信息的收集和简单的加工。协调中心是整个系统的信息处理中心，负责信息的存储、分布和交换，完成系统的决策和指挥。

目前，外许多企业都实行了将管理、研发部门设立在市区，而将制造部门迁到郊区、外省甚至国外的发展策略，形成以城市为技术和管理核心，以郊区或外地为制造基地的分布式经营、生产型运作模式。对制造企业而言，在网络化制造环境下，机件加工、产品的装配和产品仓储需要对相关不同区域的仓储活动协调进行有序的管理，对其库存根据市场的变化、配送地的调整进行实时的、动态的控制，以满足不同用户的需求，这就对其物流系统提出了很高的要求，需要网络化分布式仓储管理及库存控制技术来满足这种要求。

任务 2　公共物流信息平台基础知识

一、公共物流信息平台的概念

公共物流信息平台（public logistics information platform，PLIP）主要是为区域物流系统服务的，可以对物流信息资源、社会物流资源进行整合，以最优的资源配置、最佳路径和最佳方案的选择来满足一体化物流的需要，促进电子商务的发展，满足企业公共信息系统对各种公用信息的需求和使用，支撑政府部门间行业管理与市场规范化管理方面协同工作机制的建立。

公共物流信息平台有特定的层次结构，一般分为中央级的物流信息平台，国家对地方平台的协调和地方性信息的处理平台，地方物流信息平台，物流园区、加工区及企业集团的物流信息平台，为货主主体服务的公共物流信息平台终端。

公共物流信息平台的用户主要有货主、货运代理、承运人及其代理、第三方公正、仓储企业、综合中转站、第三方咨询与技术提供商、政府部门和一般的公众用户、短期流动性客户和一次性客户等。不同的用户对公共物流信息平台有不同的功能需求。

公共物流信息平台的构建一般应服从区域物流整体规划，由政府推动、第三方实施、市场化运作，以物流信息标准化建设为基础，必须有相关的政策法规和配套措施的支持。通过采取第三方实施的原则，可以确保平台具有独立性，实现公共物流信息平台在公平、公正、公开的基础上，提供有序的环境，从而满足广大客户对物流信息平台服务功能的需求。

二、公共物流信息平台的功能

（一）数据交换

数据交换的主体为公共物流信息平台的各级各类用户。数据交换担负着各类公用信息的中转功能，主要提供电子单证的翻译、转换和通信，以及存证管理等功能。它支持网上报关、报检、许可证申请、结算、缴（退）税，以及客户与商家的业务往来，支持与信息平台连接的用户信息间的信息交换。

存证管理是将用户在信息平台上产生的单证信息加上附加信息，按一定的格式以文件形式保存下来，以备将来发生业务纠纷时查询、举证之用。

各个承担数据采集的子系统按一定规则将公用数据发送给信息平台，由信息平台进行规范化处理后加以存储，根据需求规划或者各物流信息系统的请求，采用规范格式将数据发送出去。

（二）信息发布服务

可发布的物流信息主要包括水、陆、空运输价格，新闻和公告，政务指南，货源和运力，航班船期，铁路车次，适箱货源，联盟会员，职业培训和政策法规等。该功能以Web站点的形式实现。

（三）会员服务

会员服务包括会员基本信息管理、单证管理及询价、订舱、车、货物状态和位置跟踪，交易跟踪，交易统计，会员资信评估，提单查询，报表生成、打印等24h自动服务功能，智能化实时事务处理，安全认证支持，并可提供个性化服务。

（四）在线交易

为供方和需方提供一个虚拟交易市场，双方可发布和查询供需信息，对自己感兴趣的信息可与发布者进一步洽谈，交易系统可以为双方进行交易撮合，支持产品的供应、下单、运输、销售等跨国经贸活动的供应链整合。

（五）智能配送

利用各种数学模型、运输资源信息、商家的供货信息、消费者的购物信息和其他公共物流信息，管理人员根据实际情况选择最优配送方案，使配送成本最低，在用户要求的时间内将货物送达。智能配送要解决的典型问题包括路线的选择、配送的发送顺序、配送的车辆类型、客户限制的发送时间等。

（六）运输设备与货物跟踪

采用 GNSS/GIS/GSM（或 CDMA 等）系统跟踪车辆及货物的状态和位置，并把相关状态和位置数据存放在数据库中,供各种系统集成和调用,用户可通过呼叫中心或 Web 站点获得跟踪信息。

(七)金融服务

在相关法律法规的建立和配套的信息安全技术支持下,为信息平台提供金融服务,如保险、银行、外汇等。各类金融服务分别在相关单位部门内处理,由公共物流信息平台将各类处理结果及时传递给客户,为客户构建"一站式"服务平台。

(八)信用托管服务

为各类企业提供各类物流应用托管业务,支持企业以低成本外包物流信息系统,使得企业在降低作业成本的同时将注意力集中在其关键作业活动上,提高企业的核心竞争力。

三、公共物流信息平台的管理

在物流信息系统中建立数据仓库,是为了记录物流活动中通过应用数据挖掘技术提取物流活动中的关联信息,一般表示为知识,支持多式联运物流决策。决策者互联网查询有关内容,即可得到智力支持。GNSS 与 GIS 的应用,使得运输工具的定位、追踪与运输路径的选择成为可能。

公用物流信息平台的发展,应该是由系统实现自动匹配、组合物流需求与供应信息,并随时以多种方式传送给用户,实现物流信息公用化、智能化。平台能够存储、处理和提供综合仓储、配送及多种方式运输的有效数据、知识和决策模型,辅助企业和政府在经营管理过程中决策。

公用物流信息平台服务于参与物流活动的众多企事业单位,有广泛的公用性和社会效益,但在其建设活动中,由于商业竞争与垄断、各地区发展的不平衡等,各子系统之间存在隔阂,行业自我协调与完善非常困难,所以就需要有关部门规范统一各地区与行业的物流信息系统的外部服务设计。同时,公用物流信息平台建设的关键在于各子系统对外服务全局数据的一致性,并允许各子系统内部存在差异性。因此,应由政府作为主要的管理控制者,应协调各个方面,投入相应的主要设施设备,建立统一的数据与通信标准。

任务 3 物流决策支持系统

物流决策支持系统(logistics decision support system,LDSS)是公共物流信息平台的重要组成部分,是其功能的完善与提高。在公共物流信息平台实现基本功能的前提下,通过挖掘历史数据仓库,可提炼物流决策相关知识和信息,设计各种模型和算法,支持各单位的决策需求。

一、物流决策支持系统的构成

(一)并举数据仓库与数据挖掘

数据仓库是一个面向主题的、集成的、非易失性的,随时间变化的,用来支持管理人员决策的数据集合。在公用物流信息平台中,数据仓库面向物流决策需求记录物流活动中相关数据,包括托运人信息、承运人信息、收货人信息、载运工具信息、仓库信息、货物与运单信息等。

各企业通过使用物流信息系统,完成物流交易与物流环节后,其物流业绩与能力等信息一起记录在各区域或行业系统的历史数据仓库中;同时,由载运工具、仓库等设备运行自动监控、货物无线射频动态跟踪等形式自动或人工输入系统动态数据库,并按照一定时间和规则转存到历史数据仓库中。

基于上述目的，一般通过将数据仓库中的物流历史数据分类、聚类、关联或排序等挖掘过程，形成新的可用于分析决策的数据。物流信息系统数据挖掘基本内容有：发货人的发货品种、数量、周期、包装、要求等；承运人的载运能力、完成数量、送达速度、质量、物流价格、信誉度评价、经济保证；收货人的布局、装卸能力、可靠度评价；仓储企业技术设备、货位数量、周转速度、保障措施、仓储价格、信誉评价等；按区域分布、品类、季节、吨位、能力等不同"维"度，分别进行挖掘。

（二）发现知识与决策支持

发现知识是在海量数据中找到有效的、新颖的和潜在有用的数据和模式的高级处理过程。物流领域的发现知识主要是寻求物流活动中物流主体及对象间的相关关系，预测未来物流需求变化规律，如包装材料与某企业产品产量的相关关系、运输需求数量与载运工具保有量及运输价格关系等。

LDSS 为不同决策需求者提供有效的决策数据、工具和算法支持，提供相应的访问界面和响应支持。中央数据库定时自动或人工按需求从区域系统中抽取相关数据，并更新自己的决策支持数据库与知识库。中心决策支持系统与决策者相互交流，根据需求不断改进数据挖掘方法与内容、发现新知识、设计新算法、完善决策支持系统的功能。如图 9.6 所示为 LDSS 信息流程。

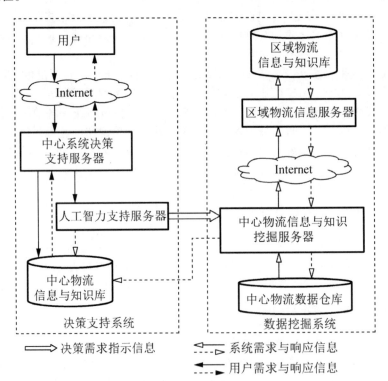

图 9.6 LDSS 信息流程

二、公共物流信息平台下的物流决策

物流决策涵盖物流活动的全过程，涉及领域很多，且不同主体的决策目标需求不同。

物流决策目标主要：自营与外包决策；物流服务商选择；物流成本控制；物流效益最大

化；物流方案最优化；供应商选择；采购策略；服务成本最小；利润最大化；物流路径选择；仓库位置优选；库存优化；绿色环保；等等。

PLIP 提供多种决策模型，并可根据需求继续补充，主要决策模型有回归算法、灰色决策方法、计算机仿真方法及启发式算法，包括搜索禁忌算法、遗传算法、蚁群优化算法、人工神经网络算法等。

PLIP 决策支持过程：用户首先确定决策需求，恰当选择系统提供的功能，按要求提供用户参数；系统提供知识和算法模型，求解后返回响应的结果。PLIP 决策支持过程如图 9.7 所示。

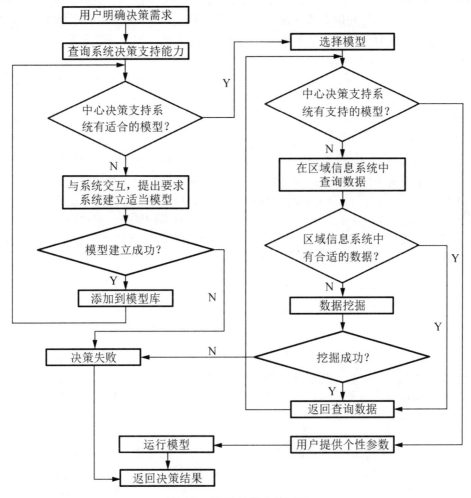

图 9.7 PLIP 决策支持过程

第一方制定物流服务商选择策略时，首先要明确决策目标，如物流成本最小、响应快速、可靠性好等或加权组合目标。然后，在系统中找到相应的支持功能，确定物流服务商的组合方案，系统自动抽取经过挖掘后的服务商的能力、历史记录、可靠度与信誉度评价及其他相关数据，按设定模型进行比较，确定方案的评价指标值。

PLIP 不仅服务于区域、行业，从事物流信息撮合等基本功能，而且可以通过数据挖掘、知识发现和人工智能支持物流运行的全过程。通过优化设计与整合，建设功能完善的公共物流信息平台，以全社会最小投入，取得最大社会效益。

任务4 智能运输系统

一、智能运输系统概述

（一）智能运输系统的概念

20世纪80年代，随着计算机技术、电子信息技术、通信技术、电子控制技术等新技术的飞速发展，人们意识到利用这些新技术把车辆、道路、使用者紧密结合起来，不仅能够有效地解决交通阻塞问题，而且对交通事故的应急处理、环境的保护、能源的节约等都有显著的效果。于是，人们充分利用系统的观点，对道路运输系统进行重新审视，将更多新技术引入道路运输系统，进而扩展到铁路和航空的管理和信息交换，称为智能运输系统（intelligent transportation systems，ITS）。

因此，ITS是在较完善的基础设施（包括道路、港口、机场和通信等）上，将先进的信息技术、数字通信技术、计算机技术、电子控制技术、传感器技术和系统综合技术有效地集成，并应用于地面运输系统，从而建立起的一种在大范围内、全方位发挥作用的实时、准确、高效的交通运输管理及控制系统。

（二）智能运输系统的作用

智能运输系统的作用主要包括信息提供、安全服务、计收使用费和减少交通堵塞等。系统向道路管理者和用户提供的主要是道路交通情况的实时信息及相关的其他信息，如天气等；而安全服务的内容则有危险警告、人车事故预防、行车辅助等，通过不同的方式来帮助减少交通事故；费用收取主要是以电子方式自动地向用户收取道路使用费或车辆停车费等。另外，该系统还可以根据人们的需要提供更多的服务。

二、中国智能运输系统

20世纪80年代末，中国智能运输系统开始起步，并于20世纪90年代末完成了《中国智能运输系统发展战略研究》的报告，提出了中国智能运输系统的体系结构，以及近期、中期、远期的发展战略目标，还提出了中国智能运输系统的标准化问题。

（一）中国智能运输系统的体系结构

中国智能运输系统体系结构按照信息的采集、传递、处理、利用过程，分为物理层、传输层、处理层和服务层4个层次。

1. 物理层

在实体上，物理层包括各种基础设施，除了完成信息的采集并将原始信息传递给传输层外，还负责完成传输层下达的指令，是最底层的执行机构。构成物理层的基础设施建设是提供智能运输系统服务功能的基础，如我国的高速公路网（包括公路网中的各种监控、收费、信息传输及安全保障设施）就是实施智能运输系统的基础。

2. 传输层

传输层负责信息的双向传递，是信息在物理层与处理层之间流动的桥梁，将物理层和处理层紧密联系起来，借助传输层、智能运输系统所倡导的信息的充分利用和共享得以实现。传输层中所采用的通信技术可以分为有线网络通信、广域的无线网络通信、短程通信和其他方式。

3. 处理层

处理层是体系中最活跃的一个层次。信息经物理层采集后传递到处理层，处理层负责信息的再加工，这里的信息处理不包括物理层的原始信号的处理，应当是信息的检索、分类、转储等。这些有效的信息和指令再通过传输层传递给物理层，物理层响应之后就体现某种具体的服务功能。

4. 服务层

服务层是一个稍微抽象的层次，体现智能运输系统的服务功能。当智能运输系统中的用户请求某项服务功能时，请求信息经物理层采集后由传输层传递给处理层，处理层在识别出请求信息后向服务层发出服务请求，服务层针对申请服务的种类给处理层发出相应的指令，处理层收到服务层发出的服务指令后，从信息库中取出对应的信息，随同指令经传输层到物理层后，物理层向用户提供它所请求的服务。

服务层是智能运输系统体系结构中集中反映服务功能的层次。根据对智能运输系统用户的潜在需求分析，可将服务层功能分为先进的交通监控与管理、集成信息服务、电子收费、运输管理、安全保障。

（二）中国智能运输系统的发展战略目标

1. 近期目标

交通控制系统：在有条件的高速公路上进行试点，探索出比较符合中国国情的交通控制模式，对将来形成的高速公路网进行一些基础性的研究。

集成信息服务系统：车载导航设备中的关键技术应当得到突破，公路数据库、数字化地图等基础性工作初步完成。

通信系统：各主要城市间的道路特点是高速公路应与中心城市建立良好的通信联系。

安全保障系统：进一步加强安全设施的建设，推广使用一些车载安全设备。

电子收费系统：在人工收费计算机管理的基础上，逐步将收费口建成自动不停车收费和人工收费结合的收费口，并要建立固定的不停车收费标准。

运输管理系统：在主枢纽设施的基础上，进行快速客货运输的工业性试验。

2. 中期目标

交通控制系统：在新建的高速公路上全面建设交通控制系统，并在区域内进行路网控制的研究和具体应用。

集成信息服务系统：开始利用广播、公共网和专网等手段将各种交通信息以有偿或无偿方式提供给道路使用者，在城市内开始进行全面的信息服务。

通信系统：在全国范围内的交通通信网建设，在充分利用公共网的基础上建设以沿高速公路铺设的光缆为主干的全国交通网。

安全保障系统：全面推广以安全气囊等为代表的车载安全辅助设备，在高速公路上建立起一支设备先进、反应迅速的抢险队伍。

电子收费系统：在全国逐步推广不停车收费，并开始在全国进行联网。

运输管理系统：全力推进以公路为主、多种方式结合的快速客货运系统，争取覆盖全国所有大城市。

3. 远期目标

交通控制系统：能够详尽地掌握整个道路网实际的道路交通信息、事件、事态，通过预测，对已经发生或即将发生的事件进行处理，将交通控制、诱导信息通过通信系统传递给用户。

集成信息服务系统：能够让用户在任何时间、任何地点知晓路网上的各种信息，甚至对即将到来的出行有一个预知，使用户采取正确的行动。

通信系统：满足各种信息和用户的传输需求。

安全保障系统：保证交通正常运行时人员的安全和舒适，对发生异常交通事件时提供快速有效的处理。

电子收费系统：减少在收费时的延误和产生的阻塞。

运输管理系统：充分利用以上系统提供的信息和保障，通过合理的调度，使运输企业发挥出最大效益。

（三）中国智能运输系统的特点

中国作为一个发展中国家，各个地区的地理、人文、经济及交通基础设施都存在很大的差异，因此智能运输系统具有许多与其他国家不同的特点。这些特点主要体现在以下 5 个方面。

1. 中国智能运输与基础设施同步发展的特点

中国的交通基础设施建设正处于大规模的建设之中，发达地区农村的城市化进程刚刚开始，这为发展智能运输提供了有利的条件，在道路基础设施建设的同时，需要将智能运输的基础设施统一规划、同步建设。

2. 中国智能运输系统的学习和创新的特点

中国在已有成果和经验的基础上结合自身的交通状况的特点，规划和发展智能运输系统，坚持发展适合中国特点的智能运输事业，有针对性地引进国外技术和产品，并且根据国情进行再开发和创新，慎重选择技术路线，走创新和跨越式发展的道路。

3. 分地区和分阶段的特点

中国不同地区的社会和经济发展水平、技术水平不均衡，东、西部差距较大，交通基础设施差异也较大，必须分地区、分阶段实施。

4. 适应管理体制的特点

智能运输系统涉及的行业领域较多，在实施智能运输系统时应充分适应和体现管理体制的特点，只有与管理体制相适应，才能使智能运输通过物流运输系统与物流运输参与者的信息交互，达到人、车、设施、环境、服务的整体协调运作。

5. 适应中国国情的智能运输系统发展模式的特点

中国智能运输系统的发展模式必须从国情出发，可以借鉴国外的成功经验，而不是一味地照搬，应坚持自己的发展原则。

（1）跟踪国际高新技术发展，及时掌握最新技术，慎重选择技术路线，大胆采用新技术。

（2）采用综合集成模式，即政府组织专家制定智能运输研究的目标与规范，根据技术的发展及不同地区市场需求，多层面地进行研究开发，走产、学、研结合的道路。

（3）有选择、有步骤地对有共性的关键技术进行攻关，并与工程紧密相结合。

（4）智能运输技术攻关成果用于示范工程，解决交通所面临的关键问题，同时考核攻关成果的实际应用水平，以利于更大规模地推广，推动中国智能运输产业的发展。

（5）智能运输系统开发应在整体系统框架的指导下进行，注重各子系统的衔接。

三、智能运输系统的主要内容

在 ITS 这个名词出现之前，美国的 IVHS（intelligent vehicle-highway system）、欧洲的 RTI（road transport information）及 DRIVE 二期工程都是和 ITS 意义等同的名词。其中，美国的 ITS 研究开发体系最为完善，已受到国际相关研究领域的广泛认可，其智能运输系统的研究内容分为以下 8 个部分。

（一）先进的交通管理系统

先进的交通管理系统（advanced traffic management system，ATMS）用于监测控制和管理公路交通，在道路、车辆和驾驶员之间提供通信联系。它依靠先进的交通监测技术和计算机信息处理技术，获得有关交通状况的信息并进行处理，及时地向道路使用者发出诱导信号，从而达到有效管理交通的目的。它主要包括城市区域的中央化交通信号控制系统、高速公路管理系统、交通事故管理系统、电子收费及交通管理系统等子系统。

（二）先进的出行者信息系统

先进的出行者信息系统（advanced traveler information system，ATIS）是以个体驾驶员为服务对象，驾驶员可以通过车载路径诱导系统，在与信息系统的双向信息传递中，使自己始终行驶在最优路线上。在信息类型及信息接收方面，ATIS 与 ATMS 有本质的差别，虽然 ATMS 中同样具有向驾驶员提供信息的设备，如可变信号板、公路咨询广播等，但它们传递的信息量是有限的，一个可变信息板一般只能显示 14 个字符，公路广播的信息也不能超过几分钟，而且上述设备是为整个交通流总体服务的，其信息只具有普遍性。ATIS 和 ATMS 的功能十分相似，可以压缩旅行时间，降低燃油消耗和减少废气排放，使交通拥挤状况得到缓解。它包含出行者信息系统、车载路径诱导系统、停车场停车引导系统、数字地图数据库等子系统。

（三）先进的公共交通系统

先进的公共交通系统（advanced public transportation system，APTS）采用各种智能技术促进运输业，特别是公共运输业的发展，如通过个人计算机、闭路电视等向公众就出行时间和方式、路线及车次选择等提供咨询，在公共汽车站通过显示器向乘客提供车辆的实时运行时间信息等。它包括车队管理系统、乘客出行信息系统、电子支付系统（例如采用智能卡）、运输需求管理系统、公交优先系统等子系统。

（四）运营车辆调度管理系统

运营车辆调度管理系统（carmnercial vehicle operation system，CVOS）实质上是运输企业应用 HS 技术来谋求最大效益的一种调度系统。它的目的是利用 ITS 技术，如车辆自动识别技术、车辆自动定位技术、车辆自动分类技术等，提高企业内部的劳动生产率，增加安全度，改进对突发事件的反应能力，改善车队管理和交通状况。该系统由监控中心、GSM、GPRS 网络、监控分中心、安装车载终端的车辆、GPS 系统及为上述部分之间提供通信的无线和有线网络组成。

（五）先进的车辆控制系统

先进的车辆控制系统（advanced vehicle control system，AVCS）由车辆辅助安全驾驶系统和自动驾驶系统两部分组成，核心是研制具有道路障碍自动识别、自动报警、自动转向、自动制动、自动保持安全车距、车速和巡航控制功能的智能车辆，提供更安全、更舒适、更有效率的驾驶环境。AVCS 是自动公路系统不可或缺的部分。

（六）先进的乡村交通系统

先进的乡村交通系统（advanced rural transportation system，ARTS）系统包括为驾驶员和事故受害者提供援助的无线紧急呼救系统、不利道路状况和交通环境的实时警告系统及有关驾驶员服务设施和旅游路线、景点信息等子系统。

（七）先进的电子收费系统

先进的电子收费系统（advanced electronic toll collection system，AETCS）包括电子自动收费设备、不停车自动收费系统、停车引导和收费系统，即通过电子卡、电子标签由计算机自动完成行驶或进出停车场车辆的收费，实现地面交通费用收缴的自动化，从而减少停车延误，提高运营效率。

（八）紧急事件管理与救援系统

紧急事件管理与救援系统（emergent affair management and succor system，EAMSS）是一个特殊的系统，基础是 ATMS、ATIS 和有关的救援机构，通过 ATMS 和 ATIS 将交通监控中心、交通警察、道路养护管理机构、职业的救援机构、灾害处置管理中心等连成有机的整体，为道路使用者提供现场紧急处置、拖车、现场救护、排除事故车辆等服务。

四、智能运输系统的应用

ITS 的主要目标就是广泛地将信息技术应用到物流运输系统，以及利用最新的有用信息将驾驶员、车辆、道路设施集合成为一个广泛的综合系统。运输是物流的一个重要环节，智能运输是物流运输所追求的，有利于科学组织物流运输，实现实时运输跟踪，提高物流运输的准确性、及时性。因此，智能运输的发展将大大促进现代物流业的发展。

在物流领域，多频度、小数量运送和 JIT 运送的顾客物流需求使得货物运送的频度大大增加，配送的时间规定也越来越严格。在这种情况下，一些国家的大型道路运输企业利用通信卫星、GNSS 和数字式电子交通地图建立最佳的货物调配系统。该系统根据车辆所在位置、装载情况和运输货物的要求（运送目的地、到达时间、货物大小等）自动选择最佳运送路线，并把最佳货物运送路线表示在数字式电子交通地图上。该系统对提高车辆的装载效率，加强对车辆驾驶的动态管理，提高物流服务水平起着重要作用。然而，该系统成立的一个前提条件是最佳运送路线的道路交通是畅通的，如果最佳运送路线上出现交通阻塞的话，则通过最佳车辆调配系统得到的最佳配送路线就不能成为最佳运送路线了。因此，需要建立一个具有反映道路使用状况、向道路利用者提供道路信息、扩大现有道路通过容量等功能的道路交通信息系统。

（一）ITS 框架结构的构成

层次化需求结构：采用层次化方式，表达系统的需求分析结果。

系统概念结构：表达主要子系统之间的组成关系。

系统逻辑结构：采用面向对象系统结构分析方法表达系统的构成要素及相互之间的联系。

系统通信逻辑结构及协议：参照网络系统 OSI 模型的 7 层体系，对上 3 层根据系统特殊要求进行具体设计。

系统硬件设施布局结构：分成中心设备、远程通信设备、车载设备、现场设备四大类型，根据系统逻辑结构进行布局设计。

系统信息组织结构：回答信息采集责任者、信息分布式存储方案、信息管理内容、信息发布方式等问题，是系统逻辑结构的深化。

系统软件结构：参照网络计算模式确定用户端、中间件、服务器等相关软件的功能、接口等问题。

（二）ITS 需求结构示例

系统需求是整个系统设计的基础，战略规划中需要采用层次化结构说明根据社会、经济发展要求，以及技术基础确定的系统拟满足需求的具体目标。例如，某市信息化公交系统的需求结构如图 9.8 所示。

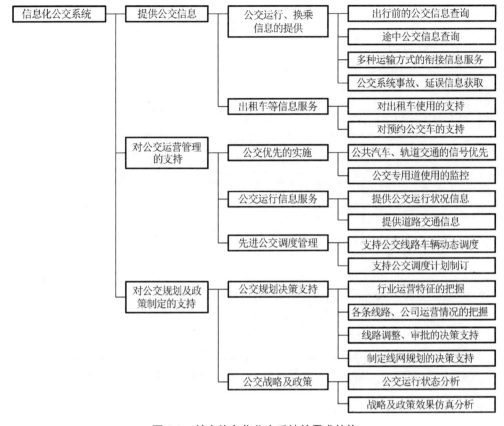

图 9.8　某市信息化公交系统的需求结构

（三）ITS 概念结构

例如，某市信息化公交系统的构成概念如图 9.9 所示，其特点在于通过共用平台组合整个系统。又如，某市综合物流枢纽智能化道路运输管理系统的构成概念如图 9.10 所示。其中，第三层次是功能子系统，通过功能子系统的组合应用，构成面向实际应用的 3 个基本用户子系统；同时，为了能够将功能系统转化成为具体设备方案，将功能子系统的构成要素进一步划分为 4 种类型的基本设备，最终形成衔接项目设计过程的基本设备单元技术要求。

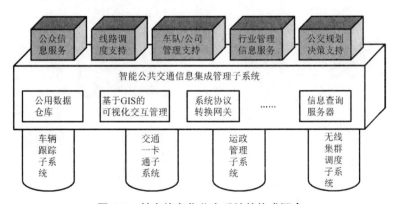

图 9.9　某市信息化公交系统的构成概念

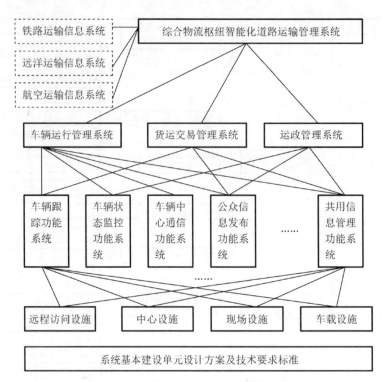

图 9.10 某市综合物流枢纽智能化道路运输管理系统的构成概念

(四) ITS 硬件设施共享布局示例

对于系统基础信息采集设施,参考国外的经验,建议以光探测设备为主体。光探测设备能够利用红外线与车载设备之间进行双向通信,同时向路面发射红外线,利用车辆与路面反射波的不同探测车辆存在。相较于电波探测设备,光探测设备具有信息采集和车辆探测两方面的功能,能够进行运行时间、拥堵状态等检测,具有信息传送量大,不受波段管制的限制,价格较低等特点。因此,光探测设备可以作为交通控制系统、交通诱导系统、营运车辆管理系统等的基础探测及通信设备进行共享,如根据我国的体制特点设计的先将信息汇集到车辆运行控制中心再与交通控制中心共享的方案如图 9.11 所示。

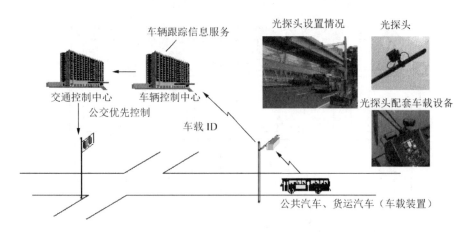

图 9.11 采用光探测设备共享信息采集系统的方案示意图

（五）ITS 软件结构说明

ITS 软件结构规划的任务是划分基本软件单元并定义相互间关系，该系统采用如图 9.12 所示的 3 层 C/S 结构，也就是将应用功能分成客户层、业务逻辑层和数据库服务器层 3 个部分。

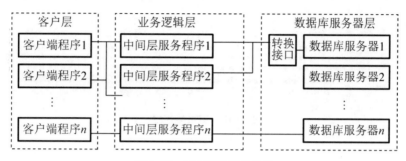

图 9.12　ITS 系统软件结构

项目实训

物流公共信息平台（电脑版）的应用

[实训目标]

（1）掌握物流公共信息平台的运行环境（以湖南省为例）。
（2）分别进行车源、货源、专线的信息发布，并进行竞价等操作。
（3）培养协作与交流的意识与能力，进一步学习物流公共信息平台的应用，为将来应用公共信息平台奠定基础。

[实训要求]

（1）学习物流公共信息平台的应用。
（2）进行相应的操作。

[实训考核]

考核要素	评价标准	分值/分	评分/分			
			自评（10%）	小组（10%）	教师（80%）	小计（100%）
物流公共信息平台的应用	能够熟练进行物流公共信息平台的应用，进行参数的设置	30				
分别进行车源、货源、专线的信息发布，并进行竞价等操作	依据国家标准和行业标准，进行车源、货源、专线的信息发布，并进行竞价等操作；根据发布的信息和操作信息进行评分	60				
	分析总结	10				
	合　计					
评　语（主要是建议）						

实训参考

物流公共信息平台的应用（以湖南省为例）

（1）在湖南省物流公共信息平台的首页（图9.13）上点击"车载配货"的链接，即可以打开会员登录页面（图9.14）。

图9.13　首页导航栏

图9.14　会员登录页面

（2）在会员登录的页面输入正确的用户名、密码和注册码，单击【登录】按钮。

（3）"发布车源信息"界面如图9.15所示。

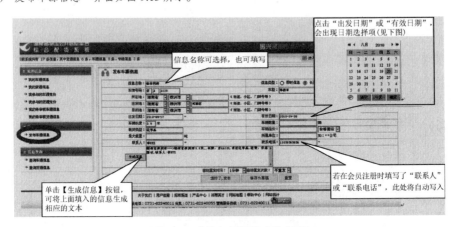

图9.15　"发布车源信息"界面

在"发布车源信息"的界面上根据项目提示填入或选择相关信息后，单击【填好了，发布】按钮发布相关信息；若填写错误，可单击【重置】按钮重新填写相关信息；单击【保存为草稿】按钮，信息将保存为草稿。上述信息可在左侧导航栏中点击"我的待审核车源信息"查看，并可做相应修改后发布或直接发布（图9.16）。

项目 9　智能物流管理信息系统应用

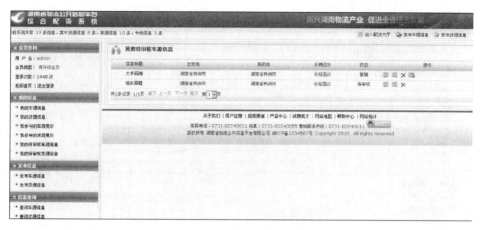

图 9.16　待审核车源信息

（4）发布货源信息（图 9.17 和图 9.18）。

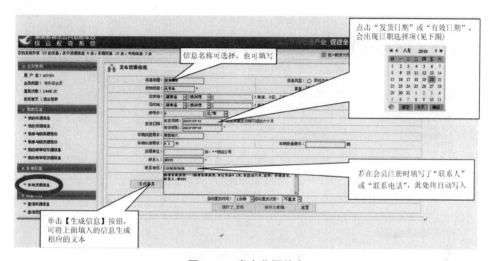

图 9.17　发布货源信息

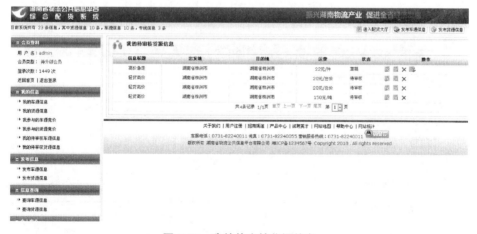

图 9.18　我的待审核货源信息

225

（5）发布专线信息（图9.19）。

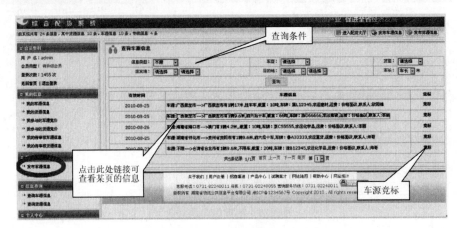

图9.19　发布专线信息

（6）查询车源信息、货源信息、专线信息等，其中查询车源信息界面如图9.20所示。

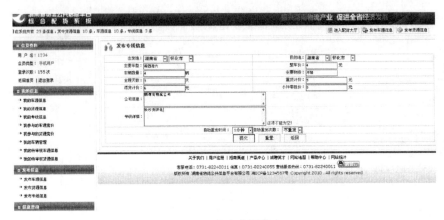

图9.20　查询车源信息

用户可根据自己的需要选择查询到的信息进行竞标，点击"竞标"链接后将显示"我来竞价"的页面（图9.21），填写完"竞价价格"和"联系人"后单击【提交】按钮完成竞价。完成后的竞价可在"我参与的车源竞价"中查看。

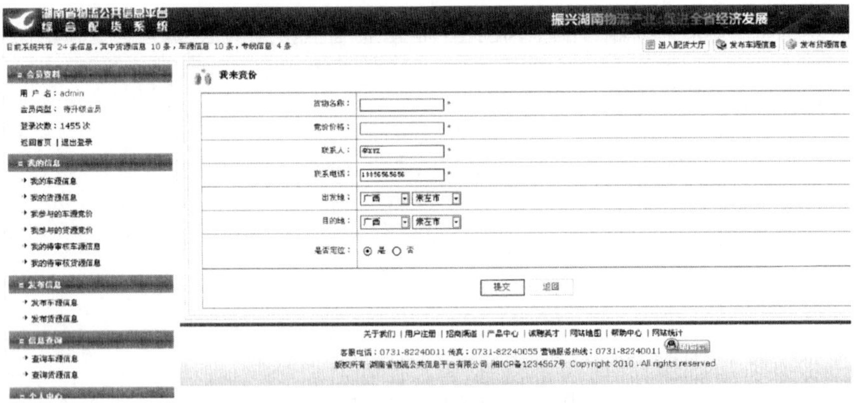

图9.21　我来竞价

课后练习

一、单项选择题

（1）根据传统物流系统的动态要素构成，将智能物流系统分解成智能物流信息子系统、智能运输子系统、智能仓储管理子系统、智能配送子系统、（　　）、智能包装子系统和智能装卸搬运子系统七大系统。

【参考答案】

A. 智能配送子系统　　　　　　　　　B. 智能流通加工子系统
C. 智能包装子系统　　　　　　　　　D. 智能定位子系统

（2）智能物流系统的关键技术包括物流实时跟踪技术、集成化的物流规划设计仿真技术、物流运输调度技术和（　　）。
A. 网络化分布式仓储管理及库存控制技术　　B. 仓储管理技术
C. 库存控制技术　　　　　　　　　　　　　D. 规划设计技术

（3）物流信息系统总体设计阶段的第一个重要过程是（　　）。
A. 子系统的划分　　B. 网络设计　　C. 系统平台设计　　D. 计算机处理流程

（4）在典型配送中心管理信息系统的体系结构中，完成供货商与配送中心之间、配送中心与各分店之间商品的运输配送业务的是（　　）。
A. 订单处理系统　　B. 配货系统　　C. 运输配送系统　　D. 库存管理系统

（5）在配送中心信息系统的逻辑结构中，（　　）主要支持日常业务，解决遇到的日常业务问题。
A. 数据管理层　　B. 业务处理层　　C. 决策分析层　　D. 战略支持层

二、多项选择题

（1）智能运输系统主要包括（　　）。
A. 先进的交通管理系统　　　　B. 先进的公交系统
C. 先进的信息系统　　　　　　D. 自动高速系统

（2）物流决策子系统由（　　）组成。
A. 并举数据仓库　　　　　　　B. 数据挖掘
C. 发现知识与决策支持　　　　D. 数据模型

三、判断题

（1）物流公共信息平台主要是为区域物流系统服务的。　　　　　　　　　　　　（　　）
（2）物流公共信息平台是物流决策系统的组成部分，为决策提供依据。　　　　　（　　）

四、名词解释

（1）物流决策系统
（2）智能运输系统

五、案例分析题

沃尔玛在零售业所向披靡，究其原因，就是牢牢抓住自己的核心竞争力——快速高效的供应链物流管理。在信息技术的支持下，沃尔玛实现优势资源整合、信息技术战略与零售业的整合，从而以最低的成本、最优质的服务和最快速的反应进行全球化运作。

1. 以卫星通信为核心的高效配送系统

为了实现信息共享，沃尔玛安装了专用的卫星通信系统。该系统的应用使得总部、分销中心和各商店之间可以实现双向的声音和数据传输，全球4000多家沃尔玛分店都能够通过自己的终端与总部进行实时的联系，可以在1h之内对每种商品的库存、上架、销售全部盘点一遍，以及时补货。

沃尔玛的配送中心完全实现了自动化。每种商品都有条码，十几千米长的传送带专门传送商品，由激光扫描器和计算机追踪每种商品的储存位置及运送情况。繁忙时，传送带每天能处理20万箱的货物。许多商品在配送中心停留的时间总计不超过18h。

沃尔玛的自动补货系统采用条码及射频技术。条码的使用可以代替大量手工劳动，不仅缩短了顾客结账时间，而且有利于跟踪商品从进货到库存、配货、上架、售出的全过程，及时掌握商品销售和运行信息。计算机系统能自动分析并建议采购量，使得自动补货系统更加准确、高效，降低了成本，加速了商品流转以满足顾客需要。

公路交通是沃尔玛物流体系中非常直观和重要的方面。通过车载电脑和 GPS 的使用，公路运输被完全纳入沃尔玛的物流信息系统。GPS 利用卫星追寻卡车和商品的方位，同时通过该系统通知货车司机最新的路况信息，调整车辆送货的最佳线路，并通过 GPS 对车辆进行定位跟踪。卡车里的车载电脑确保司机可以监控自己的方位并和公司的主机系统联机，随时了解库存控制和发货通知。自动补货系统也与车载电脑联网，当商场系统下订单补货时，正在运送之中的货物也会被计算进去。

2. 自我开发为主的管理信息系统

管理信息系统是为管理服务的，软件厂商开发的管理软件都是管理经验的总结和系统化。作为零售商，沃尔玛只能进行自我学习，以自我开发为主建设管理信息系统成为必然的选择。沃尔玛在全球的各家分店和各个供应商通过共同的计算机系统进行联系，它们具有相同的补货系统、相同的 EDI 条码系统、相同的库存管理系统、相同的会员管理系统、相同的收银系统。与很多企业不同，沃尔玛的这些系统都是以自我开发为主的。沃尔玛不断将自己积累的管理经验通过 IT 软件的方式固定下来，方便在全球业务中推广。

3. 信息技术与现代物流管理理念的完美结合

沃尔玛将零售业的经营战略与信息技术很好地结合起来，其信息技术始于公司的管理战略，而非系统。沃尔玛着重将信息技术资源投入战略应用中，而不是将其投入大量低价值的维护与运作事宜中。在面对信息技术时，沃尔玛首先考虑的问题是"信息技术能为我们带来什么？我们该如何利用信息技术创造商业价值？"所有的信息技术的投资决策都是战略决策的结果，都作为战略实施的重要手段。

在沃尔玛，无论是条码技术、射频识别技术、EDI、GNSS 系统，还是自动分拣、补货系统等，它们都是服务于沃尔玛的战略目标——构建先进、高效的物流和供应链管理系统，提升沃尔玛的核心竞争力。因此，沃尔玛在全球各地的配送中心、连锁店、仓库库房和货物运输车辆，以及合作伙伴（如供应商等），都被这一系统集中、有效地管理和优化，形成一个灵活、高效的产品生产、配送和销售网络。

由于信息技术与公司战略的高度整合，使得信息技术在提升沃尔玛的运营、管理水平中发挥了极大的作用。沃尔玛的供应链管理一直处于不断改革与创新的过程中，它的信息系统也就拥有一个与之相适应的不断创新与完善的过程。

分析：

（1）沃尔玛供应链系统主要运用了哪些信息技术？

（2）信息技术在沃尔玛供应链系统中运行成功的经验有哪些？

模 拟 测 试

模拟测试一

【模拟测试一 参考答案】

一、单项选择题

1. 根据管理层的划分，物流信息分为操作管理信息、知识管理信息、战术管理信息和（　　）。
   A. 外部信息　　　　　　　　B. 战略管理信息
   C. 静态信息　　　　　　　　D. 数据信息

2. 数据与信息的关系是（　　）。
   A. 数据和信息是绝对的　　　B. 数据就是信息
   C. 信息是加工的数据　　　　D. 数据是信息的含义

3. 关于 EDI 的发展趋势的描述错误的是（　　）。
   A. 传统的 EDI 向开放式 EDI 转变　　B. 专网 EDI 向基于互联网的 EDI 转变
   C. 基于互联网的 EDI 向专网 EDI 转变　　D. 应用从大企业向小企业发展

4. 关于互联网的描述错误的是（　　）。
   A. 网址是指接入互联网的计算机被分配的网络地址
   B. 互联网上的计算机是根据其用户名来相互识别和通信
   C. IP 地址由 32 位（即 4 个字节）二进制组成
   D. 在互联网上域名和 IP 地址都是唯一的

5. EAN·UCC 系统中，为物流单元提供唯一标识代码的是（　　）。
   A. 全球贸易项目代码　　　　B. 全球位置码
   C. 系列货运包装箱代码　　　D. 应用标识符代码

6. 我国自主研发卫星导航系统是（　　）。
   A. BDS　　　　　　　　　　B. GPS
   C. GLONASS 系统　　　　　D. Galileo 定位系统

7. 射频识别技术的信息载体是（　　）。
   A. 射频模块　　　　　　　　B. 射频标签
   C. 读写模块　　　　　　　　D. 天线

8. GIS 构成主要包括硬件、软件、人员、方法和（　　）。
   A. 数据　　　　　　　　　　B. 技术
   C. 信息　　　　　　　　　　D. 图形

9. 一般来说，GPS 接收机的组成部分有主机、天线和（　　）。
   A. 网络　　　　　　　　　　B. 软件

C. 电源 D. 系统

10. 下列系统中，属于 GPS 组成部分的是（　　）。
   A. 地面空中系统 B. 地理信息系统
   C. 地面导引系统 D. 全球定位系统

11. 某种射频标签含有电源，并且用自身的射频能量主动地发射数据给识读器，这种射频标签是（　　）。
   A. 只读型标签 B. 主动式标签
   C. 被动式标签 D. 无源标签

12. 采用第三方网络与贸易伙伴通信的 EDI 通信方式是（　　）。
   A. 点对点方式 B. 增值网络方式
   C. 一点对多点方式 D. 多点对多点方式

13. EDI 标准的发展经历的阶段是（　　）。
   A. 专业标准→产业标准→国家标准→国际标准
   B. 国际标准→国家标准→产业标准→专业标准
   C. 产业标准→专业标准→国际标准→国家标准
   D. 产业标准→国家标准→国际标准→专业标准

14. 在互联网上采用 TCP/IP 协议本质上是一种（　　）。
   A. 数据格式协议 B. 网际协议
   C. 传输控制协议 D. 分组交换技术协议

15. E-mail 是在互联网上使用最广泛的一种服务，它的中文名称是（　　）。
   A. 电子邮件 B. 邮箱地址
   C. 文本传输 D. 远程登录

16. 条码扫描译码的过程是（　　）。
   A. 光信号——数字信号——模拟电信号 B. 光信号——模拟电信号——数字信号
   C. 模拟电信号——光信号——数字信号 D. 数字信号——光信号——模拟电信号

17. EPC 信息网络系统的管理软件是（　　）。
   A. XML B. ONS
   C. PML D. SAVANT

18. 在 NAVATAR 系统提供的两种定位服务中，为军方服务的是（　　）。
   A. C/B 码 B. X 码
   C. C/A 码 D. P 码

19. 有关 GPS 主要特点表述错误的是（　　）。
   A. 抗干扰性差 B. 定位精度高
   C. 功能多样本 D. 全天候工作

20. EPC 系统包括全球产品电子代码编码系统、射频识别系统和（　　）。
   A. 电子数据交换系统 B. 信息网络系统
   C. 决策支持系统 D. 调度跟踪系统

21. WWW 的网页文件是（　　）。
   A. 用 HTML 编写，并在 HTTP 协议支持下运行的
   B. 用 HTTP 编写，并在 HTML 协议支持下运行的
   C. 用 HTML 编写，并在 FTP 协议支持下运行的
   D. 用 XML 编写，并在 FTP 协议支持下运行的

22. EDI 的核心标准是（　　）。
A. EDI 单证标准　　　　　　　　　B. EDI 报文标准
C. EDI 综合标准　　　　　　　　　D. EDI 代码标准

23. GPS 绝对定位又称为（　　）。
A. 距离定位　　　　　　　　　　　B. 差分定位
C. 坐标定位　　　　　　　　　　　D. 单点定位

24. GPS 地面监控部门主要负责（　　）。
A. 卫星星历的计算和卫星的运行　　B. 卫星星历的计算和卫星的监控
C. 卫星的监控和卫星的运行　　　　D. 卫星的管理权限和卫星的测试

25. 在 EDI 交换中，相当于文章的是（　　）。
A. 段　　　　　　　　　　　　　　B. 报文
C. 数据元　　　　　　　　　　　　D. 代码

26. 不属于信息系统基本组成的是（　　）。
A. 信息源　　　　　　　　　　　　B. 信息接收者
C. 信息管理者　　　　　　　　　　D. 信息库

27. 不属于 EDI 的组成部分是（　　）。
A. 计算机应用系统　　　　　　　　B. 通信网络
C. 传输系统　　　　　　　　　　　D. EDI 标准

28. 电子商务环境下连续补货的两种方式是联合管理库存和（　　）。
A. 客户管理库存　　　　　　　　　B. 经销商管理库存
C. 用户管理库存　　　　　　　　　D. 供应商管理库存

29. 通常情况下，RFID 读写器发送的频率称为 RFID 系统的（　　）。
A. 使用频率　　　　　　　　　　　B. 最高频率
C. 最低频率　　　　　　　　　　　D. 载波频率

30. 低频的频率是指（　　）。
A. 100kHz 以下　　　　　　　　　　B. 125～134kHz
C. 860～960MHz　　　　　　　　　　D. 13.56MHz

31. 我国自行建立的第一代卫星导航定位系统"北斗导航系统"是全天候、全天时提供卫星导航信息的区域导航系统，由（　　）组成了完整的卫星导航定位系统。
A. 两颗工作卫星　　　　　　　　　B. 两颗工作卫星和一颗备份卫星
C. 三颗工作卫星　　　　　　　　　D. 三颗工作卫星和一颗备份卫星

32. 构成 EDI 系统的要素是 EDI 软件、硬件、通信网络及数据标准化。其中，EDI（　　）是整个 EDI 最关键的部分。
A. 标准　　　　　　　　　　　　　B. 软件
C. 硬件　　　　　　　　　　　　　D. 网络

33. 射频识别技术的核心在于（　　）。
A. 中间件　　　　　　　　　　　　B. 天线
C. 电子标签　　　　　　　　　　　D. 阅读器

34. （　　）地理信息系统也称为地理信息系统开发平台或外壳。
A. 工具型　　　　　　　　　　　　B. 应用型
C. 平台型　　　　　　　　　　　　D. 综合型

35. GIS 数据的（　　）是一种非常耗时、耗精力的交互处理工作。

A. 编辑　　　　　　　　　　　　B. 输入
C. 输出　　　　　　　　　　　　D. 采集

36. GPS 卫星一般都配有（　　）钟，其精度很高，误差可忽略。
A. 原子　　　　　　　　　　　　B. 分子
C. 石英　　　　　　　　　　　　D. 机械

37. （　　）是用来管理仓库内部的人员、库存、工作时间、订单和设备的软件实施工具。
A. 仓储管理信息系统　　　　　　B. 运输管理系统
C. 配送中心信息管理系统　　　　D. 供应链管理信息系统

38. （　　）主要利用计算机网络等现代信息技术，对运输计划、运输工具、运送人员及运输过程的跟踪、调度指挥管理业务进行有效管理的人机系统。
A. 仓储管理信息系统　　　　　　B. 运输管理系统
C. 配送中心信息管理系统　　　　D. 供应链管理信息系统

39. 在单个用户配送数据不能达到车辆的有效载运负荷时，就存在如何集中不同用户的配送货物，进行搭配装载以充分利用运能、运力的问题，这就需要（　　）。
A. 储存　　　　　　　　　　　　B. 配装
C. 备货　　　　　　　　　　　　D. 配送运输

40. （　　）的主要功能是库存数据控制和库存量规划。
A. 采购入库管理系统　　　　　　B. 销售出库管理系统
C. 库存管理系统　　　　　　　　D. 经营绩效管理系统

41. （　　）是物流信息系统开发的关键环节。
A. 系统开发准备　　　　　　　　B. 系统调查
C. 系统分析　　　　　　　　　　D. 计算机设计

42. 物流信息系统总体设计阶段的第一个重要过程是（　　）。
A. 子系统的划分　　　　　　　　B. 网络设计
C. 系统平台设计　　　　　　　　D. 计算机处理流程

43. （　　）EDI 是指在两个计算机系统之间连续不断地以询问和应答的形式，经过预定义和结构化的自动数据交换达到对不同信息的自动实时反应。
A. 封闭式　　　　　　　　　　　B. 开放式
C. 交互式　　　　　　　　　　　D. 网络式

二、多项选择题

1. 物流信息除具有信息的一般特点外，还具有（　　）的特点。
A. 分布性　　　　　　　　　　　B. 静态性
C. 简单性　　　　　　　　　　　D. 动态性
E. 复杂性

2. 一般来说，射频识别系统由（　　）等设备组成。
A. 射频标签　　　　　　　　　　B. 阅读器
C. 天线　　　　　　　　　　　　D. IC 卡

3. 射频识别技术最突出的特点是（　　）等。
A. 接触识读　　　　　　　　　　B. 识别高速运动物体
C. 抗恶劣环境能力强　　　　　　D. 保密性差

E. 同时识读多个物体

4. GPS 卫星的地面监控部分目前主要由分布在全球的若干个跟踪站所组成的监控系统构成。根据作用的不同,这些跟踪站又分为(　　)。
A. 主控站　　　　　　　　　　B. 次控站
C. 监控站　　　　　　　　　　D. 注入站
E. 输出站

5. 我国物流信息网络化的发展对策包括(　　)。
A. 加强国际互联网的有效利用　　B. 强化企业内部网的构建
C. 利用公共信息平台　　　　　　D. 重视人工智能的开发

6. 国际物品编码协会分配给中国的前缀码为(　　)。
A. 689　　　　　　　　　　　　B. 690
C. 691　　　　　　　　　　　　D. 692
E. 693

三、判断题

1. TCP/IP 是 Internet 中进行通信的标准协议。（　　）
2. 商流是物流、资金流和信息流的起点,也可以说是后"三流"的前提。（　　）
3. 一维条码用于对物品的描述,二维条码用于对物品的标识。（　　）
4. 对于任何射频标签而言,其都具有唯一的 ID 号,这个 ID 号对于一个标签而言,是不可更改的。（　　）
5. 信息系统是支撑供应链物流全过程管理最重要的基础。（　　）
6. 公共物流信息平台主要是为微观区域物流管理服务,它能支持企业物流的经营运作。（　　）
7. 目前我国企业物流信息系统自成体系,采用的数据库不完全相同,为使企业内外物流信息进行交换传递,可以使用异构分布式数据库。（　　）
8. EDI 涉及各部门和行业,它并非只是简单的两个贸易伙伴之间的通信,也不只是内部业务部门之间的通信,而是必须把相应的业务,诸如海关、商检、金融、保险、交通运输部门联系在一个 EDI 网络之内。（　　）
9. EDI 处理标准即要解决 EDI 通信网络应该建立在何种通信网络协议之上,以保证各类 EDI 用户系统的互联。（　　）
10. 根据运力资源的实际情况,对运输作业任务进行调度处理,生成相应的运输作业指令和任务,是运输管理信息系统的运输资源管理功能。（　　）
11. 物流信息系统的技术可行性主要是对开发项目的成本和效益作出评价,即新系统所带来的经济效益能否超过开发和维护新系统所需要的费用。（　　）
12. 物流系统中的相互衔接是通过信息进行沟通的,基本资源的调度是通过信息共享来实现的。（　　）

四、填空题

1. 物流信息技术标准可分为物流信息分类编码标准、_____、物流信息交换标准、物流管理信息系统和信息平台标准。
2. RFID 系统通常由射频标签、射频识读器和_____3 个部分组成。
3. _____是组成 EDI 报文的最小单元,也是描述传输信息的标识。

4. GPS 的定位方式根据接收机位置是否变化分为静态定位方式和_____。
5. 目前有两类 GIS 系统，一类是_____，另一类是_____。
6. 物流信息系统由信息源、信息处理器、信息使用者和_____4 个基本组成部分组成。

五、名词解释

1. 物流信息技术
2. 条码
3. EDI
4. GNSS

六、简答题

1. 设计一个射频识别系统时，应注意哪些问题？
2. 简述射频标签的分类。
3. 网络 GPS 的工作流程是怎样的？
4. 简要说明扫描器的扫描译码过程。

七、计算题

计算 EAN-13 条码 "695892042688N_1" 的校验码。

八、案例分析题

某年广西出现了"香蕉丰收但遭遇销售寒流，价低难卖蕉农急"的现象，很多卖香蕉的农用车因交通堵塞无法及时完成配送工作，大批香蕉在配送过程中腐烂变质，蕉农损失惨重。究其原因是沿用传统管理模式，缺乏对现代物流信息技术的运用，信息无法及时沟通共享。当前，中国农产品物流以常温物流或自然物流形式为主，农产品在物流过程中损耗很大。据统计，每年中国有总价值数百亿元的食品在运输过程中腐烂变质。一些容易腐烂变质的食品（如奶制品、海鲜等），70% 的销售价格被用来补贴物流货损支出。粗略估计，中国水果、蔬菜在采摘、运输、储存等环节上的损耗率高达 30%，如按照这个比例计算，每年有 1 亿多吨果蔬腐烂损失，而发达国家的果蔬损耗率则控制在 5% 以下，如美国果蔬在物流环节的损耗率仅为 1%～2%。此外，据有关资料显示，目前中国农副产品批发市场近 5000 个，其中规模较大的批发市场有 2000 多个，是农产品商流与物流的主要载体。但是，中国农产品交易仍以传统的农产品批发市场流通模式为主，物流系统极为落后，物流设施空置率达到 60%，造成了物流资源的极大浪费。

为了应对这个难题，各国都在尽力将绿色物流作为物流业发展的重点，积极开展绿色环保物流的专项技术研究，以促进新材料的广泛应用和开发，进行回收物流的理论和实践研讨，努力为物流的绿色化和可持续发展奠定基础。中国也在这方面进行了积极的探索和研究，涌现了以 A 公司、B 公司为代表的一批企业。

A 公司根据近 10 年的食品行业信息技术开发经验，开发了一套农产品物流管理信息系统。该系统在功能设计上，给车辆管理提供绿色方案建议，如在物流方案中会多安排小排量汽车的运输，并积极开展夜间运输，减少堵车时间，节省汽油消耗，避免环境污染；在系统研发方面，信息传递与交换是一个技术难点，农产品不同于一般的产品，运输时经过的地理环境较为复杂，但可以采取多种传输方式解决这一难题。该系统结合绿色环保的理念，对农产品物流管理软件进行改进，并将物流信息技术和物流管理软件集成于统一的网络系统中，可为物流企业提供科学、环保、节能的物流方案，从而降低企业的管理成本，提高工作效率，减少农产品运输过程中的损耗，增加农产品的附加值，实现多方共赢。此外，信息的互通大大降低了农产品物流供应链各节点上的成本，提高了效率，可以帮助物流企业解决困扰已久的问题。

另一家公司 B 公司已经应用了这套系统，并配备了 200 多套 GPS。该公司管理人员可以随时查询每一辆车的运行情况，可以远程查询、控制装载箱内的温度、湿度等情况，并通过系统中的多种计算方案，得出最佳运输路线。在绿色物流方面，该系统统筹安排公司各车辆，大大提高了人员的工作效率，车辆得到充分的利用,在系统运行的第一个月,汽油消耗量就减少20%,物流效率就提高了25%。由于运送时间的缩短,运送的农产品新鲜程度也提高了,这样不仅能够保证农产品在运输过程中损耗率降低,而且提高了商超农产品的储存和销售时间。在冷库管理方面,该系统也表现出色,通过加入识别系统,规范了冷库管理,实行图形化管理,可以轻松了解每件货品的进场时间、品种、来源、重量、位置、出厂时间等信息,不仅管理起来简单,而且减少了很多人为因素造成的问题。

分析:

1. B公司运用了哪些物流信息技术打造自己的核心竞争力?
2. 综合分析蕉农该如何有效地解决香蕉配送的问题?

模拟测试二

【模拟测试二参考答案】

一、单项选择题

1. 一般来说,狭义的信息是一种已经被加工为特定形式的( )。
   A. 消息 B. 数据
   C. 符号 D. 文字
2. 从狭义范围来看,物流信息是指直接产生于( )活动的信息。
   A. 物流 B. 运输
   C. 仓储 D. 流通
3. 实现物流存储功能的场所主要是( )。
   A. 配送中心 B. 生产厂商
   C. 仓库 D. 批发商
4. 物流活动结束后,整个物流活动的一种终结性、归纳性的信息是( )。
   A. 计划信息 B. 控制及作业信息
   C. 统计信息 D. 支持信息
5. 欧洲商品编码协会的英文缩写是( )。
   A. UCC B. UPC
   C. ITF D. EAN
6. 下列( )是非定长条码。
   A. 39码 B. UPC
   C. ITF D. EAN
7. 在EAN-13码中,如果前缀码是692或693,那么其代码结构应采用( )。
   A. 结构一 B. 结构二
   C. 结构三 D. 结构四
8. 变量储运单元包装指示字符(LI)指示在主代码后面有附加代码,取值为( )。
   A. 6 B. 7
   C. 8 D. 9
9. 仓储管理系统的英文缩写是( )。
   A. WMS B. TMS
   C. LVS D. OMS
10. 基于Internet的EDI经历4个发展阶段,其中Web-EDI方式是第( )个阶段。

A. 一 B. 二
C. 三 D. 四

11. 下列软件中，（　　）不属于EDI软件。
   A. 系统软件 B. 转换软件
   C. 通信软件 D. 翻译软件

12. （　　）是指企业间利用通信网络（VAN或互联网）和终端设备以在线连接（on-line）方式进行订货作业和订货信息交换的系统。
   A. POS B. ERP
   C. EDI D. EOS

13. 通过对历史轨迹的查询，可以看出车辆在行驶过程中的状态、路线，从而规定行驶线路，防止中途随意停车，这是GPS信息接收终端的（　　）功能。
   A. 查询车辆分布 B. 查询车辆历史轨迹
   C. 查询车辆当前位置 D. 对车辆进行连续监控

14. 组成GPS卫星星座的工作卫星和在轨备用卫星分别有（　　）。
   A. 21颗和3颗 B. 21颗和4颗
   C. 24颗和3颗 D. 24颗和4颗

15. 1991年，以全日本卡车协会和日本货物运送协同组合联合会为中心建立的以确保回程货物为目的的求车和求货信息交换和撮合系统是（　　）。
   A. 智能运输系统 B. 货物跟踪系统
   C. 运输信息交流网络 D. 运输管理信息系统

16. 在典型配送中心管理信息系统的体系结构中，完成供货商与配送中心之间、配送中心与各分店之间商品的运输配送业务的是（　　）系统。
   A. 订单处理 B. 配货
   C. 运输配送 D. 库存管理

17. 在配送中心信息系统的逻辑结构中，（　　）主要支持日常业务，解决遇到的日常业务问题。
   A. 数据管理层 B. 业务处理层
   C. 决策分析层 D. 战略支持层

18. 跨越国界、洲界甚至全球范围的网络是（　　）。
   A. 局域网 B. 城域网
   C. 广域网 D. 对等网

19. （　　）是基于TCP/IP协议，具有开放性的企业内部网络。
   A. Internet B. Intranet
   C. WWW D. LAN

20. 消费者和消费者之间的电子商务模式是（　　）。
   A. B2C B. B2B
   C. C2C D. B2G

21. 目前在中国EDI应用最频繁的业务领域是利用EDI实现（　　）。
   A. 电子报关 B. 批发业务
   C. 运输业务 D. 仓储业

22. （　　）是物流活动结束后，整个物流活动的一种终结性、归纳性的信息，其特点是信息恒定不变，具有很强的资料性。

A. 计划信息　　　　　　　　　　　B. 控制及作业信息
C. 统计信息　　　　　　　　　　　D. 支持信息

23. 库存种类、库存量等信息属于（　　）。
A. 计划信息　　　　　　　　　　　B. 控制及作业信息
C. 统计信息　　　　　　　　　　　D. 支持信息

24. 物流信息系统开发的方法有生命周期法、面向对象方法和（　　）等。
A. 自顶向下法　　　　　　　　　　B. 原型法
C. 自底向上法　　　　　　　　　　D. 面向过程法

25. 在配送中心信息系统的逻辑结构中，（　　）能有效保存与业务有关的所有原始数据，并对这些数据进行分类管理。
A. 数据管理层　　　　　　　　　　B. 业务处理层
C. 决策分析层　　　　　　　　　　D. 战略支持层

26. RFID 技术是无线电波与（　　）的结合。
A. 雷达技术　　　　　　　　　　　B. 射频技术
C. 信息技术　　　　　　　　　　　D. 物流技术

27. GIS 区别于其他信息系统的本质特征是（　　）。
A. 空间查询与分析　　　　　　　　B. 可视化表达与输出
C. 数据输入　　　　　　　　　　　D. 数据编辑

二、多项选择题

1. 物流信息系统的特点包括（　　）。
A. 集成化　　　　　　　　　　　　B. 模块化
C. 实时化　　　　　　　　　　　　D. 网络化
E. 智能化

2. 交叉 25 条码是（　　）条码。
A. 连续型　　　　　　　　　　　　B. 非定长
C. 具有自校验功能　　　　　　　　D. 条、空均表示信息
E. 双向

3. 地理信息系统的组成包括（　　）。
A. 计算机硬件系统　　　　　　　　B. 计算机软件系统
C. 互联网　　　　　　　　　　　　D. 地理空间数据库
E. 系统管理人员

4. 客户化仓储的优点包括（　　）。
A. 减少了所需的库存空间　　　　　B. 提高了客户服务水平
C. 增加了库存周转次数　　　　　　D. 增加了客户退货
E. 增加了库存增加对仓库的压力

5. 电子商务的应用特性包括（　　）。
A. 商务性　　　　　　　　　　　　B. 服务性
C. 集成性　　　　　　　　　　　　D. 安全性
E. 协调性

6. GPS 具有全能性、全球性、全天候和实时性的（　　）等功能。
A. 导航　　　　　　　　　　　　　B. 定位

C. 定时 D. 报时
E. 运输

7. GPS 由（　　）构成。
A. 地面站 B. 用户终端
C. 空间星座 D. 主控站和注入站

8. 全球主流的卫星导航定位系统有（　　）。
A. 中国 BDS B. 欧洲 Galileo 定位系统
C. 俄罗斯 GLONASS 系统 D. 美国 GPS

三、判断题

1. 信息的分享不同于物质的分享，不会导致信息本身的减少。（　　）
2. 商流是物流、资金流和信息流的起点，也可以说是后"三流"的前提。（　　）
3. 一维条码用于对物品的描述，二维条码用于对物品的标识。（　　）
4. RFID 与条码相比，其最大的优势是可以同时识别多个标签。（　　）
5. 空间数据库是一种应用于地理空间数据处理与信息分析领域的具有工程性质的数据库，所管理的对象主要是地理空间数据。（　　）
6. 物流配送监控中心是 3G 物流配送系统的核心，主要由 GSM 通信系统、监控中心计算机、GIS 地理信息数据库等部分组成。（　　）
7. 系统维护与评价阶段是系统生命周期中的最后一个阶段，也是时间最长的一个重要阶段，系统维护工作的好坏可以决定系统的生命周期的长短和使用效果。（　　）
8. 物流 EDI 系统的主要功能是提供报文转换，不同类型的企业对报文的要求是一样的。（　　）
9. EDI 是一套报文通信工具，它利用计算机的数据处理和通信功能，将交易双方彼此往来的文档（如询价单或订货单等）转成标准格式，并通过通信网络传输给对方。（　　）
10. 配送运输是配送不同于其他物流形式的有特点的功能要素，是决定整个配送系统水平的关键要素。（　　）
11. 虚拟库存是一种概念库存，事实上不存在。（　　）
12. 信息系统是支撑供应链物流全过程管理最重要的基础。（　　）
13. 从社会化分工的角度来看，物流业的发展只有在规模经营和网络化运作的基础上才能产生预期的效益。（　　）

四、填空题

1. 目前全球有两个公开的 GPS 可以利用，_____由美国研制，_____为俄罗斯所拥有。
2. NAVSTAR 系统提供了_____和_____两种定位服务。
3. GPS 定位的实质就是以高速运动的卫星瞬间位置作为已知的起算数据，采取_____的方法，确定待定点的空间位置。
4. 过程成熟度由低到高分为 5 级：自发、可重复、可定义、可管理和_____。
5. 条码技术的研究对象主要包括编码规则、_____、识读技术、生成与印刷技术和应用系统设计五大部分。

五、名词解释

1. RFID
2. GIS
3. 信息安全

六、简答题

1. 简述电子商务对物流的影响。
2. 简述 BDS 的组成。

七、计算题

计算 ITF-6 条码"569278N_1"的校验码。

参考文献

董丽华，等，2008. RFID 技术与应用［M］. 北京：电子工业出版社.
李玉清，方成民，2014. 物流管理信息系统［M］. 北京：中国财政经济出版社.
刘文博，胡洋，2021. 物流信息技术与信息系统［M］. 北京：电子工业出版社.
王鑫，史纪元，2007. EDI 实务与操作［M］. 北京：对外经济贸易大学出版社.
吴砚峰，2020. 物流信息技术［M］. 4 版. 北京：高等教育出版社.
谢金龙，翟玲英，蔡丽玲，2020. 物流地理［M］. 3 版. 北京：高等教育出版社.
谢金龙，邹志贤，韩姝娉，2022. 条码技术及应用［M］. 3 版. 北京：电子工业出版社.
赵智锋，施华，2015. 物流信息管理：修订本［M］. 北京：中国财富出版社.